北京市哲学社会科学「十五」规划项目

北京市文物局科研出版经费资助

北京石刻艺术博物馆石刻文化系列丛书

新日下訪碑録

辛卯三冬 李鹿華

平谷卷

北京石刻艺术博物馆◎编著

北京燕山出版社

BEIJING YANSHAN PRESS

图书在版编目（CIP）数据

新日下访碑录．平谷卷／北京石刻艺术博物馆编著．—北京：
北京燕山出版社，2022.9

ISBN 978-7-5402-5301-1

Ⅰ．①新…　Ⅱ．①北…　Ⅲ．①碑刻—汇编—平谷区
Ⅳ．①K877.42

中国版本图书馆 CIP 数据核字（2019）第 004364 号

新日下访碑录（平谷卷）

编　　著：北京石刻艺术博物馆
责任编辑：邓　京　战文婧
文字编辑：温天丽
封面设计：仙境
出版发行：北京燕山出版社有限公司
社　　址：北京市丰台区东铁匠营苇子坑 138 号
邮　　编：100079
电　　话：010-65240430（总编室）
印　　刷：北京富诚彩色印刷有限公司
开　　本：710mm×1000mm 1/16
字　　数：459 千字
印　　张：30
版　　次：2022 年 9 月第 1 版
印　　次：2022 年 9 月第 1 次印刷
ISBN 978-7-5402-5301-1
定　　价：88.00 元

《新日下访碑录》

北京石刻艺术博物馆　编著

顾　问：徐自强　吴梦麟　赵其昌　刘之光

孔祥星　施安昌　韩　锐

编　委　会

主　　　　　任：郭　豹

执行主编、通纂：刘卫东

编　　　　　委：韩　永　肖纪龙　高景春　王　丹

石　奕

课题组成员（以姓氏笔画为序）：

王苹苹　王晓静　刘卫东　李　巍　张振华

贾瑞宏　郭继华　滕艳玲　熊　鹰

本　卷　撰　稿：

刘卫东　崔　茞　王振红　秦自强　王　淼

编者按

关于《新日下访碑录》的名称，"日下"一词古已有之，并不陌生，如古籍所谓《日下旧闻考》《日下尊闻录》等。"日下"原意"太阳下面""太阳底下"，寓意"天子脚下"，引申之为"古都""首都""故都""旧都"的别称，则"长安""杭州""汴梁""临安"等皆可称为"日下"。具体到本课题，则用其"北京"曾为封建故都之意。所以，"新日下访碑录"就是"新北京访碑录"，还可理解为"新一轮的北京地区访碑录"。"访碑"，实际是多年来，在北京石刻艺术博物馆石刻普查小组项目成果的基础上进行的，前后无论是普查，还是复查，都是大家头顶烈日、身冒严寒、历尽千辛万苦获取第一手资料之后进行再创造、再整理、再挖掘、再利用、再深化的过程。至于"考"字，目前暂还不敢启用，但正朝着"考"的方向努力。石刻普查小组与本课题小组的成员们在"太阳底下"对于"北京地区"现存的"古代石刻"所进行的"新一轮"的"调查研究"，也是很符合《新日下访碑录》的名称的。我们希望本书问世后能获得方家的指正，同时希望读者能喜欢我们的这项成果。因为本书毕竟是大家血汗的结晶，也是第一次披露了北京地区大量的第一手石刻资料，初步尝试了一把"考按"的研究形式。古语云"仁者见仁，智者见智"，希望对大家能有用！

在利用普查资料着手本课题的时候，我们事先已拟订了一个书籍编写体例和计划，但是在过程中多少会发生一些变化，甚至还有些会"改变初衷"，因而形成了本书的若干特点如下：第一，超常性的发挥，也就是说在遵循原体例的基础上，又发挥、深化和增加了一些。这主要体现在"按语"部分。第二，真实性的体现，"如实"体现在"解题"上，"忠实"体现在"录文"上，而"功夫"则体现在"注释"与"按语"上。第三，延续性的工作，本书的出版是按计划分阶段进行的。

由于采用边摸索边前进的模式，所以现在的成书与原来制定的体例已经产生了一些不同。兹定体例如下：

一、本书系对北京地区现存及新出土、新发现的 1995 年以来普查所能见到的石刻文物所作的著述、叙录、著录性质的专著。

二、所收录的内容包括：碑碣、墓志、塔幢铭、摩崖刻石、石雕构件。

三、行文：一事一条。首列物名，下系解题、录文、注释、按语。

四、全书按行政区划分，根据碑刻数量分册。

五、每册所含各区县的内容各自独立成篇。

六、本书结构特点：以区县为基本单位，再以时间先后为序，同时兼顾类别。

需要说明的是：我们这次暂省了"拓照""碑影"及"石刻文物分布图"。

课题组还制定了撰写原则，如下：

一、解题：现场调查表上的内容，按统一先后的次序记出。如石刻年代、规格形制、尺寸大小，额题，首题，首、身、座、侧阴、阳撰文、书丹、镌刻、立石、经理人情况，所在地点，现存状况等。

二、按语：叙述与交代文物的三大价值、特点、传闻、记载、行款、字体、造型、位置、残损等值得特殊说明的情况。其中可以略有总结前人成就和说明自己不同看法的考证研究内容。

三、为了照顾整体条目的均衡，注文与按语的撰写应充分考虑局部与整体的关系，应掌握"少者多写，多者少写"的原则，即碑文篇幅大者可以简注、简按，篇幅小者则可适当多注、多按。

四、录文：最主要和著名的不可不录，对于北京或该区县有特殊意义的要录文。此前从未著录过（第一手材料）的碑刻要录文。

录文力求准确无误，依原碑格式、行款、字体加以誊录或标明，并加以新式标点以及特殊符号。如衍、夺、补、勘文，规定如下：

1. 衍文：在按语或括弧中说明。

2. 夺文：以"□"标明，如字数不确定，则以 / 代替。

3. 补文：所补文字需外罩"□"。推断过程可以在按语中具体说明。

4. 勘文：亦需在按语中说明。

五、每个条目含名称、解题、录文、注释、按语，文字量在一千字左右。

六、录文略：凡碑不必全录或不能全录者，择其关键数语或可以说明问题者抄录，并以分析总结性语言加以连缀。

我们衷心地希望，本书能为我们的同行、同好们带来工作、爱好上的方便。期待着你们的反馈！更希望你们的"反馈"为我们后续书籍的撰写带来指导。

序 一

"日下"一词，用为首都、京城或都城的比喻，首见于《晋书·陆云传》。传中有陆云与张华对语一节，其中有"云间陆士龙"，荀曰"日下荀鸣鹤"。荀名隐，字鸣鹤，颍川人。颍川与当时西晋的首都洛阳近，故称"日下"。其后，唐初文学家王勃在名篇《滕王阁序》中也有"望长安于日下"一语，以"日下"比喻都城长安。

清初学者朱彝尊将其编辑的京城历史、典故的著作定名为《日下旧闻》，这是以"日下"一词言书名之开端。朱为清初康熙年间的大学者，博学多闻，以布衣入选康熙十八年（1679）"博学鸿儒科"，与时人姜宸英、严绳孙同称"海内三布衣"；编著有《经籍考》《词综》等，又工词、能作诗，不仅与当时大儒查慎行齐名，而且与其时之顾贞观、陈维崧合称为"词家三绝"。这样的一位名家，在编辑京都史迹、纂成有四十二卷体量的大书时，也用"日下旧闻"命其书名，可见"日下"之意系喻指北京帝都，应是毫无疑义的。其后，乾隆年间，由于已达"康乾盛世"顶峰，各方面都有很大变化，尤其是京城的改造、园林的建设更有翻天覆地的变化，文化事业也更趋繁荣，故乾隆下旨，重编京都史迹，将有关内容析为星土、世纪、形胜、宫室、城市、郊坰、京畿、侨治、边障、户版、风俗、物产、杂缀等十三门，分类纂辑，编成为一百六十卷的巨著。其与过去朱氏者相较，不仅门类有增，内容更丰富，文字更是大增了三倍多，形成数百万言的大书。它系统、全面地反映了清代前、中期京城的全貌。但其书名仍袭用《日下旧闻》而不改，只是新加了一个"考"字和反映皇家尊严的"钦定"二字，而且乾隆皇帝所题的书之"缘起"诗中，还引用了西晋时之"日下荀鸣鹤"一句。由此可见，"日下"喻京城，过去是喻长安，清时是喻北京之意，已得到了皇家的赏识与共鸣。

嘉庆年间，由佚名氏编著的反映北京都城史迹的专题著作（主收清代宫廷及乾隆诗词等）数量也达五卷之多，其名亦沿用"日下"而加字为"尊闻录"，可见，以"日下"喻京城之意，已普遍为学人之共识了。

今天，北京石刻艺术博物馆的同人们，再以"新日下访碑录"为课题名称，立项探诘，使之能系统、全面地寻访北京地区现存碑石的存佚状况，编辑著录一部约三百万字的九大册巨著，这不仅继承了我国固有优良文化的传统，而且还以当今现存的文物考古实际出发，进行专项的收集整理，也可谓一个创举！

21世纪以来，我国在30年来改革开放的基础上，经济大发展，人民安居乐业，并努力奔赴全面的小康，大力开展文化建设。在这种形势下，他们进行"新日下访碑"这种带开创性的工作，值得大书特书，并予以肯定与弘扬。

他们在大量实际工作的基础上，现已编成的书稿，笔者初读一过，感慨良多，受益匪浅，略记数端，以示祝贺！

首先，该馆的同人们，多系新中国成立后出生、由新中国培养的一批新时代的文物工作者，他们在各级领导和一些老专家的支持、指引下，能数年如一日地、辛辛苦苦地跋山涉水，不惧风吹日晒，不畏道路崎岖，走遍北京的山山水水，各个角落，寻访各个地区现存碑石，不漏掉一个线索，不错过一个机会，坚持亲访亲闻，以求其真，以力争得到原石原物的精神，是当今学人应坚持和发扬的学风和具有的治学态度。只有如此，才能真正把神州大地上的文化遗产发掘出来并继续发扬下去，为振兴北京文化事业和光大中华传统文化做出贡献。

其次，他们在整理所得材料的过程中，严格遵循"亲见亲闻"有"原石原物"存在的"诂碑"原则，一一爬梳后，将其分为"正文"与"附录"两大部分，成文付梓，这更是一种实事求是的态度。列入正文者，为原刻保存较好、内容较丰富、价值较大者，详加整理揭示，以利学人使用、读者研读；列入"附录"者，虽各方面都比较一般，但也系现存之遗存，在不同的方面具有一定的价值，一并公之于众，既使读者能知北京现存碑刻状况，也可供学人、读者进一步的探索，还可能从中揭示出更多的新信息，产生新的意想不到的成果。

再次，他们刊布的"正文"，是整理研讨的重点。他们从"解题""录文""注释""按语"四个不同的角度，论述每一碑刻的内涵。其所用方法，既继承了往昔先人整理碑刻文字的优良传统，也照顾到了当今青年学人，尤其青年读者古文献水平不高的实际，以利于他们的阅读、使用。在这四项工作中，最难的是录文、注释、按语三者，这也是该书整理中最见功底之处。"录文"难在辨字与断句标点，他们坚持泐残者不录、不清者不妄录的原则，以求能如实地反映原文；"注释"难在问题复杂、多种多样、涉及面广，没有广博的见闻和多方面的文献素养难以胜任其职；"按语"带有评价性质，对其石之相关方面，没有更多的了解，没有更为多方面的文化科学知识的沉淀，是做不好归纳综合、比较分析、科学辩证地正确评判文物的价值。《新日下访碑录》的编著者们，尤其是总纂者，对这方面的工作，虽不能说已做到尽善尽美，无一疏漏、无一可商之处，但从已有成果看，他们是下了功夫的，是有不少亮点的，读者阅之时会有很多收益的。

最后，该《访碑录》收录的正文为 1000—1200 种，附录也在 1500—2000 种，数量是可观的，内容是丰富的，加工是有一定水平的，我认为是一部值得推荐的好书，特予介绍。同时从另一方面看，它与 1994 年正式出版的《北京图书馆藏北京石刻拓片目录》相较，所收数量还有近一半的差距，该书收录有 6340 种，《访碑录》约为 3000 种。但《访碑录》是现存的石刻，都有原石原物存在，而《北京图书馆藏北京石刻拓片目录》只是历代以来曾有过者，现在可能有不少碑石已经散佚。两者在比较中使用，可为今后访碑、继续探寻北京石刻文化遗产提供若干新的线索。总之，《新日下访碑录》的问世，是为弘扬与光大北京地区石刻文化遗产的保护与研究做出的一种新贡献。过去曾有学者对《北京图书馆藏中国历代石刻拓本汇编》百卷本的出版做过一次评价，认为它是中国刻在石头上的一部"二十四史"，可与中国"浩如烟海"的古文献相媲美。现在，随着《新日下访碑录》陆续问世，是否也可喻之为北京地区刻在石头上的一部北京的"二十四史"，可与北京地区现存古文献媲美呢?!

以上数端，只是笔者对北京石刻艺术博物馆的同人们近年从事《新日下访碑录》工作情况的初步了解和其成果的肤浅感受，行于笔端，只为抛砖引玉。是为序。

徐自强

2011 年孟冬草于京华蜀晋斋

序 二

北京不可移动石刻文物整理研究的硕果

当刘卫东先生将厚厚的三册《新日下访碑录》第一部样书交给我看时，往日如烟的记忆又重新浮现在我的脑海中。早在1987年，五塔寺文物管理所发展为北京石刻艺术博物馆之时就开始了向博物馆方向发展的历程，那时任馆长的韩永和书记马法柱两位年轻人，努力探索这座北京唯一的专业性博物馆的性质、职能和工作任务，并期盼能承担起保护北京地区石刻文物的重任。首先了解经"文化大革命"洗劫之后现有石刻文物的现状，掌握北京石刻的分布特点、类别的比例、重要石刻的安危，同时也在实践中培养年轻的专业人员。保护传教士墓碑和摩诃庵明代三十二体金刚经刻石等较大项目，就是当时的重要举措。之后就开始了北京地区石刻文物的普查工作，我和刘卫东同志调入该馆后也立即参加了工作。一开始勘查时，强调要做好填表、记录、拍照、捶拓必备工作，能查到的一定不怕艰难到现场，大家风餐露宿，掌握了大量的第一手材料，为日后编辑此书打下了良好的基础，也使我这个学考古的又爱上了石刻文物。韩永馆长特别重视发挥学术委员会的作用，要求以赵其昌为首的学委会对馆内的业务工作进行论证、指导，四位先生还分别担当专业人员论文的选定与辅导，重大课题更要深入研究。记得当时为此书的定名还进行过辩论，探究用此书名的利与弊，在召开有关专家的座谈会上定下了这一具有多重含义的书名。一方面表示"首善"之地，另一方面也记录了普查队员们的辛苦，今天看来这一书名既贴切，又能吸引人。北京石刻、方志类古籍有《雪履寻碑录》《日下旧闻考》等书，又添《新日下访碑录》一书相对应，更重要的是可为发展北京文化事业增添新内容。普查只是第一步，进入室内整理则更是艰巨的任务，因为北京历史悠久，所存石刻文物居全国之首，涉及政治、经济、文化、民族、艺术诸多方面，将近四千件石刻文物要录文、注释、评介，文字量相当大。所以我们经过商量，决定分成三卷出版，每次收入六个区县，使众寡不平衡的现象在安排上做些调整，达到全书较为平衡。如房山区、门头沟区石刻文物特别丰富，就搭配上大兴区、通州区、石景山区、顺义区，按区集中排列，让三部书问世时能全面且较合理地展示北京石刻的价值。主编者刘卫东已作了序，道出了编辑此书的意义及甘苦，二十多年的工作终于开花结果。2011年是我从事北京地区文物工作五十周年，我曾转战过北京文博事业的诸多部门，但年轻时多以"文物救火队员"的身份在团队中尽自己应尽的一份力。那时"著书立说"离我们较远，政治学习第一，资料要归公，不像今天年轻人一参加工作就能有专题项目，多么令我羡慕啊！

《新日下访碑录》的编纂属于石刻文献的整理与研究。石刻文物起着承载信息、传递情感、表达思想的作用。过去金石学多以录文考证为主，对石刻文物的形制很少涉及，我们这部书在开始编辑时就强调要从文物的角度入手，除了录文、考证外，还要泛谈碑刻特点的知识、形象直观的效果，借以宣传此类文物的历史、艺术、科学三大价值，证明石刻文物为不可移动文物中的一类，从而引起广大群众的保护意识。但愿这种初衷能得到体现和回应。

编者让我先睹为快，并希望写写读后感，但内容多、文字量大，只能简单地浏览一下，归纳起来有以下几点：

一、该书是在普查基础上经过整理成册的，材料新，又是编者亲力亲为的，具有真实性。

二、北京石刻文物分布地域广，山林、水域、废址处往往走不到成为遗憾，普查队员们每到一地都要访问老百姓，向基层文物干部请教，尽量做到广而全。比如在门头沟区王平口古道的石壁上有摩崖石刻，山上古道崎岖，山下为湍急的永定河，令人望而生畏。为了录文，普查队员们只好用望远镜眺望和攀上只能容一足的绝壁前，一人念，一人记录，尽量做到录文不误。在整理阶段又与区县文物工作者合作编纂，使他们掌握的信息和材料也能纳入。为了能有较多的信息量，本单位和相关区县的文物干部倾注的心血不能用言语表尽，今当任务完成时，苦尽甜来的滋味沁人心脾，溢于言表。

三、成书经过多位同志认真的整理研究，最后由主编通纂，可能各人的角度不完全一样，虽有统一体例，但风格可能也稍有差异，但不影响整体效果。这里不能不表一下主编刘卫东先生，他始终参与了调查与编纂工作。整日坐在电脑前整理核对录文、形制描述，尤其在"按语"和评论上下功夫最笃，使全书从三十万字扩充到百万字。他翻阅了大量的文献，利用自己学习古典文献的专业功底，深化参与者的稿件，最后通纂，形成今日之巨著规模，如无心静、无利益追求的心态是完不成这一巨著的。这部著作是他和同人们精诚合作的成果。

本书的问世，讲述了从韩永、马法柱、萧纪龙、高景春，直到现任馆长王丹、书记陈晓和诸领导的学术观和亲和力，只有这种境界才能不遗余力地支持这项工作的完成，后两部编纂工作即将开始，相信新的领导班子也会支持到底，我愿三部巨作能尽早问世！本书应插入相应的图版、照片、拓片与文字对应，但由于经费所限，本卷未能实现，但我衷心地希望在三卷出齐时能补上这一缺憾，使这套书能真正达到图文并茂的水平和效果。

吴梦麟

2012 年 4 月

序 三

刘卫东与《新日下访碑录》

　　刘卫东是我大学同学，又是研究北京历史文化的好友。我们经常聚在一起，讨论北京的城市历史文化、文物、书法、碑刻等。同时，我们又都是文博专家赵其昌先生的学生。刘卫东因为在北京市文博系统工作，与赵先生关系更为密切。记得赵先生编辑《明实录北京史料摘要》时，住在北京市西城区西四北大街路西胡同内，刘卫东经常出入那里，给赵先生做助手。还有文物专家于杰先生主持编辑、出版《北京市志稿》，这也是北京历史文献整理的大工程，刘卫东直接参加了校勘工作，非常辛苦，一直到巨著正式出版。

　　近日，又得知刘卫东新的科研成果《新日下访碑录》出版，非常高兴。

　　《新日下访碑录》是北京历史文化研究的新成果，也是北京历史文化学术研究的基础性工作。《新日下访碑录》是在北京石刻艺术博物馆大力支持下完成的，刘卫东为项目负责人，整个项目研究团队经过数年努力，多次奔赴北京市房山区、门头沟区、石景山区、顺义区、通州区、大兴区等地，几乎在北京周边转了个圈，寻找到3000多件石刻，将近100万字。这是多么大的工程，项目组同志费了很大的精力和气力。其中，我阅读了房山区金代大安山龙泉峪西石堂尼院第二代山主超师塔幢铭、元代大行禅师通圆懿公功德之碑碑文；门头沟区元代《重修通仙观碑铭并序》、明代《石窟崖修桥补路碑记》；石景山区明代《重修净土寺添置田亩碑记》《黑山会刚公护国寺记》；顺义区明代明张寿墓志、曹应魁墓志；通州区明代宁母朱氏墓志、宁平墓志；大兴区清代钟音家族墓碑等碑文、铭文，深刻感觉到：做好这项研究工作，不仅要有热情、激情，还要有感情；不仅要有体力、精力，还要有智力。也就是说，完成这项科研工作不仅费力，还需要有对古文、文言文、历史知识的了解，甚至是修养。作为学科带头人的刘卫东，他就具备这样的身体和文化素质。常年在文博系统工作的刘卫东，不仅是古文献学佼佼者，而且是个石头迷。每当北京地面出土石料、石刻，尤其是碑刻，都会有刘卫东的身影。他不仅能鉴定石刻的年代、种类，还对铭文有研究。前几日走进北京石刻艺术博物馆，正赶上举办"百事如意"石狮子展陈，刘卫东负责接待我们，通过他的讲解，我们不难感觉到他对石刻文化的热爱、精通。尤其讲到元代石狮子的特点的时候，他用青蛙要跃起的姿态做比喻，把北京地区元代石狮子的特点——塌腰、细腰、小蛮腰——说得十分形象，令人不能忘怀。

《新日下访碑录》也是众人拾柴火焰高的成果。这项研究首先得到北京市哲学社会科学规划办公室的支持，被正式列入北京市哲学社会科学规划研究项目。同时，研究工作得到北京市文物局，特别是北京石刻艺术博物馆党政领导的大力支持。没有他们的帮助和支持，刘卫东和他的科研团队也是完成不了这项艰巨、复杂、工程浩大的科研任务的。《新日下访碑录》的完成，还有一个特点，就是北京文博专家学者的大力支持、各区县文博工作者的帮助支持。其中，本书顾问、北京市文博系统研究员吴梦麟即这方面的顶尖专家，她对项目的科研工作给予了具体的关心、指导。从一个侧面，我们也可以看到，刘卫东和他的科研团队对老科研专家的尊敬、依赖，这实际上是对中华文化和知识的尊敬和依赖。在科研团队组合中，刘卫东和他的科研团队注意老、中、青结合，尊敬老专家学者，发挥学科带头人的作用，注意调动和发挥青年人的创新精神。这是非常值得肯定的，也是我们做好大的科研项目的基本保证。

衷心期待刘卫东和他的科研团队有更多更好的研究成果呈现出来。

北京史研究会会长　李建平

2012 年 5 月 18 日

凡　例

一、按文物普查时整理顺序，一事一条，每条下系碑刻名称、解题、录文、注释、按语。

二、石刻条目所涉及文物的收录范围限于历史上的北京地区，而非只今天"北京"的行政区划范围。

三、书中收录石刻的时间上限不限，下限为 1949 年。

四、同类或同处的碑刻，视情况而定，或同条，或分述。

五、碑刻所牵涉的著名宗教场所及名山胜迹，于其首见条加以简介说明。

六、定名需综合、简化、典型、准确、无误、无疑义、无混淆，力求做到言简意赅、名从主人，避免模糊、笼统概念，如"功德碑""庙碑""四至碑""万古流芳碑"等。

七、"解题"中凡有缺项，应加简单说明，即于括弧中标出，如"限于条件，暂时无法核对"等。

八、"录文"以力求准确为原则，尽量照顾原碑原字，而采用规范汉字加以誊录。

九、"录文"据内容分段，并视情况加以现代标点。

十、"录文"中凡不能亲自校勘原碑原帖的，应加简单说明，亦于括弧中标明，如"暂时无法核对原文"等。

十一、录文辨别确认碑文但仍有疑问时，在其后以"（？）"或于括弧中加入疑误字加问号来表示。

十二、被"注释"词语在录文中以下画线标出，"注释"部分一依文中出现次序逐条作注,不标序号。

十三、"按语"部分努力按照考证的标准去做。

十四、"注释""解题"等中所引用的历史年号,在其后括号中标注公历时间,如:乾隆二十年(1755)、乾隆初(1736)、乾隆末(1795)等,依此类推。

目　录

第一部分　碑碣

第二部分　墓志

第三部分　塔幢铭

第四部分　摩崖刻石

第五部分　石雕构件

第一部分　碑碣

大王镇罗汉院建八大灵塔碑

解题：

辽代重熙十一年（1042）七月。碑圭角方首失座。通高 70 厘米，宽 42 厘米，厚 12 厘米。青石质。额题"大王镇罗汉院建八大灵塔记"，楷书。首题"无垢净光大陀罗尼经"。年款（辽）"重熙十一年岁次壬午七月壬寅朔十七日戊午甲时"。碑文 17 行，满行 26 字，楷书，分大小字镌刻。1984 年 8 月平谷镇塔儿胡同施工中发现，现位于上宅文化陈列馆。

录文：

大王⌐ 镇罗⌐ 汉院⌐ 建八⌐ 大灵⌐ 塔记（额题）

无垢净光大陀罗尼经　见此塔或闻铃声，或闻其名，彼人所有五无间业、一切罪障，皆得消灭，即说咒曰：⌐唵萨婆怛他揭多二，米啰毗输达尼上三，健陁鞞黎钵娜伐曪四，钵喇⌐ 底僧塞迦啰五，怛他揭多驮都达曪六，达啰达啰七，珊达啰珊达啰⌐ 萨婆怛他揭多阿地瑟耻帝莎诃。南谟薄伽伐帝纳婆纳⌐ 伐底喃一，三藐三佛陁俱胝那庾多设多索诃萨啰喃二，南谟萨⌐ 婆你伐啰挐毗瑟剑鼻尼菩提萨埵也三，唵四，睹噜睹噜五，萨婆阿⌐ 伐啰挐毗戌达尼六，萨婆怛他揭多摩庾播喇尼，七 毗布丽昵末⌐ 丽八，萨婆悉陁南摩塞讫栗啼九，跋啰跋啰十，萨婆萨埵婆卢羯尼十一，⌐ 叶萨婆尼伐啰挐毗瑟剑毗尼十二，萨婆播波毗烧达尼莎诃。⌐ 南谟纳婆纳伐底喃怛他揭多俱胝南一，弶伽捺地婆卢迦三⌐ 摩喃唵二，毗补丽毗末丽四，钵啰伐丽五，市那上伐曪六，萨啰萨啰七，萨婆

┛怛他揭多驮都揭鞞[八]，萨底地瑟耻帝莎诃[九]，阿耶咄都饭尼莎┛诃[十]，萨婆提婆那婆诃耶弭[十一]，勃陁阿地瑟侘那[上]三摩也莎诃。┛南谟纳婆纳伐底喃怛他揭多[一]，弶伽捺地婆卢伽[二]，俱胝那庾┛多设多索诃萨啰喃[三]，唵[四]，普怖哩[五]，折里尼[六]，折哩慕[上]哩忽哩[七]社逻┛跋[上]哩莎诃。施舍利主大王北管赵遂妻吴氏，男守勃、守用、守庆。┛

重熙十一年岁次壬午七月壬寅朔十七日戊午甲时建记

注释：（略）

按语：

据史料记载，汉高帝十二年（前195）始建"平谷县"，属渔阳郡。隋代，平谷地属无终县。明隆庆《平谷县志》记："唐废平谷为大王镇，入渔阳县。"又一说，武德元年（618），设平谷为大王镇，属檀州密云县。辽时仍称"大王镇"，金大定二十七年（1187）复升大王镇为县，仍名"平谷（峪）"，属蓟州渔阳郡。说明平谷在唐时曾废县为镇，而称"大王镇"。也就是说彼时唐朝的"大王镇"之"镇"不可小觑，其"镇域"等同于"县域"。《金史》载："平谷，金大定二十七年（1187），以渔阳县大王镇升。"此碑出土于平谷镇塔儿胡同施工中，如果未经二次搬运的话，此处至少在当时（辽代）是"大王镇"的一个重要场所。

"八大灵塔"是指建立于佛陀八处圣迹的八座大塔，分别是：1. 佛陀降生处；2. 佛陀成道处；3. 佛陀初转法轮处；4. 佛陀现大神通处；5. 佛陀于忉利天安居毕自七宝宝阶降下处；6. 佛陀化度分别僧处；7. 佛陀思念寿量处；8. 佛陀入涅槃处。

罗汉院八大灵塔记碑

解题：

辽代重熙十三年（1044）四月。碑圭角方首失座。通高 151 厘米，宽 71.5 厘米，厚 13 厘米。青石质。额题"罗汉院八大灵塔记"，楷书。首题"武德郎□□□直府守□州录事参军骑都尉监知□张轮翼撰"。年款（辽）"重熙十三年岁次甲申四月壬辰塑八日丙时"。碑文 23 行，满行 42 字，楷书。张轮翼撰。现位于上宅文化陈列馆。

录文：

罗汉⏌院八⏌大灵⏌塔记（额题）

武德郎□□□直府守□州录事参军骑都尉监知□张轮翼撰⏌

金枝联七叶之荣，宝位禅千龄之运。谨按内典云："初地修一无数劫，受华报果，为自在身。"⏌今我皇帝是也。恒怀宵旰，肯构灵祠。系玉毫尊，恢八万四千定慧之力，继金轮职，威尘数万类束手而降。威加海⏌表既如彼，恢张佛刹又若此。文武贤辅，各代天行化，运掌上之奇兵。辅国济民，利域中之邦本。夫如是，黔首知⏌力，白足荷恩。契经以尘合沙界，堪为如来法器也。地有胜境，贤胜栖神，即罗汉院者矣。控异俗一字之镇，枕蓟⏌壤两川之心。沃土宜禾，居民则逸。壮千里侯甸之风，观万仞崆峒之气。以谓招提旧制，像运仍全。三十七品教⏌流风，百五十成绍佛迹。沙门首座诵法华

5

经绍凝，行超俗表，道冠权门。斩结使之魔军，断烦恼之钓饵。良﹂器□现，神受能人，塔主法清者哉。定心顿悟，识性宿习于□院，坤旺之方，涌窣堵凌云之势。长远而久受勤苦﹂，四祀能成。暂时而一托良能，九层俄就。搃□建事，白众议曰："佛法付与国王大臣，今则特仗当仁，遽成胜概。"爰﹂合□主为都维那、左班殿直、银青崇禄大夫、检校太子宾客兼殿中侍御史、骁骑尉、商曲铁烟火都监齐为戴﹂，恩□悍独，义□乡闾。恒包报国之衷，若兢履薄，深悟忘筌之旨，如救头燃。叹戏沙成佛之因，化悭火生莲之果。﹂□遇班轮，磨砌神工。配鬼迹相参，宏壮孤标，严像与崇陵门矗。《心地观经》云："释迦在祇园演法之初，此八大宝﹂塔，一切相貌，现金色光明中。"佛为母于忉利天说经，已化三道宝阶下阎浮时，今来修崇过去瑞相。法清与天﹂水赵文遂于开泰大师处，请到遗留佛舍利数十尊，用七宝石函，葬塔基下。乃与纠首陈寿、邑证□澄等，教化﹂有缘，市肆村落，各赉润已，同办利他。十寻之峻躅方成，装严贤劫，三级之危檐回起，遥拟帝幢。菱花鉴善恶于﹂四隅，宝盖淡炎凉于九有。文楣接汉，柟柱倚天。风簧杂千变铃声，帝妃一唱；云盘落九霄甘露，天雨四花。龙凫﹂会尘沙佛加持，仙路凑三界天作礼。金珠亘晴朗之日，洞瞰乾坤；宝铃喧静夜之风，峥嵘宇宙。由旬半甲，利益﹂颇同。大事既完，迄遄波委，礼此塔者，无冤不解，有恨皆销。聋者善听而归，瞽者善视而去。具贪爱者，顿生厌离，﹂被无明者，速得解脱。尘沾出地狱之门，影覆入菩提之室。蓟门太师，六条布政，知稼穑之艰难，五马争鞭，诀孤﹂虚于向背。上佐员外，剑舞松窗，定有衡星之气，锋挥文阵，用□夺桂之名。如是则语其功德，皆生梵辅之宫，睹﹂彼基垌，并入摩尼之殿。勒文刊石，用始显终。太原□轮翼以□□朝省，若作酒醴，乃奉命监造曲蘖届此，遇塔﹂析建藏事。经圆维那邑司塔主等，书请撰录，难拒众情，不得已而但述之尔。轮翼春秋八十有一纪，万法而无﹂□未□□□□□聊志岁月□□□□□重熙十三年岁次甲申四月壬辰塑八日丙时建。

注释：（略）

按语：

此即释迦涅槃后八王均分舍利所建舍利塔的故事，来源于《八大灵塔名号经》，经文如下："尔时世尊告诸苾刍。我今称扬八大灵塔名号。汝等谛听。当为汝说。何等为八？所谓第一迦毗罗城龙弥你园是佛生处。第二摩伽陀国泥连河边菩提树下佛证道果处。第三迦尸国波罗奈城转大法轮处。第四舍卫国祇陀园现大神通处。第五曲女城从忉利天下降处。第六王舍城声闻分别佛为化度处。第七广严城灵塔思念寿量处。第八拘尸那城娑罗林内大双树间入涅槃处。如是八大灵塔。……如是八大灵塔。若有婆罗门及善男子善女人等。发大信心修建塔庙承事供养。是人得大利益。获大果报。具大称赞。名闻普遍甚深广大。乃至诸苾刍亦应当学，复次诸苾刍。若有净信善男子善女人，能于此八大灵塔，向此生中至诚供养。是人命终速生天界。"关于以上经文所述八个佛祖纪念地，各本略有不同，无非是汉译用字之异，其所指相同。

此辽碑所谓"罗汉院八大灵塔记"者，并不一定是建八大灵塔，只是建罗汉院，仍不忘此段佛史，在记写罗汉院修建过程的同时，以此为名义立碑以记之而已。

重建双泉院碑

解题：

金代明昌四年（1193）。碑螭首圭额。通高 95 厘米，宽 90 厘米，厚 18 厘米。白色大理石质。额题"重建双泉院碑"，首题"重建崛山双泉院记"。年款"大金明昌四年"。碑文 23 行，每行残存 6—9 字不等。碑石残损，仅存上半部。现位于上宅文化陈列馆。

录文：

重建双⏎ 泉院碑（额题）

重建崛山双泉院记▨⏎

平谷之地自东而北皆山也，▨⏎ 其名考于载籍，不知所释，但▨⏎ 处。院西北有石庵存焉，后▢▨⏎ 住持。辽时蒙赐院额，至 明昌 ▨⏎ 住 扫 地几尽，后虽建屋宇数▨⏎ 本朝大定间，寺 僧善慈者，本▨⏎ 家于本县胜福寺，礼禅蓝寺▨⏎ 凡数稔，辞师▢▢住平▨⏎ 之地，顾其院宇崩坏▨⏎ 不忍也，遂启愿▢欲复▢▢▨⏎ 之，以自▢功力虽劳不▨⏎ 助缘，遂诛茅刊本湮谷▨⏎ 客寮，平峻极路而运僧▨⏎ 缁流踵至，禅客集居，至大▨⏎ 厨室厄陕常以为歉，逮明▨⏎ 驾秋狝，皇妃、公主▨⏎ 价仅二百

千，慈喜而谓 ▱⌐ 能事毕矣，呜呼！大凡论 ▱⌐ 名岂少哉！观此一假奇
▱⌐ 皇族乐施，不能成仆尝 ▱⌐ 其时是不可无传焉，俾 ▱⌐
时大金明昌四年 ▱

注释：（略）

按语：

　　文中此句"平谷之地自东而北皆山也"，的确讲的是平谷的地理形势。
平谷地处燕山南麓与华北平原北端的相交地带，又因其东、南、北三面环
山，中间为平原谷地，故得名曰平谷。据《长安客话》："四周皆山，中则
平地，因以平谷名。"其地貌由北部、东部、南部山地和中部、西南部平原
两大单元组成，山区、半山区占七分之四，平原占七分之三。地势由东北向
西南倾斜，中间平缓，呈倾斜簸箕状。东、南、北三面环山，山前呈环带状
浅山丘陵。中部、南部为冲击、洪积平原。今人在现代科学的支撑下，获得
了这些数据，实际在古人已经了然于胸了。

　　文中又说"辽时蒙赐院额"，是指"崛山双泉院"应为辽代某皇帝所
赐。在北京地区，我们所能知道的辽代所建佛教寺院，一般都是叫某某院，
金代往往沿用。如房山张坊院、谷积山院、崇圣院，海淀西山的八大水院
等。而且当时所谓的"院"，亦应指一座寺院群体建筑，及规模较大、规格
较高的僧团。

　　后文接着说"至 明 昌 ▱ 住 扫 地 几尽"，说明寺院至金明昌年间又残
毁了，所以才会有后面的重修。清朱彝尊《日下旧闻》卷 142 引《平谷县
志》曰："崛山在县东北四十里，峰峦峭峻，林谷深邃。有双泉寺，金明昌
中建。"于敏中《日下旧闻考》至此亦未加考案。说明他们一致认为双泉院
为金代初建，当时亦未曾见此碑文。如见此文，一定改口。至少，通过此件
文字残损的碑刻，我们可知"崛山双泉院"，并不像近三百年前于敏中认可

及所引当时的《平谷县志》所记为金代初建，而实为"辽时蒙赐院额"了。一般来讲，能得到皇帝"赐额"的寺院，大多为创建时上报申请恩准赐额的，但也有重修时赐额的可能。果真如是的话，则"崐山双泉院"也许初创得更早。

崥山双泉禅寺碑石

解题：

　　元代（1271—1368）。碑首残高 75.5 厘米，宽 84 厘米，厚 15.5 厘米。白色大理石质。一面额题八思巴文四字，一面额题"崥山双泉禅寺碑石"，楷书。已残断，仅存螭首。1982 年发现于靠山集村东，现位于上宅文化陈列馆。

录文：（略）

注释：（略）

按语：

　　碑上刻八思巴文，说明是元代的。碑首下面的碑身不知哪里去了，碑文也无记载，可惜！但它至少说明"崥山双泉禅寺"这座古老的寺院，在辽、金、元三代都有建修活动。能以八思巴文题额，一定是有当朝皇帝恩准的，比如书额等。

　　此碑虽仅残存螭首，但仍能看出元代特征。首先，其双螭盘绕不似后代左右对称；其次，龙爪捧珠，珠上两侧有碑穿二孔。

古建双泉碑

解题：

明代嘉靖二十六年（1547）十一月。碑方首抹角失座。碑身通高 156.5 厘米，宽 57 厘米，厚 11.5 厘米。青石质。框内浮雕寿山祥云，额题"古建双泉"。碑文 12 行，满行 28 字，年款"大明嘉靖二十六年十一月"。镌字匠王明。碑阴，碑首线刻五朵云纹，额题"重修碑记"。碑文字迹不清。现存于金海湖镇东上营原村委会。

录文：

（碑阳）

蓟州平□□□□石营北上碣山／┘盖闻累□□□安积寺院僧，以道光领□焚修香火，祝延┘圣寿于万年，□臣民而物阜。至皇庆元年、金朝明昌四年、至正八年重修。□┘世兴隆。古圣先贤建立有古碑二座，至今不灭。今嘉靖二十五年三月内，┘有本境耆老见其古建梵刹殿宇毁坏，会同众□□□念喜舍，□资重┘修院门。耆旧僧道浩兴□和尚堪任一代住持，□□□□□后有师徒┘僧众，以道德□□光辉建立斯碑一座，本寺山景翠□□水清波，威振宗┘风，真乃佛境之□□□□树□□□碑记┘□以／┘□以／┘

提调麾下 ┘ □稳书┘ 住持□□□修造┘

大明嘉靖二十六年十一月吉日□┘

镌字匠王明┘

木匠□□钱交□

（碑阴：人名字迹不清，略）

注释：（略）

按语：

　　碑文中"至皇庆元年（1312）、金朝明昌四年（1193）、至正八年（1348）重修"告诉了我们，起码在此三个时间段曾经重修过该寺。只是不知为何，碑文中三个时间不是按顺序叙述的。从上面两条碑文中，我们仅仅知道"明昌四年"，在这里又多出了元代"皇庆元年"及"至正八年"，可以说是起到了拾遗补阙的作用。

　　另外，此碑的额题也很有意思，"古建双泉"这种题法古碑中也极少见，至少在撰碑人眼中，该寺庙是古时建设的。

三泉寺故英上人禅师塔记碑

解题：

金代承安四年（1199）。碑失首座，通高95厘米，宽64厘米，厚9厘米。青石质。首题"三泉寺故英上人禅师塔记"。年款"承安四年"。刘德明撰。碑文已模糊不清，楷书。现存于上宅文化陈列馆。

录文：

三泉寺故英上人禅师塔记┘

提点大静安寺传妙大宗□□□□□□□□□□述□□□□

□┘师号祥英，俗姓黄氏，□□香河望仙乡人也。□名□□母白墓

氏□專慕道□□□□┘于兴国院□委上人为□。皇统二年，┘恩具

戒，□□于□山忠寺□习首楞严□至□八三渐次修有省处游方在念利

物┘为□□□女山访□师友，心安顿歇□□□□□衣忘寝，或与

虎豹同□无别□念一┘日冬夜□火□然□道□物俱像分□□□

□□□圆放旷无碍万物□为可┘泉之老也，奈何□□香□□缘化道

所居报□□□□千像上方三□□□为修葺库令┘沦坠至承安□□

□□村洪智□□持疏伏□□□□□□□□□不幸承安四年

二月十有九日 以疾 奄 化□大□□□之□□□□□之间□俗寿七十□□夏 腊 五十有八，于是□□□□所不可胜数也。伏□□□□□□□□祥荼毗之时□□引 而行□矣曰□□□□□□□□□□□□□泉□仰□□书矣□人道人 志空分舍利□□□空葬于三泉□□伏□同□于虚□祈记道人曰： 师之道行□□□□□□□□□□□□□□□俗□□首效楞严，参曹洞禅， 捻火悟道，□□□□□□□□三十余年，一物匪为，莫熟□然， 盘阳十□，□□□□，末后卿去，命□虎垣，意哉缘□，以寂□仙， □华瑞现，空求白莲，金莲花地，白雾弥□，分夺舍利，处处为先， 三泉之寺，□□□，虚明所记，强□铭焉，笔不可书，文岂能□， □光虚廓，□符□源，来者瞻仰，并□秦烟，稽首归诚，今□明然。

门人志周、□□定、志成、志誉、□□、志云、志琼

承安四年己未岁五□望□山主小师志空建

刘德明撰

注释：

上人：旧时对高僧的一种尊称。

禅师：佛教在中国流行，特别是在唐以后，禅宗发展蔓延，常尊称品行高尚、道德高深的出家受戒之人为"禅师"。但在佛教界能获此称号，是有一定标准的。

恩具戒：受皇恩得以具足戒。在家人欲出家，初为沙弥，再为比丘，但需受戒方可"具足"。

首楞严：即《首楞严经》，亦简称《楞严经》，为著名佛教经典。又称

《大佛顶经》《大佛顶首楞严经》《中印度那烂陀大道场经》，全称《大佛顶如来密因修证了义诸菩萨万行首楞严经》，唐般剌密帝译，10 卷。此经具三大主旨，即：解悟、行悟、证悟。

按语：

三泉寺位于平谷区金海湖镇东马各庄村，据今人根据史料等的研究，其建于金代。此碑虽非专记该寺建修过程的碑刻，经剥蚀、磨泐，字迹不完全，但还是先后见到了两个金代的年号，一个是"皇统二年（1142）"，一个是"承安四年（1199）"。前后也相差 50 多年。从断烂的碑文中，似乎还可以缕出碑主英上人的一些履历来。"静安寺提点"，俗姓"黄"，法号"祥英"，"香河望仙 乡 人"。皇统二年受具戒。"承安四年二月十有九日 以 疾 奄 化"，"俗寿七十 □ □ 夏 腊 五十有八"。

其中还提到了几座寺庙的名称，如"静安寺""兴国院""山忠寺"等，北京通州有静安寺，金大定年间（1161—1189）建。山东崂山有兴国院，北宋建隆元年（960）建，还有金代的碑刻。这几座寺院，也不一定在周边，不一定与三泉寺有关，但与英上人有关。

大兴隆禅寺创建经藏记碑

解题：

元代大德元年（1297）十二月。碑螭首圭额，失座。联首通高 220 厘米，宽 74 厘米，厚 17 厘米。青石质。额篆"大兴隆禅寺创建经藏记"，首题"蓟州平谷县大兴隆禅寺创建经藏记"，乔达撰并书，满聪篆额。年款"大德元年岁次丁酉十二月日"。碑文 21 行，满行 42 字。碑阴，首行"平章门下见字一代"，其他字迹非常不清晰。现存于王辛庄镇太后村大兴隆禅寺遗址处。

录文：

大兴隆禅寺⏌创建经藏记（额篆）

蓟州平谷县大兴隆禅寺创建经藏记⏌

翰林直学士、奉训大夫乔达撰并书⏌

桂阳路僧录镇国退堂佛光大禅师满聪篆额⏌

至元二十七载岁在庚寅秋八月，泰公禅师复住蓟之瑞屏山大兴隆禅寺。驻锡而后，殿庑斋寮日加兴葺。捐⏌衣钵资易产给净供所。歉于心者，惟经藏未备耳。适有大檀越中书省平章政事怙哥光禄之母、代国太夫人⏌李氏，凤植善根，崇信大觉。闻师将建是缘，起布施心，遂遣人于余杭迎大藏金文五千余轴安奉于寺，令恒河⏌众生转诵祈福。仍施白金二千两，构殿以置之。于是同声相应，富输其资，壮庸其力，工技毕献其能。师乃以无⏌量众宝、黄金、丹砂、琉璃、<u>旃</u>檀为之庄严，复函以琳琅、袭以黼绣、覆以宝宇，重檐丽栱，上切霄汉，势欲飞动，恍如┘珠宫贝阙自香严海中浮出也。彩绘焕然，交辉互耀，观者靡不赞叹。至大德改元之七月，厥功告成。属禅伯月┘溪请铭于余，余既善泰公之建缘立事，又喜代国太夫人之好善乐施，而同是心者又克助成焉。其利益福田、┘超脱苦海可知已。铭其何辞？辄东向稽首而祝曰：┘稽首无上尊，哀愍众生故。大开方便门，广说人天法。法音遍十方，一切普供养。┘甚深微妙义，觉悟见闻者。随顺诸根性，各令有所得。譬彼众饥人，获睹太仓米。┘虽口未曾食，其意自厌饱。复遇香积供，充食尽无碍。又如彼病人，身游众药市。┘闻香病已瘳，矧得饵灵药。众病除已尽，而药何穷极。能以是因缘，拯救众生苦。┘信舍诸净财，共成弘胜事。种种妙庄严，刹那悉圆满。愿千万亿劫，宝藏永坚固。┘凡所归依者，同享无量福。┘

大德元年岁次丁酉十二月日本寺第五代住持龙泉长老行泰立石，圆明大师 行 聪 同 建┘

功德主赠光禄大夫代国忠遂公，代国太夫人李氏缘遇，┘光禄大夫、平章政事、大司农、同知宣徽院事帖哥，夫人冉氏缘明，大儿妇刘氏、王氏，┘特赐夫人张氏，朝列大夫泉府少卿述古察，东原 □□□□□ 得同刊

（碑阴）

平章门下见字一代┘

奉训大夫知省舍人平安奴二嫂李氏┘三舍人伯哥三嫂鸭忽三嫂凤哥┘四舍人呼璘莹四嫂倪氏宽性本来┘五舍人走安奴五嫂贾氏道圆行满┘六舍人重喜宣使蒙兴慧广德真愿方洪深┘女□高舍人九侄女孩儿玉哥┘太夫人女婿塔必大师女孩儿耐金┘经越志仪明显现┘宣差赛连妻优夷董明祖杨氏┘大哥教化的二哥忻都善大师三哥重喜四哥□奴法传正宗┘五哥省朗中元喜七哥阿合刺┘六哥嘉议大夫┘正宫位下宣授提点潘兴福┘东安州大明寺主持讲主大师行悟┘义州花严退堂嗣法小师儒释兼济禅师兴宗┘桃峰庵住持山主行方净严寺前宗主行进见主持宗主行阇┘本寺见监寺兴施前钱帛兴志见钱帛兴希胡家务广胜院监寺兴恭┘花严寺监寺钺慈氏院监寺兴慈独乐河观音院监寺兴引┘

顺州东奉伯崇教寺主持提点兴辨⏌ 三河县北傍哀山花光院宗主兴或⏌ 大宁路和众县四峰万松禅寺提点兴端辽阳路懿州西盘龙山云平禅寺宗主兴⏌ 大都路平谷县尉石瑞典史王璃珪司吏胡得信⏌ 登仕佐都路平谷县主簿兼诸军夵鲁张恕从侍郎大都路达鲁花赤兼诸军真鲁兼劝农事秃忽赤

注释：

衣钵资：佛家不存私产，身无长物，唯有"衣"（袈裟）与"钵"（化缘用的饭盆）而已。信徒所供奉的钱财则可称之为"香火资""香火费"。故当院师父所捐出的"钱财"，实即"香火资"。而师寂传之于徒者，唯余"衣钵"。故"衣钵资"亦可理解为寺庙或出家人所有的"香火资"。

恒河："恒"为古梵文的音译之简，原意为"从天堂来的河"，故为当地百姓视为圣河。恒河流域是印度文明的发源地之一，她不仅是今天印度教的圣河，也是昔日佛教兴起的地方，至今还有大量佛教圣地遗存。碑文中以"恒河众生"借代"众生"。

旃檀：本为一种珍稀的树种，又名檀香、白檀。最初在古印度雕刻的释迦牟尼站像即选用这种材料雕成，其手印、袈裟、衣纹等程式形成了所谓"旃檀佛"。后来"旃檀佛"的外延逐渐扩大，不用旃檀亦可称"旃檀佛"。

按语：（略）

兴隆寺圣旨碑

解题：

元代大德三年（1299）七月。兴隆寺圣旨碑，俗称八思巴文碑。碑通高240 厘米，宽 82 厘米，厚 22 厘米。青石质。螭首，碑阳为蒙古文圣旨，四框饰以波浪纹，额题、正文皆为八思巴文，字口清晰，保存完好。碑阴为汉文圣旨，额题"皇恩特赐圣旨译本"，篆书，首题"长生天气力里"。年款"大德三年七月"。现立于王辛庄镇太后村大兴隆禅寺遗址处。

录文：

（碑阳八思巴文：略）

（碑阴）

长生天气力里，˩ 大福荫护助里，˩ 皇帝圣旨：管军的官人每，根底军人每，根底城子每的达鲁花赤每，根底官人每，根底经过的使臣每，根底宣谕通知˩ 圣旨˩ 成吉思皇帝的、月阔歹皇帝的、˩ 薛禅皇帝的圣旨里，和尚每、也里可温每、先生每，不拣甚么差发科配休出者，告˩ 天祝寿者，道有来如今依在先的、˩ 圣旨的，体例里不拣甚么差发科配休出者，˩ 天根底祷告祝寿与者，么道属大都路的，蓟州平谷县瑞屏山里（兴隆）寺净严独乐华严寺里每，有的泰长老兴觉˩ 两个根底，将着行的˩ 圣旨与了也，这的每的寺里有的，他每的，房舍里每，使臣休安（下）者，（铺马祗应）休要者，商赋地税休当者，但是属寺家每˩ 的，田园地土、水碾、水磨、铺席、店舍、热水堂子，不拣（甚么物件他每的），休夺要者，更这泰长老、兴觉两个有┘ 圣旨么道，无体例的勾当休行者，无体例的勾当行呵，他（不怕那）┘ 圣旨俺的，马儿年六月十二日上（都有时分写来）。┘

大德三年七月日住持妙光寂□立石都□┘ 净严寺□瑞屏庵山主□，┘ 华严寺住持讲经沙门兴思，┘ 独乐寺监寺兴如，知客，┘ 银青荣禄大夫、平章军国重事、宣政院使领泉府卿答夫（蛮），┘ 通议大夫、山北辽东道提刑按察使刘公□，┘ 管领鹰房相公答剌赤，┘ 开读使臣总管郭天禅押（后四行题名右行镌刻）

注释：（略）

按语：

其实关于此通碑刻碑文，早就有学者研究，比如蔡美彪先生与李桂连先生。但是其所说"北京仅存的八思巴文石碑"，那倒不是，至少没出平谷，本书收录的"崛山双泉禅寺碑石"，1982 年发现于靠山集村东。虽然今仅存螭首，亦搞不清碑阴、碑阳，其一面额题"崛山双泉禅寺碑石"，另一面额题八思巴文四字，也许如同本碑，一面八思巴文，一面汉文。

大元赠奉训大夫碑

解题：

元代至顺二年（1331）。碑圭角方首失座。碑残高 71 厘米，宽 60 厘米，厚 17 厘米。碑文 6 行，满行 13 字，楷书。前三行正文大字，后三行小字镌刻。下半残缺。年款"至顺二年"。现位于上宅文化陈列馆。

录文：

大元赠奉训大夫、□□⌐路蓟州知州、飞骑□╱⌐封平谷县男张公□

╱⌐

□□至顺二年二月日男居仁立石╱⌐ □□□仲武生五子：⌐长曰德

□，次曰□□，╱⌐四曰德良，五曰╱

注释：（略）

按语：（略）

敕赐云岩禅寺重修记碑

解题：

　　明代成化年间（1465—1487）。碑已断为两截，螭首失座。碑首段残高70厘米，宽90厘米，厚25厘米；碑身残高125厘米，宽78厘米，厚20厘米。青石质。额篆"敕赐云岩禅寺重修记"，落款"庚寅秋九月重阳日"。碑文17行，满行32字，楷书。现存于刘家店镇孔城峪村西山谷云岩禅寺遗址处。

录文：

敕赐云┘ 岩禅寺┘ 重修记（额篆）

（首行缺）

▨部尚书兼翰林院学⬚、知制诰、经筵官淳安▨┘

▨中书舍人、直仁智殿江右陈▨┘

▨郎、中书舍人、直仁智殿洮阳任杰▨┘

▨柔县栲栳山，乃古刹也。景泰初，御马太监阮公让奉┘▨处马房，因见栲栳山峰秀拔，溪流澄彻，中有古刹。殿宇虽圮，遗址尚存。乃慨┘⬚为任，首捐已资，⬚募众缘，重建殿⬚，装严像设。广厦崇墉，焕然一新。事闻，蒙云┘岩禅寺兼赐护持藏经，及寺前故越⬚草场空地，与寺内

23

永为长住。命僧德洽住□ □修太监，元是宣德间随征迤北方□，升御用太监，至是改任御马监。丙子冬，奉□ 敕湖寇事竣，因留镇湖贵地方。明年，复进剿东□，诛其首恶，余党悉平。天顺庚辰□ 秋卒，柩还，蒙□ 赐祭西庑之侧。岁月滋久，殿廊颓毁，地土荒芜，多见侵于人。□□御用太监潘公□ 瑛实□于成化丁亥六月，奏复前地，择贤而能者主之，令监工官覃芳再修，殿宇□ 重建，寺获更新。□无失业，庶□僧众晨香夕灯，祝釐祈福，永□所赖。且佛氏之□ 教本善，而世人崇奉之者亦以善心□□也。二公兴建于前，而修复于后，庸非□ 一念之而通之乎？使后之人皆□□□之心□心嗣而葺之，则寺以永存，化及□ ／弗萌而斗争之风，自□□□□禅□□者矣。潘公求予为记，而□及阮□ ／抑以使后来者□□于考也。岁庚寅秋九月重阳日记。

注释：

经筵官：古代职官名称。经筵官制始于宋代，明代亦效前朝之制，设经筵官以备顾问与讲学。至英宗以来，始设讲筵，农历每月初二、十二、二十二举行。其实际进讲之官员，均由翰林出身的大臣兼充。故经筵讲官其实并非专职名，而系兼职名称。

仁智殿：位于故宫博物院武英殿以北、右翼门以西，俗称"白虎殿"。明朝时，这里是皇帝驾崩后停放灵枢的地方。它也是明代宫廷画师作画之处。明代皇帝大多喜爱绘画，故仿照宋徽宗设立书画院，设武英殿待诏，收录丹青手，在仁智殿作画。

栲栳山：在怀柔区东部，平谷区西部。云岩禅寺就是建在栲栳山上的一座寺庙，其址在今平谷区刘家店镇孔城峪村。

装严像设："装"通"庄"，庄重、严肃，庄重肃穆。像设，指佛像法器的设置与安排。特用为佛教寺庙的形容词。

按语：

志文由于残损严重，几个关键部位文字泐蚀，无法定案。比如撰文人与撰志时间。首先且把时间缕一下，因为时间落款仅有"岁庚寅秋九月重阳日记"数字，可知这是发生在明代的事情，超不出 1368—1644 年。另外在可识别的文中先后共出现了几个时间点，即"景泰初（1450—1457）""宣德间（1426—1435）""丙子（景泰七年，1456）冬""明年（景泰八年，1457）""天顺庚辰（四年，1460）秋""成化丁亥（三年，1467）六月""（成化）庚寅（六年，1470）秋九月"。我们再考证一下撰文人"☐部尚书兼翰林院学☐、知制诰、经筵官淳安☐"，已知奏事人潘瑛是明天顺（1457—1464）、成化（1465—1487）间太监。在这个时间段有一位籍贯"淳安"的宰相叫作商辂（1414—1486），明代首辅，字弘载，号素庵。他最有可能就是该碑的撰文人了。据《少保商文毅公墓志铭》记："正统乙丑（1445），会试、廷试俱第一，授翰林修撰，寻命进学东阁，务大期用。继选经筵展书，命遂进讲……（景泰）丁丑（八年，1457）春，景皇帝（明代宗朱祁钰）不豫……戊子（成化四年，1468），以地震乞罢……寻升尚书，仍兼学士……乙未（成化十一年，1475）夏，进兼文渊阁大学士。丙申（成化十二年，1476），加太子少保，改吏部，赐冠带一品服。"从以上的时间和内容上来看，"乙未"前的最符合，如果商辂要是做了"文渊阁大学士"，就不会落款"翰林院学☐"了。所以"（成化）庚寅（六年，1470）秋九月"撰文的时间正好也是在他"进兼文渊阁大学士"的"乙未（成化十一年，1475）夏"之前，符合实际一些。另外墓志铭中"至祖敬中、考仲宣，咸因公贵，累赠资政大夫、兵部尚书兼翰林院学士"。也说明其祖若父获封赠是在商辂官于此职的时间段，由此亦可知，残损的商辂的官职"部尚书"应为"兵部尚书"。另外，商辂本身与平谷就有渊源，据《大清一统志》记，明成化丁亥（三年，1467）平谷县城重修时商辂为之作记。

"赐护持藏经"，李氏夫人赐藏经，水峪寺亦有藏经八千卷，说明藏经的收藏不仅仅是在房山云居寺等寺院。是否为"契丹"等藏的版本尚需要研究。

重修水峪胜泉庵记碑

解题：

　　明代弘治十年（丁巳，1497）九月。碑方首抹角失座。联首通高165厘米，宽70厘米，厚16厘米。青石质。碑首浅浮雕花纹，边框为缠枝纹。额题"重修水峪胜泉庵记"，首题"重修水峪胜泉庵碑记"。年款"大明弘治龙集岁在丁巳菊月重阳日"。张谦撰文，定任书丹。碑文19行，满行30字。碑阴额题"本庵僧拜檀越姓名"，碑身镌刻住持僧众及功德人名，上下十二列，但有串行混写现象。碑刻残损，断裂数块，今已修复粘接竖立。现存于大华山镇泉水峪村胜泉庵遗址处。

录文：

（碑阳）

重修水峪┘胜泉庵记（额题）

重修水峪胜泉庵碑记┘

赐进士出身、礼科都给事中张谦撰文┘

僧录司右街、右 善 事 定任书丹┘

□载维释氏之为神也，其号曰佛。盖佛者大而化之 之 圣，圣而不可测之之神也。示┘色身于西域，祥光现于周昭，流声于东土。金躯梦□汉明，由是梵刹招提森然┘充于中国者，虽穷岩幽谷处处有之。其为教也，不过导人为善，掖人作福而已。⏎ 据（距）邑东南陆拾里许有山名铧。山之右也有古迹兰若，曰胜泉庵。其东有山，名⏎ 铧山。其西曰笔架山，南曰龙山，北曰虎山。巽有泉，名水峪，☐绕堂厨，周匝廊庑，⏎ 肆围壮丽，真乃祇园之胜境也。幡诸庵也，肇自洪武间，整建☐新。逮及今日，岁⏎ 月延深，材壁隳腐。近者有比丘本宗，同诸檀越刘宣等重择旧基迤东☐☐☐⏎ 地，各施资财，购营工料，修建茄蓝、祖师贰所，净业堂叁间，左右☐房，逐壹定☐。⏎ 愚所谓导人为善作福者，此也。於戏！⏎ ☐仪☐☐，广著大造之恩；四序循行，溥育生全之德。至微之草，／⏎ ☐细之葵，犹知向乎阳日。故佩义服仁，知识灵于万物者人也。／⏎ ☐乎尘俗者僧也。今兹胜泉庵之所由建也，晨钟夕鼓，昼诵／⏎ 圣寿于无疆；下以祈康臣民，而乐利雨旸。由是乎时若五谷，由／⏎ 之导人以为善者乎！寺既落成，命刻石以识其本末。／⏎ 所自慨然有兴起焉者哉！时⏎ 大明弘治龙集岁在丁巳菊月重阳日，开山第壹住持／

（碑阴）

本庵僧拜⏎ 檀越姓名（额题）

道志、道☐、道☐、道☐、道☐、道☐、道明、韩道、韩祥、功德主陈聪、陈杲、韩安、☐玉、☐马监太监田秀、卢俊、张顺、把总堆☐焦钦、敕赐靖嘉守住持如清、真明、善募众缘、真景、维那真祥、首座真辛、首座真德、本寺僧众：都寺真聪、提点真受、监寺真安、副寺真基、☐☐真成；⏎（以上第一列）瑞洪、道存、道安、道忠、道义；⏎（以上第二列）孙名、刘进、☐恕、王林、周海、刘祥、刘胜、管☐、王忠、何义、王俊、杨宣、刘铎、刘春、檀越；崔智、☐广、崔☐、崔良、通恭李见、☐海李得、崔忠、王俊、王稚、王峦、郝氏、王玺、孙氏、韩宽、☐臣、周☐、王柏、扈宽、张氏、郭瑰、王谨、陈铎、☐保萧大；⏎（以上第三列）□信、陈俊、解海、解清、郑良、曹友、扈鉴、刘□、王凤、孙海、李钦、范广、刘景福、王□□、崔文、王玉、□宣、杨玺、刘友、陈效谨、干友、扈俊、王妙安、周寅兴、李惠秀、李惠善、徐惠元、王惠聚、马惠祥、杨笑；↵（以上第四列）刘铭、□友、王甫、杨俊、杨本、杨宣、陈敖、陈友、王信、赵荣、□果、田□、□恕、□□、耿福、胡成、胡六福、郡宽、邵清、邵海、邵福、刘聚、王惠秀、张善聪、陈二姐、崔惠海、解惠荣、王惠聪、曹惠金、眇政；↵（以上第五列）陈一、马智、马福、马聪、刘永、魏谦、田永、高明、□□、王宽、□福、□文、崔速、董甫林、房聪、吴俊、吕成、仲□、仲源、仲广、仲全、兰洪、陈惠福、周喜祥、唐善明、周善聪、崔善庆、李惠荣、妙成、陈妙莲；↵（以上第六列）焦□、杨玘、陈杲、陈玘、陈秀、陈玺、陈永、栾仪、栾海、王通、梁成、梁□、梁通、王源、沈荣、□全、王宁、□俊、郑林、焦英、焦宏、刘甫、李惠福、□能、惠荣、杨惠成、杨大姐、妙玉、杨惠成、高妙元；↵（以上第七列）刘政、赵林、杜杰、刘忠、王明、张运、李镗、王玉、田文、张金、张美、王栾、杨春、杨麟、杨进、杨宏、张海、钱通、能海、高清、李祥、郑见、沈氏、陈□、郑□、刘□祥、唐妙德、□金、□□、张妙玉；↵（以上第八列）王友□、□□□、沈福、王富、刘雄、唐晋友、刘增、刘江、刘义、刘全、范原、刘善惠、范宣、范□、□友、管聪、管□、管□、郭□、李和、高见、罗贵、陈妙连、刘妙聪、赵妙庆、李惠元、李□□、╱↵（以上第九列）╱吴□、于丁、陈聪、于刚、钱果、卢俊、贾五、贾洪、贾广、贾深、贾□、贾□、贾□、郝□、贾宣、□国、马营、马□、□□、李□、╱□□□、罗妙成、□妙金、□妙玉、╱↵（以上第十列）╱果□、张□、□聪、╱惠贤、潘妙才、张惠通、张增、王妙程；↵（以上是第十列）╱梁文奉、郭□、□□、张□□、韩惠元、□心恭、妙能、胥妙敬、杨妙玉、张妙喜；↵（以上第十一列）╱刘名、刘见、李男、李□、□刚、□玉、╱□海□、翟聚品、谢贵□、信官张易、□□、田义、秦景明、马玉、田敬、□□、王原刘氏、谢通、张惠才董氏、王氏陈善果、徐妙□、赵妙秀、姜妙喜、赵妙云、毛田、□义、妙顺、□□、张旻。（以上第十二列）

注释：

兰若：阿兰若，佛教名词。原意是森林，引申为"寂静处""空闲处""远离处"，躲避人间热闹处之地，后泛指一般佛寺。

巽：八卦之一，其方位代表东南方。

净业堂：实际就是佛寺中供僧人与居士们诵经的殿堂。"净业"，佛教术语，又名"清净业"，包括世福、戒福、行福三种福业。昌平区普门禅寺之明代嘉靖年净业堂碑云："盖净者，渣滓不存，绝无一尘之扰；业者，专心讽诵，靡有时刻之闲；而堂也者，又会聚众僧而礼敬三宝之地也。"

按语：

碑文中"佛"之论，可备一说。"释氏之为神也，其号曰佛。盖佛者大而化之之圣，圣而不可测之之神也。示色身于西域，祥光现于周昭，流声于东土。金躯梦□汉明，由是梵刹招提森然充于中国者，虽穷岩幽谷处处有之。其为教也，不过导人为善，掖人作福而已。"几句话将"佛"概括了一下，"佛"是超出我们常说的"圣人"的一位尊神，而且我们无法知其全部的神通。他是西域的神灵，据说是周昭王时期就已出现了。后来佛教传播到了中国，自从汉明帝夜梦金人之后，中国到处都可见到佛教寺庙了。其教义本身不过就是劝人为善、给人以福而已。这里引出了几个有关佛教传中的典故，"祥光现于周昭"是在周昭王二十四年（前1027），传说那时产生特殊的天象，太史苏由解释说那就是西方圣人，一千年后要传遍中土。"金躯梦□汉明"，发生在汉明帝（刘庄）永平十年（67）。夜梦金人后，大臣傅毅和王遵为他解释了西方圣人的事，后来才有了迦叶摩腾、竺法兰白马驮经而来的佛教传入的开始。

碑文中对"人"和"僧"的区别的论述有创意，"知识灵于万物者人也。／□乎尘俗者僧也"。也就是说人是动物中最聪明的，然而往往不能脱俗，一旦了脱凡尘就能算是"僧人"了吧。

关于碑文中所提到的"净业堂"，那是个庄严肃静的场所，往往是有一定的"纪律"要求的。

碑阴题名人数400人左右，从落款题名的情况看，参与者除平民百姓信士信女外，还有太监和把总，以及很多的僧众。其中既有"住持如清、真明"，又有"维那""首座""都寺""副寺""提点""监寺"等僧职和普通僧人，有四五十人之多，可见胜泉庵当时的规模之大。其虽名曰"庵"，但未必是今人所理解的"尼姑庵"——仅常住女性出家人。

其中人名用字有特点，比如"聪"字、"惠"字、"玺"字、"善"字、"海"字、"宣"字、"友"字、"聚"字、"甫"字、"刚"字，反映了当时的时代地方特点、风俗习尚等。"妙""扈""管""胥"等，亦属小姓，说明外来人口不少。

王源所撰胜泉庵碑

解题：

　　明代（1368—1644）。碑残高 142 厘米，宽 85 厘米，厚 23 厘米。原碑规格尺寸不详，今已毁断，仅余其半。正文首行"▱其名曰佛，佛者觉也，所贵乎行善，以炼其精神，以▢无▢而为"，王源撰文，杨镕书丹，富顺篆额。现存于大华山镇胜泉庵。

录文：

▱州清吏司主事紫府王源撰文⏎

▱金台杨镕书丹⏎

▱富顺篆额⏎

▱其名曰佛，佛者觉也，所贵乎行善，以炼其精神，以▢无▢而为⏎ ▱梦遇金身，巍嵬丈六，身佩日月之光，飞行殿庭之上，变化非常，⏎ ▱万物而大济群生者也，昔相国吕侯乘花轿（骅骝？）八骏而行，求⏎ ▱摩腾译经，天台智觊善提达摩传佛心印，玄奘皈经传持戒律⏎ ▱法流行东土，随教化身而入中国，由是梵刹灵迹随处有之，其⏎ ▱用所以主持⏎ ▱恩也。据邑畿内豆▢家里隅有山名曰铧山之▢有古兰若，曰⏎ ▱西有笔架山，南有青龙，北有白虎，其左有泉，激湍而注峰峦╝ ◻ 于洪武间建立一新。
岁深年久，殿宇毁没。近者有僧曰╝ ◻ 一整以为焚修所，接其弟明公上人
自舍尘缘，穷寂╝ ◻ 建造大雄宝殿三楹，中塑╝ ◻ 远者矣。╝ ◻ 末。呜
呼！密云◻◻檀州◻心淳质，仁让之，◻今╝ ◻╝ ◻ 调，以显明公则
◻╝ ◻ 人为善之意也。╝

◻ 白真明谨识╝

◻ 守营把总指挥金事◻◻╝ ◻ 信官◻╝ 张◻ 郭◻╝ 能显◻ 房玉甫
铭◻

注释：（略）

按语：（略）

33

乾隆重修胜泉庵碑

解题：

清代乾隆十年（1745）。碑方首抹角方趺。通高 240 厘米，宽 68 厘米，厚 26 厘米。额双钩题"永志千秋"，首题"重☐"，陈德焕撰文，石匠王之民、何邦玉。现存于大华山镇胜泉庵。

录文：

（碑阳）

永志⏌千秋（额题）

重☐⏌大清乾隆十☐⏌邑人陈德焕熏沐撰。☐王☐能保录，石匠王之民、何邦玉。⏌☐住持僧照德☐⏌

（碑阴）

京都顺天府☐⏌（以下文字辨识不清，故略）

注释：（略）

按语：（略）

新修庙记碑

解题：

清代咸丰三年（1853）十一月。碑方首圭角失座。高 128 厘米，宽 65 厘米，厚 18 厘米。额双钩题"新修庙记"，首行"三河县邑北距城七十里后 ⊘"，张殿元撰文并书丹。碑配座立于原址，现存于大华山镇胜泉庵。

录文：

新修庙记（额题）

三河县邑北距城七十里后 ⊘ ⌐ 方今 ⌐ 佛祖神祠遍天下，凡近都人 ☐ 以来 ⌐ 佛 ⊘ ⌐ 释迦牟尼 ⊘ ⌐ 菩萨 ⊘ ⌐ 药王药圣有 ⊘ ⌐ 文昌 ⊘ ⌐ 国朝以来，善 ⊘ ⌐ 之观瞻者也 ⊘ ⌐ 既修大殿三 ⊘ ⌐ 山门露台悉加 ⊘ ⌐ 庶几 ⊘ ⌐ 平谷县增生张殿元熏沐撰文并书丹 ⌐ 本年 ⊘ ⌐ 民北十二 ⊘ 座北又置地弎坐西东西大清咸丰三年岁次癸丑冬月 ⊘

注释：（略）

按语：（略）

重修水峪胜泉庵碑

解题：

　　清代宣统二年（庚戌，1910）三月。碑通高 127 厘米，宽 65 厘米，厚 18 厘米。青石质。方首。碑阳，碑首线刻云纹。额双钩题"永垂不朽"，首题"重修水峪胜泉庵碑记"。年款"大清宣统庚戌年三月穀旦"。刘子俊撰文书丹，刻字人蒙涟清。碑文 17 行，满行 27 字，楷书。碑阴，额双钩题"万古流芳"。碑身顶部居中刻"助善人"三个大字，其下功德人名分上下四列镌刻。现存于大华山镇泉水峪村胜泉庵遗址处。

录文：

（碑阳）

永垂⏎ 不朽（额题）

重修水峪胜泉庵碑记⏎

水峪村东偏山坳有胜泉庵一座，创建不知所自。大明以来，历有⏎ 重修。今当▢⏎ 国朝，多历年所。风雨摧残，不免隳颓之患。乡先生不忍坐视隳颓，众议⏎ 同筹，愿为补偏救弊，焕然一新，以壮四方之观瞻，甚盛事也！⏎ 今夫庵何以胜泉名也？其泉之暖也，似芙蓉得乎春风；其泉之香⏎ 也，若杨柳垂乎甘露。故以菩萨为正殿，则见慈航普渡、群生共乐。⏎ 夫深恩祥霭，遐庇亿兆，咸沾乎沛泽。由上而下，复有关圣帝君为⏎ 之左相，达摩祖师为之右扶。於戏！大启⏎ 庙宇，所以昭盛迹于无穷也。铭曰：⏎ 庙貌巍然气象万千，刻文此碑亿万斯年。

三河县峪口镇廪膳生刘子俊并撰文书丹、⏎ 书碑阴姓氏⏎

监造首善人王治元、范天魁、胡万祥、杜树棠、张玉美、张玉成、⏎ 张万亨、杨得才、萧俊生、周明文、王凤元、杨九凤⏎

引善人无名氏，刻字人蒙涟清⏎

大清宣统庚戌年三月榖旦立

（碑阴）

助善人：⏎ 王治元助钱七拾八千，范天魁助钱四十二千，胡万祥助钱一百十千，杜树棠助钱二十四千，张玉美助钱五十二千，张玉成助钱三十六千，张万亨助钱五三十四千，杨得才助钱八十三千，萧俊生助钱七十七千，周明文助钱二十千，王凤元助钱一百六十千，杨九凤助钱十千，无名氏助钱五十千，胡永富助钱七千，杜树君助钱十二千，杜树亭助钱十八千。⏎ （以上第一列）单门张氏助钱十三千，张万祥助钱十三千，杨九春助钱二十二千，张万元助钱二十四千，张万增助钱十三千，张万义助钱二十一千，胡永库助钱二十一千，张万庆助钱二十千，王永助钱十千，张万达助钱十一千，张万珍助钱卅四千，萧近才助钱十六千，胡永贵助钱十千，杜长发助钱五十四钱，杜树名助钱十四千，杜树亭助钱十四千。⏎ （以上第二列）杨德兴助钱六千，刘忠信助钱五钱，胡万义助钱四千，张万林助钱八千，李万德助钱九千，张万瑞助钱十四千，杨九富助钱六千，张富君助钱四千，张万合助钱十四千，胡万珍助钱八千，杜德仓助钱十二千，杨九功助钱十二千，张万隆助钱四十千，杨九宽助钱十千，张万全助钱卅七千，杨九全助钱二十千。⏎ （以上第三列）王宝山功德佛手二支，李仲助钱四千，杜树深助钱八千，李宏有助钱八千，杨九恩助钱四千，张万年助钱五千，张万学助钱六千，张万柱助钱五千，张万之助钱四千，李永立助钱八千，杨九立助钱四千，杨德旺助钱五千，杨九祥助钱九千，井顺助钱六千，杜树德助钱四千，杜树起助钱五千，杨九忠助钱六千，刘富助钱五千。

注释：

　　隳颓：衰败，毁败。指建筑遭到了破坏，受损严重。

　　首善人：可以理解为行此善事的发起人。

按语：（略）

青沟河石桥记碑

解题：

　　明代正德十年（1515）四月。碑通高 150 厘米，宽 66 厘米，厚 11 厘米。青石质。螭首。额篆"青沟桥记"，首题"青沟河石桥记"。年款"正德十年岁在乙亥闰四月二十一日"。金濂撰，王镗书，□□□篆，石匠张俊、张□。碑文 18 行，满行 33 字。楷书。该碑原立于王辛庄镇后罗庄村东南青沟河边，后移置王辛庄镇后罗庄村委会，今已不存。村委会东侧数十米处路侧尚有石桥废料堆积，碑刻早已不见踪影。

录文：

青沟河石桥记↵

赐进士出身徵德郎南京礼部主事邑人金濂撰↵

赐进士第文林郎福建道监察御史邑人王镗书↵

平谷县儒学生□□□□篆↵

平谷县北七里有青沟河，发源于□□□□。其初其徽其折而南□□势渐大，又折而↵西也，则入于周村县河。方春夏雨□□□水浅若一沟然，故曰青□□□六月霖雨滂↵足，则山泉□湃冲突而来，两岸龃龉□□

数尺，始艰于济。正德乙[亥]□□□□南聪⌐往来其地侧（恻？）然与（于？）怀，思出己资募众□□桥其上。当其事之与也，土石勒□□□其难，⌐聪靡书靡业，极力经营不逾时。采石□山，聚粮于□，鸠工于三月二日，告□□□□四月⌐六日。为桥长五丈有奇，广半之，崇□广方，为券有三，为费计银百两。浑坚敦□，□以垂⌐利方来。几诸乡父老登桥而观望者，莫不□□称叹，以为某年暴涨，或车仆马□而思⌐尺莫通，某年集潦或牧子农夫而临流病涉。自今之后，犹履康庄，**无万揭之劳垫溺之**⌐**虞**者，皆桥之赐也。是不可无文以志颠未（末），因请记于子夫，天下之道公而已矣。惟公则⌐溥溥，则足以合群情而成天下之务。今南聪一介士也，公于为义，举艰大之事，而力独⌐当之，而座底于成。盖我以公去彼、以公来、以公召，公未有不谐其事者矣。呜呼！世方以⌐除治桥梁为官政，今之职其土者，□能为之曾惠未及人而厉先于下，宁不厚颜于聪⌐也邪？宜为之记。聪绛州人，先世占籍于戎时。作兴其事者，县尹吉侯人，**挥使**□君锐胡⌐君镛也，若夫捐财名氏则列于碑阴云。⌐

正德十年岁在乙亥闰四月二十一日立石于三官庙侧。石匠张俊、张□

注释：

万揭之劳垫溺之虞：这是形容令当地百姓受苦的两种状态：一种是重复多次地办一件事，另一种是饱受溺亡填河之苦。揭，举，兴起（某事），办（事儿）。垫溺，淹死。

挥使："指挥使"的简称。明代武官名称。为"卫"一级军事机构的最高军事长官，正三品衔。下辖指挥同知二人，指挥佥事四人。

按语：

撰文人"赐进士出身徽德郎南京礼部主[事]邑人金濂"，明初也有一位进士金濂，永乐十六年（1418）进士。官至刑部尚书、户部尚书。以军功死后追封"沭阳伯"，赐谥"荣襄"。但他是生活在永乐（1403—1424）、宣德（1426—1435）、正统（1436—1449）、天顺（1457—1464）时期的大臣，而此金濂系正德十年（1515）前后的大臣，时任仅为礼部侍郎，官位也小得多。

书丹人"赐进士第文林郎福建道监察御史邑人王锴"，在近四十年后〔嘉靖壬子（三十一年，1552）〕又曾为平谷县重修县城撰写过碑文，落款"河南按察副使邑人王锴"，官职未见大的升迁。

通读字迹不全的碑文，可以知道这是在平谷清沟河上建造石桥的记录。由于清沟河属于季节性的河流，所以在夏季洪水暴涨，致使原本像一条小水沟似的河成了难以逾越的鸿沟。南聪舍己资仅用了三个月的时间，建石桥一座，方便了大家的往来。桥长五丈多，宽是长的一半，高与宽同，有三座拱券。工程费用是白银百两。于是立碑为记。南聪是绛州（其地在今山西省运城市附近）人，其祖先由于战事寄籍北京平谷。

太后村墓碑

解题：

　　明代正德十二年（1517）八月。碑方首抹角失座。碑通高 125 厘米，宽 58 厘米，厚 13 厘米。青石质。额双钩题"流芳永世"，首题"同立功德名氏附法眷及祭文"。年款"正德十二年岁次丁丑八月朔越日"。现存于王辛庄镇太后村委会。

录文：

流┘芳┘永┘世（额题）

同立功德名氏附法眷及祭文　课渔阳石作□刊┘

一郡达┘营州中屯卫事政掌印指挥使季勋、义官张环，┘提调熊儿峪等营把总、营州右屯卫指挥金事乐铳、沟阳山□□□朱凤，┘凤阳府经历张琛、夏邑学司训韩琪、乡贡进士贾真儒，┘□□经同知□张钺、致仕阴阳官赵能、听选省祭官于深╱┘恩╱张铭、锦衣卫百户张铉、大宁前卫指挥同知李镇、大宁前╱士张╱┘一庠生李凤，┘宋景春、王汉、王安、张冕、张辑、张社、宗夔、韩邦宪、张宸、巨堂、戚瑄，┘一乡耆□□、王彦彰、大╱夏□务、╱┘岳家庄、张□、张□、张□、张□、张景春、张□、张禅、张□□儒、张□□、王五、王□、王秀、王□、王□，┘王瑞、王宪、闫闰、赵胜、闫富、王仲良、赵环、李雄、王增、□□家庄唐儒、大辛寨张志弘□善□，┘□胡家务□□、杨□、邢端、姚□、□贵、王得玉、张月、□川、徐永、胡□、杨家会、丁宗、丁亮、刘昉、□□，┘旧营李英、李茂、□山、仲端、程□、程镒、程钦、王通、赵山、王贵、申海、王孜、王□、张明、岳镇□成□，┘新营贾信、肖春、贾耀、杜□、刘全、齐玘、齐刚、冯俊、曹家庄朱真、朱用、马□、马聪、王钦、王钧，┘一眷嗣真□、真铭、真□、真潭、真钦、真聚、真王、赵家庄高真、崔宣、李文□、李文美，┘钦依僧录司大兴隆寺住持真□、道福、道亮、道永、道朗、道钊、道廉、道至、道完、道□、┘道宜、道□、圆灯、圆暹、圆照、圆定、圆春、圆□、圆铎、圆利、圆秀、┘圆泰、圆文、圆桂、圆洗、行金、行林、行绿、洪□、满汪、道人刘□□，┘一祭文：维正德十二年岁次丁丑八月朔越日，平谷县辱契等谨蠲良吉树完□志因，┘具奠于禅师海公觉灵前曰：嗟！师何生何灭幻化□形即空即色摹□镂铭言不尽言图不尽□┘□□成□表茔屹立□林碧水之秀瑞屏白云之□季□而□刀撰堕泪于阳城高山仰止于┘可□□德□□傅之佛替禅师尚享。

注释：

法眷：佛教术语，指共同修行的道友，同修的道友犹如亲眷。明李梦阳《功德寺》诗："法眷撞钟鼓，宫女拭御床。"

义官：义官并不是官，它仅仅是一个朝廷批下来授以某某道德高尚的乡绅、耆老的称号，只是一种奖励而已。另外富裕者或商人通过捐助也可以得到义官的称号。

阴阳官：旧时称以星相、占卜、相宅、相墓、圆梦等为业的人为"阴阳生"。此处"阴阳官"恐怕是一种尊称而已，朝廷未必设此官职。

釁良吉：意思是斋戒沐浴，选择吉日。《诗经·小雅·天保》："吉釁为饎，是用孝享。"朱熹集传："吉，言诹日择士之善；釁，言斋戒涤濯之洁。"

按语：（略）

敕 建府君神祠记碑

解题：

明代嘉靖二十二年（1543）六月。碑失首座。残高 150 厘米，宽 73 厘米，厚 15 厘米。青石质。首题"敕 建府君神祠记"。年款"嘉靖二十二年岁次癸卯六月六日立"。碑文楷书，模糊不清。原立于山东庄镇桥头营村府君庙。现存于山东庄镇桥头营村新开西街 7 号民宅东墙外。

录文：

敕 建府君神祠记⌐

蓟州平谷□□□桥头营间有庙曰府君自□□迄今建□已数百□□民仄信宗奉之凡水□□□□⌐ □□□则□□相望悉神是祈而神貺众昭如□□□焉／⌐ □皇帝当命有司者正祀典，海内祠宇付（什？）减八九，而斯庙存。考□古□□神能／⌐ 岁既久风□雨削殿宇塑像日就□□正德癸酉嘉靖癸未／⌐ 未久又复倾圮见者□焉于是乡人杨志王□住持道士□太泽／⌐ 事曰正殿东西两殿曰门亭曰□□□□共满于／持□□⌐ 像□庄□□□雕刻争□者祈者孰／然而⌐ 内官□太监事□众于公通首闻其事□□□□为记采立石传□□□□□

云有功于民则祀⏌之能□□大□□大灾则祀之□□□□儿所以□
□□□□□至矣德盛而庙貌╱⏌非人心之所安也再造之□□呼□
□之□成千一□□□可以□我□□□我□法而□祀不□则神⏌
必将俾雨赐以时水敕用登灾害不生物无庇□大╱⏌嗣是而生司香火者如国
之韩臣家之尚千持□于已成□患于复□□有□□□□□□则以□
□新⏌神麻可以不变民患可以无□□无不□感□不□矣又不能╱
嘉⏌靖二十二年六月六日其或以财或以力□□以□其事者╱不⏌朽云。
赐进士出身朝列大夫山东布政使司左参政□礼部郎中古抗（杭？）孙□
盂传。
嘉靖二十二年岁次癸卯六月六日立

注释：（略）

按语：

府君，古代用作对神的敬称，如"泰山府君"就是泰山之神。

篇首即言"蓟州平谷□□□桥头营间有庙曰府君自□□迄今建□
已数百□□"，虽然读不通字句，但可知本庙已建数百年了。不仅历史悠
久，还得到了皇家的保护呢！其中"皇帝当命有司者正祀典，海内祠宇付
（什？）减八九，而斯庙存"。这应该说的就是明宣宗（朱瞻基）、英宗（朱
祁镇）以来，对于"海内"佛教寺庙及僧人数量的控制，当时曾定下"每
府僧道各不过四十名，每州各不过三十名，每县各不过二十名"的制度。就
连明英宗书赐寺额也限制在每年四十个了。所以这里说是"十减八九"了。
这样一座数百年历史的寺庙，在海内限制数量的时候，还会"巍然独存"，
说明它的重要性。

后面又隐约出现了几个时间，"正德癸酉（八年，1513）嘉靖癸未（二年，1523）""嘉靖二十二年（1543）六月六日""嘉靖二十二年岁次癸卯六月六日"。前后仅存只言片语，不易串联成文，理解其意。从断续的文意上可知，之前明代两次修缮先后是 1513 年和 1523 年，不久建筑又出现了坍塌的现象。最后在 1543 年再次修缮完工，当天就立了此碑。

重建府君神庙碑

解题：

清代康熙二十五年（1686）十二月。碑透雕螭首失座。联首通高 224 厘米，宽 81 厘米，厚 17 厘米。青石质。碑阳额题"重建府君神庙"，首题"重修府君庙记"，年款"康熙二十五年十二月初一吉日"。碑文 22 行，满行 48 字，楷书。王升撰，王晨书。碑阴螭首宝珠中间阴刻一"寿"字，额双钩题"万古流芳"。正文楷书，字迹不清。现位于上宅文化陈列馆。

录文：

（碑阳）

重修府君庙记┘

平谷县儒学廪生王升撰┘

平谷县儒学庠生王晨书┘

盖凡重修庙者各有碑记，以示不忘，止叙其事而书之，不即重修者之心传之犹未足以志不忘也。想府君其来也，此处全为┘吉地。而北有崇山峻岭之翠峰，而南有洵水波光之美景。尊居此大护一方，民安物阜，至灵至圣，乡人莫感其德而景仰也。建┘庙已久，水旱疾疫，有祷即应，此皆前人之垂余耳。表神之初也，在隋唐为良吏，既□□虎于大山终□□熊威灵表，表百代荣┘昌不测。┘大清康熙十八年岁次己未，七月二十八日巳时地震，不惟民居倾圮，而庙宇难存，宁独坚于府君之庙乎？斯殿一概全倾，┘府君虽至灵至圣，难违上帝之霹临金身，显露不堪，甚矣 骇 路人之常叹惜，乡人之悲伤，非一方之雅观也。夏虽设教于庞里，昼⏎ 夜不忘，今窃有庆焉。幸叔王元之目睹心恬（瘆?），并无人向善。自思山门碑记上存宗祖之显名，今善赖于王姓，何委于他人？自叹⏎曰：房产圈占，尺土无存，功成浩大，独立难成。不勉请会积金，又募化合庄善舍资财。二十 三 年至二十五年，一概功成告竣。斯⏎ 庙郁郁青青，焕然一新，以妥神威，往 速 来望者，莫不并肩累迹，顾视此庙，以羡殿宇而乡人个个欣赏，思人无其诚者，则无且 □⏎ 应而庙宇弗张。府君虽在盘郡之艮方，本灵应 □ 端庙之兴，岂不有由然乎！大神临此，身居庙廊，小德川流，大德敦化，辉煌宇⏎ 宙大展，神威赫赫之景况，以大道为公，荡荡之宽乎！以无私为主，所以高明配天，博厚配地，悠也久也，而元元 之 心无不庆也。⏎ 当其初也，非沽名称誉也，亦非扬 □ 后世也，原 □ 伤感之念无愧于先君也。功德全登，岂无有效其诚乎？思其时也，以善感善，⏎ 最美乎周维城复建钟楼！深感乎张沂重修<u>济生堂</u>！其念乎周应聘重修广生宫、两配见新，幸哉，此一方之盛景复张也！而不⏎ 假手于他人，竞恢复于王姓以 □ 归乡人 □ 孝归元之深美一乡，可 足 为证。诗曰⏎：青青妙世界，广大布乾坤；庙宇辉煌日，神明永安康。⏎ 享祀丰色盛，莫不来敢当；意兮成斯庙，百世竖坚牢。⏎ 呜呼悲嗟叹，不幸祸天殃；美哉日新彰，七倾八倒 □ 。⏎ 人皆有景仰，天地总又长；立石刻以字，千载 □ 流芳。⏎

康熙二十五年十二月初一吉日立

（碑阴）

各庄施财善人：⏎ 水峪寺僧人海论施舍吻兽，⏎ 红石坎刘世荣、刘世华，⏎ 独乐河杜文登，滑子庄倪可贤，⏎ 山东庄杨州富，洙水庄王有本，⏎ 胡家庄胡良庆。⏎ 桥头营𬃊黄旗都虞司。⏎ 御前下厨户千总 周 □□ 率子周应聘、周应篡联，⏎ 弟周之 器 、周之篡。⏎ （中空一行）各庄施财善人：⏎ 石如玉、刘从志、张大金、⏎ 张有德、张义、徐鸣信、于天培、张应斗、张 □

沂、张润、徐杨芳，⏎ 生员刘德体、李应华、刘稜翘、王从之、张天贵、李应本、于秉□、张缔骞、⏎ 崔济民、路运通、崔子民、于秉正、张斗明、张缔仲、崔洪民、蔡计先、⏎ 王罨、王向、王杲、李景荣、郭有礼、郭应魁、徐万才、徐万良、⏎ 任大仲、徐自科、胡应龙、王自成、陈万金、张云凤、王锡章、王政义、⏎ 刘进荣、刘进贵、刘枝鹅、王御平、刘芳、刘自成、王好义。⏎ 合会众善人等□头：王元之、王之禄、□成名、韩玉、李守江、王御安、崔永吉、⏎ 于国桢、徐鸣□、郭万良、李文才、张□道、□万良、崔尚德、⏎ 王政□、张光□、崔牧民、崔眷民、张奇功、张凤、刘禄、⏎ 刘大义、许成□、李景荣、□凤才、张缔富、王好智、宋国□、⏎ 王衮之、王褒之，生员王晨、王昂、王昱、王勗，⏎ 合会人等会头。

注释：

府君庙：府君为旧时对神的敬称。故为此神建的庙即曰"府君庙"。碑文中的府君，"表神之初也，在隋唐为良吏，既□□虎于大山终□□熊威灵表，表百代荣昌不测"。

廪生：廪膳生员，古代科举制度中生员名目之一。

庠生：为明清科举制度中府、州、县学生员的别称。古代学校亦称"庠"，故学生称"庠生"，庠生也就是秀才之意。

济生堂：古代医疗、养老机构，既有官府建设的，也有民间筹办的。

按语：

文中谈及康熙十八年（1679）京师大地震，"大清康熙十八年岁次己未，七月二十八日巳时地震，不惟民居倾圮，而庙宇难存，宁独坚于府君之庙乎？斯殿一概全倾"。这是一段非常客观的描述，撰文人虽然把府君按神一样交代给大家，但并没有把府君庙说得神乎其神，在大地震中，它跟民房一样，也逃脱不了坍塌的厄运。而且用了一个反问句"宁独坚于府君之庙乎"，一下子堵住了那些人再想问下去的话。那么，这场地震对于京师到底造成多大的灾害呢？据有关研究显示，其他历史资料所记地震的年月日相同，但是"时"有些差异。清顾景星《白茅堂集》记载"庚申时加辛巳"。邵长蘅《青门旅稿》记"岁在己未斗指申，月之廿八朝日曒。京师地震骇厥闻"。毛奇龄《西河集》记"维岁在己未，彝则月将晦。京师忽地震，庐舍多损坏"。据有的史料记载，七月二十八日初震后，二十九日、三十日复大震，通州、良乡等城俱陷，裂地成渠，流出黄黑水及黑气蔽天。八月初一、十三日、二十五日又大震动；九月初八、十二日、十三日复大震如初。有人记载余震持续了一个月之久，还有记载说余震持续了三个月之久。

这次地震的震级高达 8 级，震中在平谷、三河（今河北三河）一带，地震波及范围除京城外，还包括周围的河北、山西、陕西、辽宁、山东、河南六省，共计两百余州县。地震给京城带来了毁灭性的破坏。我们所知元代所建的居庸关云台上的永宁寺喇嘛塔三座，就毁于此时。

整个地震死亡人数是"万七千人"，而北京城内死亡四百八十五人。除了为数众多的老百姓在这次地震中死去外，还有很多的官员也死在了这次地震中。官民震伤不可胜计，至有全家覆没者。

据《广阳杂记》记载："康熙十八年七月二十八日巳时地震，京城倒房一万二千七百九十三间，坏房一万八千二十八间。"

文中"幸叔王元之目睹心悕（瘵？）"，实际是指首善人、大功德主"王元之"，因其与撰文人王升为叔侄关系，故曰"叔王元之"。

又文中"府君虽在盘郡之艮方"，说明此府君实为盘山府君。平谷由于在盘山之西，故称盘阴。那么，盘山府君为什么又来平谷做"府君"了呢？原来这就像泰山府君，本其原宫就在泰山，但是北京泰山行宫、碧霞元君庙、天仙圣母庙之类的，就是为泰山府君所建的行宫而已，此处也不例外。

金文征墓碑

解题：

　　明嘉靖三十年（辛亥，1551）三月。碑方首抹角失座。联首通高 83.5 厘米，宽 46 厘米，厚 15 厘米。青石质。碑首浅浮雕江崖、如意云纹。额篆"时思"，年款"嘉靖辛亥春三月吉旦"。碑文 4 行，满行 12 字，楷书。现存于上宅文化陈列馆。

录文：

时思（额篆）
妣胡氏、胡氏⏌
明故显考处士金公文征之墓⏌
生妣王氏⏌
嘉靖辛亥春三月吉旦男 涓 孙宗同立

注释：（略）

按语：

上款先后两个"胡氏"，下款一个"生妣王氏"，说明立此碑者，系墓主金文征公的儿子，其已死去的生身母亲是王氏，而位于其前死去的另外两位非亲生母亲都姓胡。如此则竖碑人之父金文征有三位夫人：胡氏、胡氏、王氏。

平谷县修城记碑

解题：

　　明代嘉靖四十四年（1565）四月。碑方首抹角失座。联首高 223 厘米，宽 80 厘米，厚 19 厘米。碑额周围线刻海水、江崖、日、月、祥云、元宝、宝盒、弓箭、鲤鱼等吉祥图案。额篆"平谷县修城记"，首题"平谷县修城记"。年款"嘉靖四十四年岁次乙丑夏四月吉"。碑文 25 行，满行 44 字，楷书。张四维撰，倪光荐书并篆。保存完整。2000 年 4 月 8 日，出土于平谷县城盘峰宾馆康乐宫西侧施工现场，现位于上宅文化陈列馆。

录文：

平谷县⏋ 修城记（额题）

平谷县修城记⏋

赐进士出身、翰林院国史编修、文林郎、分校⏋《永乐大典》蒲坂张四维撰⏋

赐进士第、从仕郎、户科给事中邑人倪光荐书并篆⏋

平谷，古渔阳地，北与胡貊邻。城郭沟池，所以为防御计者。自昔视内地为急。然今圻邑也，又介在四山中，烽警视诸⏋ 边差少，是以守土者易焉，而备御益疏。县旧有城池，岁久夷陁，攀堞往来，不异周道。今尹任君彬既视事，思以兴葺⏋ 之。顾岁侵财绌，未足役也。癸亥冬，寇马奄至城下，任君部率市民分地设方略，以守各门。于城殪其酋二人，陴内始⏋ 免于危。事平之后，任君乃礼延邑之名德巨室闾长党正，谕将有事城池，为扞圉永策。众欢然称便，遂上其事监司，监司咸是之。抚台云中温公，令守军采薪烧灰，以济其役。按院洛阳董公檄赎锾百金以佐其费，其诸当道若总督军门刘公，屯院秦公，关院陈公，密云兵备道张公，悉有金穀助焉。任君乃自理百余金，为士民倡。邑众开砖窑百二十，所以陶于是。诹日戒工，富效财，贫出力，吏殚勤，工献巧。城以丈计凡周六百五十，撤而修之者过半。城旧高二丈二尺，增筑五尺，俾益崇。又于城四门各竖以楼匾，其东曰"挹盘"，西曰"拱辰"，南曰"迎沟"，北曰"威远"。城隅增铺舍四，又浚其隍丈余。沿堑悉植以柳，当四门之冲置便桥焉。经始于甲子闰二月廿日，竣于是岁六月之望，凡五阅月而工成。城峻而坚，池深而阔，屹然改观。民有固志矣，任君乃述事本末，问记于史。虽维惟备御，不虞政之善经。故城郭沟池之固，虽袭承平处中夏，犹不可一日无戒心焉，而矧关塞耶！顾列城十百，倾夷者半，寇至常苦无备。何哉？则用民之难耳！盖患贵于防微，而民难于虑始。未睹其害而先勤之，则劳且怨。虽告之以必然，不信也。平谷城池之建，在先无所考，而唯见于成化丁亥巡抚阎公之疏请，其所述规摹建置，在当时称雄厚矣。后五十余年，当嘉靖壬午，而始重修之。以矿徒之变，城已不能支矣。迨今又四十余年，因虏警乃复修而加壮焉。盖民有所创，则其趋事也易。兴大役，动大众，不得不因乎民耳。任君莅平谷几六年，扶敝拯羸，煦煦然如慈母之于子。而且为之防患深远，其所以举赢于力诎获遂有成事者，唯民之因，加以贤监司提持而佑济之者弘也。昔成化丁亥城之始建也，寔惟巡抚阎公，嘉靖壬午则巡抚孟公修之，今兹之举又唯温公是赖。此三公者，域民翰国先事谨备，其雄略著在疆圉者，前后较若画一也，而兹其一节云。

嘉靖四十四年岁次乙丑夏四月吉，文林郎平谷县知县蒲州任彬，县丞杨尧官，典史郑时中，营州中屯卫署指挥佥事、前古北口参将徐致中，经历陈约，儒学教谕张云霄，训导张汝言、宋章、武成立石

注释：

张四维：出生于山西盐商世家，父亲为蒲州豪贾，舅父王崇古曾任兵部尚书、陕西总督，善谈兵事，四维受其影响，亦熟知边防事务。四维生而颖异，年十五举秀才，名列优等，督学刘某甚奇，称其必为国家栋梁。嘉靖二十八年（1549）乡试，以第二名中举。三十二年（1553）中进士，因其文章、书法兼优，入翰林院为庶吉士。三十四年（1555）授翰林院编修。

倪光荐：字达甫，号冬州，平谷县人。嘉靖丙辰（三十五年，1556）进士，官至尚书。万历十四年（1586）卒于官，葬平谷。其墓前石人今仍存其一。明代的三朝元老、太子少保。

攀堞往来，不异周道：意思是过往的行人，翻越城墙而过，如履平地。并非人有功夫，而是形容城墙拆毁得厉害。堞，城堞，城墙垛口。周道，"周道如砥"，《诗经》上形容周朝的道路修得跟磨刀石一样平坦。砥，磨刀石。

今尹任君彬：一县的长官名"县尹"。《左传·襄公二十六年》："此子为穿封戌，方城外之县尹也。"故"今尹任君彬"即"当今的县长任彬先生"之意，碑末落款"文林郎平谷县知县、蒲州任彬"者即是。

殪：杀死。

间长党正：一间之长。党正，周时地方组织的长官。语出《周礼·地官·党正》："党正各掌其党之政令教治。"郑玄注引郑司农曰："五百家为党。"实际上也相当于后来的村长、乡长。

金穀助：是指两种捐助的形式，捐资金或粮食。

按语：

撰文人落款"赐进士出身、翰林院国史编修、文林郎、分校《永乐大典》蒲坂张四维撰"。张四维在嘉靖四十一年（1562）和四十四年（1565）两充会试同考官，参与校录《永乐大典》副本，而该碑文是撰写于同时的。

"平谷，古渔阳地，北与胡貊邻。"这应该是往前追述地说，也许是在秦汉。《史记·陈涉世家》中记"谪戍渔阳九百徒"之"渔阳"，战国燕置渔阳郡，秦汉治所实际在密云区西南，正好与平谷接壤。"胡貊"，指对于中原来讲的东北方的民族。汉及以前有两种说法：1. 扶余国，在长城以北；2. 高丽，今朝鲜半岛。那么先说"渔阳"后说"胡貊"，显然也是不确切、泛泛的说法，总之就是平谷以北出关即为外族所在地了。其所说的"艮方"大方向没错，先是渔阳，再远则为胡貊。

碑文在用实例讲明筑城的意义——防患于未然。县尹任君以"虏警"的事实教育大家，用自己的实际行动来倡导大家捐资助建，用类似"军垦"的方法弥补自己经费的不足。"令守军采薪烧灰，以济其役……任君乃自理百余金，为士民倡。邑众开砖窑百二十，所以陶于是。诹日戒工，富效财，贫出力，吏殚勤，工献巧。"这样群策群力、各显其能的结果，是将城池建了起来。怎么样一个规模呢？"城以丈计凡周六百五十，撤而修之者过半。城旧高二丈二尺，增筑五尺，俾益崇。又于城四门各竖以楼扁，其东曰'挹盘'，西曰'拱辰'，南曰'迎洵'，北曰'威远'。城隅增铺舍四，又浚其隍丈余。沿堑悉植以柳，当四门之冲置便桥焉。"整个平谷老城周长六百五十丈，大半都翻修了。新修的城墙高两丈七尺，东、南、西、北四座城门上面都建了闸楼，悬挂匾额，分别是"挹盘""迎洵""拱辰""威远"。今"威远门"石额尚存，双钩榜书，高68厘米，宽170厘米，厚10厘米，青石质地。又把护城河疏浚了一下，宽一丈多，并跨河建了四座对着四座城门的便桥。

"平谷城池之建，在先无所考，而唯见于成化丁亥巡抚阎公之疏请，其所述规摹建置，在当时称雄厚矣。"平谷城建于何时？撰文人也不知道，他只知道在近百年前有一位巡抚阎公给朝廷的奏疏中所描写平谷城的规模是相当大的。查史料，明代辽东巡抚中姓阎（鸣泰）的只有一位，但是他是天启二至三年（1622—1623）在任，晚于此碑文撰写五十年左右，肯定不是。较之更晚〔乾隆四十年（1775）前后〕成书的于敏中《日下旧闻考》则有所考证："县治在东街，洪武（1368—1398）初建。平谷县治旧无城，永乐二年（1404）营州中屯卫自塞北徙入，安置平谷县，城始建焉。是时草创，未甃以砖。成化丁亥（三年，1467），始以砖石包砌，高二丈五尺。兵部尚书淳安商辂作记。嘉靖壬子（三十一年，1552）重修，河南按察副使邑人王镗作记。嘉靖癸亥（四十二年，1563），撤旧城而新之，增崇五尺，四门各建以楼：东曰挹盘，西曰拱辰，南曰迎洵，北曰威远，翰林院编修蒲坂张四维作记。"这里提到的三通碑中淳安商辂与邑人王镗所撰者今已不见。《日下旧闻考》中尚存商辂《平谷县新城记》略，此下录以备考。"平谷县在蓟州治西北八十里，西连密云古北口，东接山海，道经辽东，北临极边诸山。永乐初，置营州中屯卫，盖重镇也。县故有土城，岁久颓圮。巡抚都御史阎本谋诸总兵焦寿、参将刘辅，疏请于朝，得允。爰命卫指挥袁忠督军夫增筑之，周围六百丈。城外为堑，沿堑植榆柳万株。经始于成化丁亥（1467）四月，讫工于明年二月。"

另外还有几位碑文中提到的历史人物，"抚台云中温公""其诸当道若总督军门刘公"。查史料明代历史上是有一位直隶巡抚名温如璋者，然此非云中人，系温州人，其活动时间大约在嘉靖、隆庆年间（1522—1572）。另一位"军门刘公"，应该是赫赫有名的刘应节（1517—1591），可是他在任时间系隆庆四年（1570）至万历二年（1574），似乎在时间上又出问题了。但是他的前三任总督也姓刘，基本符合实际。即刘焘（1512—1598），字仁甫，号带川。嘉靖四十二年（1563）至隆庆元年（1567）在任上。

"巡抚阎公"，应该是当时的户部右侍郎阎本。据查，阎本（1424—1479），字宗元。景泰五年（1454）进士，天顺八年（1464）奉命督理蓟州粮储，成化五年（1469）兼巡京城近郊，考察官署。时间上相差数年，未知孰是。

题名记碑

解题：

　　明代嘉靖四十五年（1566）十月。碑方圭角首失座。联首通高 225 厘米，宽 97 厘米，厚 18 厘米。青石质。额双钩篆，仅余"营城"二字。年款"大明嘉靖四十五年岁次丙寅冬十月吉旦"。碑文仅余 6 行，满行 40 字，楷书。碑保存完整，但磨蚀末 6 行以前大约占全部三分之二的碑文。碑阴额双钩题"题名记"。现位于上宅文化陈列馆。

录文：

（碑阳）

▱城门▱一座▱殿□通明▱⏘□□□□□□城西□内□□□一百余间，□开荒田二百□中表周悉，金汤千里。工起□嘉靖丙寅□□⏘日，竣于十月二十九日春秋□防入越月而工告完。征□文以纪颠末。予既写记，因系之以□曰□□□⏘成民心，维顺八□允恤九边罔□□贤载市□□连阵费工闲昼兵食足信伊谁之□□□□□□□⏘理德威丕□，□□荡，万年永镇。⏘

大明嘉靖四十五年岁次丙寅冬十月吉旦立

（碑阴）

题名记（额题）

浚督修工程文武官员开 列 于 下 ： ⅃ 墙 子岭路中军指挥同知张应时， ⅃ 河间营中军坐营千把 □□ ⅃ 郭江、徐栋、常口、董澜、曹 □ 、 ⅃ 吴 □ 、郭伟、王应芳、王宗威、韩泰、 ⅃ 高 □ 、马盛、郭 □ 。 ⅃ 中军坐营千把总官： ⅃ 何天爵、马洲、吴 □ 、董勋、常登、 ⅃ 王永昌、周鹤年、崔栋。 ⅃ □ 营 □ 军坐营千把总官： ⅃ 营州中屯卫经略陈约、三河县主簿唐良弼。 ⅃ 官舍：张江、 □□□ 、邢朋。 ⅃ 镇虏营操指挥麻天爵、熊儿谷营管操指挥周乾。

注释：（略）

按语：（略）

同中台登水峪寺诗文碑

解题：

  碑方首失座。通高 157 厘米，宽 72 厘米，厚 17 厘米，花岗岩石质。碑文阴刻行草书体。首题"同中台登水峪寺"，杨兆书。共碑二通，分刻两首诗，首句分别为"寺门瑶草绕垂杨""出入蒹葭带夕阳"，至今保存完整。现位于上宅文化陈列馆。

录文：

同中台登水峪寺⏌

寺门瑶草绕垂杨，胜日登临⏌烟水长；风伯忽扶鸱鹊出，山灵⏌徐涌玉虬狂。人间栋宇浮天渚，坐⏌上夔龙赋石梁；燕塞相看同济⏌巨，好将尘抱浣沧浪。

（以上刻于一碑上）

出入蒹葭带夕阳，石坛花气⏌昼生凉；万山回合昆仑近，一水环⏌流琬琰长。赤羽频年荒稼穑，天⏌书此日净池潢；碧空云尽月如⏌练，夜夜清光照佛堂。⏌

关中杨兆书

（以上刻于另一碑上）

注释：

瑶草：仙草。东方朔《与友人书》："相期拾瑶草，吞日月之光华，共轻举耳。"

垂杨：垂柳。古诗文中杨柳常通用，如南朝齐谢朓《入朝曲》："飞甍夹驰道，垂杨荫御沟。"唐万齐融《送陈七还广陵》诗："落花馥河道，垂杨拂水窗。"

风伯：风伯又称风师、箕伯，名字叫作飞廉。是古代汉族神话传说中的神怪。蚩尤的师弟，相貌奇特，长着鹿一样的身体，布满了豹子一样的花纹。头像孔雀的头，头上的角峥嵘古怪，有一条蛇一样的尾巴。曾与蚩尤一起拜一真道人为师，在祁山修炼。

鸒鹊：松鸦的旧称。大致就是人们常说的"灰喜鹊"，通体紫灰色或红灰色。

玉虬：传说中的虬龙。文中用来形容水波动的样子。

蒹葭：芦荻，芦苇。蒹，没有长穗的芦苇；葭，初生的芦苇。

琬琰：原本指一种玉质的礼器，但在此文中，"琬琰"只是作为一联绵词出现，相当于"蜿蜒"，形容水流弯曲延长的样子。

按语：

此碑原在兴善寺。南独乐河镇北有座灵泉山，灵泉山西南有座灵泉寺，俗名水峪寺。据《光绪顺天府志》记，兴善寺，"唐咸通三年（862）建。明正统八年（1443）重修"。地方志记"寺内多名人诗字石刻"。此即为其之一。

杨兆，字梦镜，明朝陕西肤施（今延安市）人。他在总督任上是万历二年（1574）七月癸巳至五年（1578）十二月庚子。密云隆庆五年（1571）长城刻石记，"整饬蓟州等处边备兼巡抚顺天等府地方都察院右佥都御史肤施杨兆"。说明他此时尚未做到总督。他是在隆庆二年（1568）十月壬子由山东副使升为都察院右佥都御史、巡抚顺天的。那么杨兆的此篇诗刻，很有可能就是在做蓟辽总督时所作。而且万历时期，由于慈圣宣文明肃皇太后故，再度重视佛教，杨兆在任上巡视的同时，为佛教寺庙赋诗落刻也是完全说得过去的。

随中丞杨晴川登水峪寺诗文碑

解题：

碑通高 162 厘米，宽 72 厘米，厚 16 厘米。花岗岩石质。方首。首题"随中丞杨晴川登水峪寺二首"。碑文阴刻行草书体，刻于两通碑上。首句分别为"祇园积翠散斜阳""苍藤古木几僧房"，保存完整。现位于上宅文化陈列馆。

录文：

随中丞杨晴川登水峪寺二首⏎
祇园积翠散斜阳，危阙排空笑⏎语凉；白乌青天泉一曲，吟风背日木⏎千章。旃檀清接霜威近，云锦⏎明生舍利光；夫子登临多胜事，⏎应知兰若有馔堂。（其一）
苍藤古木几僧房，寺宇人传自⏎宪皇；胜地隔尘连石濑，灵花簇⏎雨拂禅床。朱幡摇映山青破，绿⏎水流分洒碧香；漫说天骄归⏎禹贡，指挥人是旧南阳。（其二）⏎
洛阳徐学古

注释：

中丞：官名。汉代御史大夫下设两丞，一称御史丞，另一称御史中丞。

掌兰台图籍秘书，外督部刺史，内领侍御史，受公卿奏事，举劾按章。唐、宋两代虽然设置御史大夫，也往往缺位，而以中丞代行其职。明代改御史台为都察院，都察院的副职都御史即相当于前代的御史中丞。

祇园："祇树给孤独园"的简称，梵文的意译。印度佛教圣地之一。法显《佛国记》："祇洹精舍东北六七里，毗舍佉母作精舍，请佛及僧，此处故在。祇洹精舍大园落有二门，一门东向，一门北向，此园即须达长者布金钱买地处也。精舍当中央，佛住此处最久。说法、度人、经行、坐处亦尽起塔，皆有名字。"一说，相传释迦牟尼成道后，憍萨罗国的"给孤独长者"用大量黄金购置舍卫城南祇陀太子园地，建筑精舍，请释迦说法。祇陀太子也奉献了园内的树木，故以二人名字命名。玄奘去印度时，祇园已毁。后亦用为佛寺的代称。

危阙：层（高）楼危阙，楼阙高耸，形容建筑高耸。因此处所指建筑（水峪寺）建在山上，亦有高耸之感，故云。

千章：千株大树。如《史记·货殖列传》："水居千石鱼陂，山居千章之材。"此处未必实指，只言其多而已。章，大木材。

馆堂：粥堂、粥厂。馆，粥，粥饭。因为和尚们吃素，常以粥、饭为主食。又设粥堂，以食施舍穷人。

宪皇：此应指明代庙号为"宪宗"的皇帝朱见深（1447—1487）。宪宗系明英宗长子，母周氏。天顺八年（1464）即位，改元"成化"，在位凡二十三年。死葬茂陵，谥"继天凝道诚明仁敬崇文肃武宏德圣孝纯皇帝"。

禹贡：中国古代名著之一，《尚书》中的一篇。战国秦汉以来，人们一直认为它是禹本人或禹时代（约前21世纪）关于禹治水过程的一部记录，同时穿插说明了与治水有关的各地山川、地形、土壤、物产等情况以及把贡品送往当时的帝都所在地冀州的贡道。

按语：

徐学古系明世宗（朱厚熜）嘉靖壬戌（四十一年，1562）科殿试二甲赐进士出身第六十五名，同榜著名者尚有榜眼王锡爵、探花余有丁以及二甲第七十八名朱应时等。徐学古也是明代著名诗人，诗文遍天下，如其到了古榆关（即今之山海关）作《秋日边报有警》，诗云："秋气何萧萧，千山落木空。黄霾吹野戍，赤羽急山戎。碣石雕戈拥，榆关铁骑雄。将军频授钺，一战报重瞳。"颇有项羽"力拔山兮气盖世"的气势，誓予报效国家。至于"中丞杨晴川"，仅于明代张居正等奏折中见到，并不知其何许人也，如张太岳先生文集中之"答蓟辽总督杨晴川""答总督杨晴川计处属夷""答总督杨晴川"等。

吴元鹏五言诗文碑

解题：

明代万历二十三年（乙未，1595）。碑圭角方首，碑首及碑身四框线刻云纹。联首通高 158 厘米，宽 67 厘米，厚 13 厘米，今座系补配。首题"汝玉弟饮余水心亭因次石上韵以纪之"。落款"万历乙未秋九月武进吴元鹏书"。碑文楷书。碑阴，额隶书横题"兴复水峪寺碑记"。年款（清）"嘉庆二十年岁次乙亥孟春二日"。碑文 17 行，满行 56 字，楷书。方廷瑚撰文，陈景伊书丹。碑右上部断残。现位于上宅文化陈列馆。

录文：

（碑阳）

汝玉弟饮余水心亭，因次石上韵以纪之。⏌亭开新凿沼，泉绕旧丛林；边塞⏌华夷界，天涯手足心。千章云树⏌合，一带夕阳深；座上笙歌彻，遥⏌知杂梵音。

万历乙未秋九月⏌武进吴元鹏书（落款小字）

（碑阴）

兴⏌复⏌水⏌峪⏌寺⏌碑⏌记（额题）

渔阳在京城东北百五十里，山回溪抱，秀甲诸邑，拟诸江以南名胜之区。其雄临安、括苍、天台间，足以仿佛之，余则未之及也。邑迤东皆山，空⏌翠蜿蜒，境极深邃。其中琳宫梵宇，历唐、宋、辽、元、明诸代而岿然独存者，唯峨嵋山下之水峪寺为尤胜。考之志乘，寺创于赵宋中叶，至明初复┘鼎新之。今寺中丰碑屹峙，皆系有明尚书吴公溇手书。而古碑已不可多得。寺依山构屋，凡为殿庑亭榭之属百有余所，焚修栖止者可容五┘百众。钟鼓法器，以及宏文内典，靡不美备。佛阁耸峙，五六十尺。色相庄严，历劫不坏。远近来观者，咸膜拜顶礼赞叹不能去。阁前广厦三楹，向┘庋明初校刊藏经八千余卷，尤为寺中巨宝云。寺面临深溪，绕门佳木林立，尤多来禽。青李诸珍品，繁花灿云，接叶巢凤。一水如带，往复来注。┘形胜之妙，莫能殚述。寺僧向昧文翰，守拙力田，无陨先绪者。自近今一二世来，飞锡远去者既多，其挂单寺中者又复老病衰颓，零替几尽。荛┘僧佟良住持后，不务正业，废坠三宝。盖不数十年，而宗派渺然矣。岁进士刘君秉仁、博士弟子刘君立磐者，世居水峪庄，凤敦古谊，乐于捐施。┘慨前修之将坠，谋嗣法之得人。万目伤心，匪朝伊夕。嘉庆十七年，余既膺┘简命，来宰斯邑。仲夏之月，率寮属黎老祷雨于兹山之灵湫中，还憩于寺。睹其荒凉，怦怦然动乎中焉。时刘君立磐先来，修士相见礼。延问风俗，以┘及招提兴废之故。余亟筹所以振作之会，奉檄驰赴燕平，修治道涂。而止次岁癸酉冬。淮净法师自京师来，刘君及诸绅士皆大喜。介僧纲司┘融祥进谒，并商延请为本寺住持。法师自幼生长寺中，披剃后从师都门，涉历丛林，究心宝典。虽年齿正盛，而镇静之业已卓然不凡矣。余既┘允众请，爰蠲吉日，亲送入寺，遂与庄中诸绅耆酌定兴复规条，以垂永久。而遍稽本寺香火地亩，久为佟良所弃，无复存者。刘君立磐、刘君秉┘仁，约其族邻，首先捐施，凡得地若干亩。又于邻庄揄扬而鸠集之，凡得粮若干斛，又得地若干亩。其所捐之地，率皆佟良昔时所典鬻于人者。┘或全施，或半施，或让价而予赎焉。众议既成，凡半施及让价而予赎者，各立新券，吁请立案。余于券尾各以丹笔标注之，俾有以查核，毋贻后┘日悔。是役也，地不须乎布金裘俨成乎集腋，诸君子阳德之报，岂惟伽蓝、揭谛寔式凭之？即释迦、龙树、普贤、药师诸佛、菩萨，其必有以默相┘之矣。余嘉刘君信善之笃，而尤乐主持水峪古寺者之得其人也！因 详 述 兴废之缘起如左。时┘嘉庆二十年岁次乙亥孟春二日，文林郎、知平谷县事石门方廷瑚撰文，邑廪膳生员陈景伊书丹。

注释：

饮余：请我（喝酒）。

飞锡远去：指离开的和尚们，形容他们手持禅杖飞来飞去的样子。

挂单寺中：按佛教制度，行脚僧人到寺中投宿，须把自己的袈裟挂在名单之下，故称挂单。

莠僧：指恶僧，也就是道德品行不好的和尚。所谓"良莠不辨"，就是说"善恶不分"之意。莠，一种杂草，名狗尾草。《诗经·小雅·正月》"好言自口，莠言自口"之"莠"即为"恶"意。

岁进士：不是真正意义上经过殿试之后的进士，只是对"岁贡（生）"的一种雅化称呼，是指府、州、县每年贡入国子监学习的秀才。

灵湫：深潭，大水池。古人以为大水池中往往有灵瑞之物，故名。

披剃：因出家时需要按照佛教戒律剃除须发、身披袈裟，故称披剃为僧。

揄扬而鸠集之：广为宣传、广为募集。揄扬，本为赞扬、表扬、称引之意，在此为表扬宣传善举之意；鸠集，聚拢、收集、募集之意，文中指募集钱粮等资财。

方廷瑚：号幼樗，字铁珊。石门（今浙江桐乡）人。嘉庆十三年（1808）戊辰科举人。幼承家训，善诗，擅画山水花卉，继承家学。其父方薰，著名画家。方廷瑚同时也是一位收藏鉴赏家，上海朵云轩所藏明中晚期石鼓文拓本裱册之末即有张燕昌、方廷瑚之跋。这篇碑文还说明他的另一个身份就是平谷县知事（县长）。

按语：

碑阳诗文是明代镌刻，碑阴文字系清代镌刻的。诗文中有"边塞华夷界"，说明那时的平谷处在明朝的边界，军事地理位置相当重要。而下一句"天涯手足心"，正表现了两位一南一北的老友在这里饮酒而非作乐的复杂心情，颇有"天各一方""西出阳关"之感。

水峪寺是平谷历史悠久的古迹，也是平谷的骄傲。其实"水峪寺"在元代及以前原名"水谷寺"，就是因为"水谷"与"水峪"意义接近，故后来改为人们习惯接受的"水峪寺"。平谷南独乐河镇峨嵋山村由于长寿老人众多，被誉为"长寿村"。独乐河，原名独漏河。村北山形似蛾，两谷分向左右如同美女细弯的眉毛，故取"蛾眉"的谐音，称"峨嵋山"。峨嵋山"兴隆观"始建于唐咸通年，再修于宋元，兴盛于明清两代，就像碑文所述"其中琳宫梵宇，历唐、宋、辽、元、明诸代而岿然独存者，唯峨嵋山下之水峪寺为尤胜。考之志乘，寺创于赵宋中叶，至明初复鼎新之"。其规模："依山构屋，凡为殿庑亭榭之属百有余所，焚修栖止者可容五百众。"注意，"百有余所"并非"百余间"，一"所"一定是一套，或为一排五间，或为小院九间，或为厢房三间等。据早年间调查资料显示，该寺庙原有布局（由下而上、由前而后）：1. 山神殿：正房一间，供奉神像两尊，为山神、土地。2. 文昌殿：正房三间，前出廊，神像五尊，为文昌帝君、孔子、朱熹、天聋、地哑。3. 西配殿：三间房，神像四尊，为胡三太爷、胡三太奶、药童、药女。4. 东配殿：三间房，道士寮房。5. 三官殿（已修复）：正房三间，前出廊，神像三尊，为天官、地官、水官。6. 山门。7. 钟楼、鼓楼：一钟、一鼓。8. 元君殿：正房三间，前出廊，神像五尊，为碧霞元君、送子娘娘、催生娘娘、眼光娘娘、天花娘娘。9. 东西配房：六间，道士寮房。10. 玉皇殿：正房三间，前出廊，神像七尊，为玉皇大帝、侍男、侍女、张天师、许天师、葛天师、萨天师。11. 药王殿：东配殿三间，神像三尊，为孙思邈、张仲景、扁鹊。12. 财神殿：西配殿三间，神像五尊，为文财神、比干、武财神、赵公明、关云长。"向庋明初校刊藏经八千余卷，尤为寺中巨宝云。"八千卷曾经校对过的"藏经"可谓"至宝"了。在平谷的"藏经"这可不是独一份儿。"至元二十七载（1290），岁在庚寅秋八月，泰公禅师复住蓟之瑞屏山大兴隆禅寺驻锡……遂遣人于余杭迎大藏金（经）文五千余轴，安奉于寺。"一说起大藏经、刻经、藏经之类的话题，人们习惯性地就想起了房山，其实古代平谷也有。

从碑文内容上看，此碑非同于一般的建寺修庙叙事碑，它有一定的禁约、告示的性质。"莠僧佟良住持后，不务正业，废坠三宝。盖不数十年，而宗派渺然矣。"有如此的败类住持寺庙，那肯定是一片荒凉景象。幸亏撰文人方廷瑚来做知县，及时处理此事，并支持刘氏二兄弟的善举，修复了寺庙，外聘了住持，竖碑立石，昭示后来。

玄庙碑记碑

解题：

　　明代万历八年（1580）春。碑方首抹角失座。通高 157 厘米，宽 68.5 厘米，厚 20 厘米。青石质。碑阳，碑首剔地刻日、月、云纹，碑身边框饰缠枝纹，下部线刻寿山。额题"玄庙碑记"，年款"万历庚辰春吉日"。碑文 2 行，共 14 字，楷书。碑阴，碑首及边框线刻云纹，额题"碑阴题名"。碑面文字模糊不清。现存于金海湖镇东上营村委会。

录文：

玄庙⌐ 碑记（额题）
内弟捐金重建⌐
万历庚辰春吉日立

注释：（略）

按语：

　　这可能是平谷区出土与现存唯一的一通名曰"碑记"而无碑记的碑。碑阳仅有镌刻得并不规整亦无任何体式的 18 个字，额题两行 4 字，正文 6 大字"内弟捐金重建"，在语法上讲，只是一个兼语式结构。至于所说的"内弟"，其姐夫是谁没有交代。落款小字刻，8字。碑面并不显得单调，因为除了文字之外，其周边布满了许多线刻、平雕的图案。

征编赋役规则碑

解题：

明代万历十五年（1587）十月。碑螭首失座。碑高 254 厘米，宽 83 厘米，厚 21 厘米。碑阳额题"征编赋役规则"，首题"顺天府清查过蓟州平谷县赋役撒总数目并征编规则开列于后"，年款"万历拾伍年拾月日"。碑文 22 行，满行 70 字。1984 年收集于平谷县旧城东门外，现位于上宅文化陈列馆。

录文：

（碑阳）

顺天府清查过蓟州平谷县赋役撒总数目并征编规则开列于后：⏋ 计开⏋ 夏税起存共银壹百贰拾伍两陆钱陆分玖厘捌毫捌丝陆忽陆微，秋粮起存共银壹百捌拾陆两捌钱捌厘贰丝陆忽陆微，⏋ 盐钞起存共银捌拾两肆钱肆分捌厘，站粮共银陆百玖拾壹两玖钱捌分壹厘三毫陆丝玖忽贰微，⏋ 银差共银捌百陆拾肆两壹钱三分壹厘，经费共银贰仟柒拾贰两陆钱陆分三厘伍毫陆丝贰忽陆微。以上六项，俱系地亩派征。⏋ 力差共银壹仟陆佰肆拾伍两陆钱，系 丁 地相兼派征。⏋ 一、原额征除本色黑豆外，夏税、秋粮、盐钞、站粮、银差、力差、经费等项银两，通共伍仟陆佰陆拾柒两三钱壹厘捌毫 陆 丝伍忽，地亩征银肆仟柒佰叁拾柒两玖钱 ⬜ ，⏋ 人丁编银玖佰贰拾玖两肆钱壹厘捌毫肆丝伍忽。 一、原额地壹仟壹佰玖顷三拾贰亩，每亩征银三分陆厘贰毫伍丝肆忽，共银肆仟贰拾壹两柒钱壹厘捌毫肆丝伍忽；民地玖百伍拾捌顷贰亩三分玖厘，每亩加力差银贰厘柒毫 叁丝捌忽伍微；征银贰佰陆拾贰两叁钱壹分壹厘柒毫；寄庄地壹佰伍拾壹顷贰拾玖亩陆分壹厘，每亩加力差银三分，共征银肆佰伍拾三两捌钱捌分捌厘三毫，通共征肆 仟柒佰三拾柒两玖钱壹厘捌毫肆丝伍忽。 实在人丁三仟壹佰肆拾丁，中上丁肆拾贰丁，每丁编银壹两贰钱；中中丁□□叁丁，每丁编银壹两；中下丁壹佰陆拾捌丁，每丁编银捌钱；下上丁壹佰壹拾壹丁，每丁编银陆钱； 下中丁三佰壹拾玖丁，每丁编银肆钱；下下丁贰仟肆佰三拾柒丁，每丁编银贰钱。共编银玖佰贰拾玖两肆钱。 一、夏税起运小麦银壹佰壹拾三两贰钱壹分贰厘肆毫三丝柒忽伍微，每银肆钱改征黑豆壹石、共豆贰佰捌拾□石三升壹合玖抄三撮柒圭伍粟。 一、秋粮起运粟米银贰佰三拾玖两玖钱壹分玖厘伍毫，每银肆钱改征黑豆壹石、共豆伍佰玖拾石柒斗玖升捌合柒勺伍抄。 一、马草起存共银陆佰肆拾肆两伍钱壹分伍厘，每银肆钱改征黑豆壹石、共豆壹仟陆佰壹拾壹石贰斗捌升柒合伍勺。以上三项俱系地亩本色派征。 以上柒县地丁编派银两自足各项钱粮之数，每年照此征编不可毫忽增减。如遇审编之年，地亩征银已定。其人丁编银视人丁之多寡以为增减，大抵不失原额之数足矣。至 于每年征收官簿，务与由票相同，照依式样正月内造完。请印给发，不许另立私簿征收。开柜在贰月为始，每壹月为壹限，分为拾限。贰门外置立木柜，许花户亲自秤兑封□投 柜。大户止填注簿票，每年委佐贰官清查收过银两寄库。如有黑书加派及大户秤收者，许花户径自赴告，即行座问。今将簿式、由票式刻于碑后，该县永为遵守，毋得款变取空。 作速立石，俾民知悉。

万历拾伍年拾月日知县王准、典史车大任、 督工委官于文宪

（碑阴）

官簿式样

顺天府□□平谷县为平赋役均征收以祛夙弊、以安民生事，奉□□□

□□□□□ 本府帖文征收万历拾年分各项钱粮着先给□□□□

□□县□征□□□┘夏税秋粮盐钞站银若乃□经钱等项银两通共银伍千陆百陆拾柒□□□□□□┘肆丝伍忽地亩征银肆千柒百叁拾柒两玖钱壹厘捌□肆丝丁□□□百□玖┘两肆钱口额地□千壹百玖顷叁拾贰亩，每亩征银叁分陆厘贰毫伍丝□□□□□□□□┘贰拾壹两柒钱壹□□毫□丝伍忽，民地玖佰伍拾捌顷贰╱┘（中二行字不辨）□银肆千柒百叁拾柒两玖钱╱┘拾贰丁，每丁□□柒两贰钱╱┘□银捌钱□上丁壹百╱┘下丁贰千肆百口拾柒丁，每丁╱┘口粮银差力差钱╱┘忽伍微╱┘（以下字迹难以辨识，故略）

由票式样

□□□□□□□□□□□□□□征收以祛夙弊、以安民生事，奉□□□□□□□□□┘本府贴文征收万历拾□□□□各项钱粮须总一□以地亩人丁□□□□□□┘出银之口粮多派至□□□人给由票壹张，便于办纳□□里长捐□□□□□□□┘□到县□征，除□□□□□□□税秋粮杂钞□粮银差力□经费等□□□□┘千陆百陆拾柒两叁钱壹厘捌毫肆丝伍忽。地亩征粮肆千柒百叁拾口两□□□□□┘□忽每丁纳银玖百贰拾玖两肆钱□□地壹千壹百玖顷叁拾贰亩□□□□□□┘□□忽共征银肆千贰拾壹两柒钱□厘捌毫肆丝伍忽。民地玖百伍拾捌╱┘□□□力差银贰厘柒毫□□捌忽伍□□，征银贰百陆拾贰两叁钱壹□□□□□┘口百伍拾壹顷贰拾玖亩陆分壹厘，每亩力差银三分，共征银肆百伍拾□□┘□□共征银肆千柒百□拾柒两玖钱壹厘捌毫肆丝伍忽，□在人丁三千□┘肆拾贰丁每丁银□□□□□丁□拾□丁每丁编银壹两□□□□□□┘□□□□□□□壹拾壹□每丁编银陆

银□中丁三百壹拾玖□□□□└□□□□□□□每丁编银□
□共编银玖百贰拾□两肆钱以□□□□□└（尚能辨识者如下，其
他不易辨认，不易连缀者，故略）（上下缺字、中间行字不辨者不等）捌忽
伍微□□征银贰百陆拾贰两……每百力力差银叁分，共征银肆百……共征
银口千柒百叁拾柒两玖钱壹厘捌毫肆丝伍忽……中丁贰拾，合丁每丁编银柒
两，中下丁……丁编银╱中丁叁佰。（碑阴无拓，无法核对）

注释：（略）

按语：

明代时平谷仍属蓟州管辖。《日下旧闻考》记"平谷县在蓟州城西北八
十里……平谷县元明俱属蓟州，本朝始改隶顺天府"。

官府拟征税赋共有以下几个种类：夏税、秋粮、盐钞、站粮、银差、力
差、经费等。

征调方法则有地亩派征、丁地相兼派征、地亩本色派征。

地亩所种粮食等种类不同而征税亦不同，有民地、寄庄地，粮草有小
麦、豆、粟米、黑豆、马草等。

征税银又分为地丁编派银、人丁编银。

官府征税以银钱为基本单位和标准，由于是理论的计算，所以可以精确
到"微"，以"十"为进位，共有如下量化单位名词：两、钱、分、厘、
毫、丝、忽、微。

另外还有一些名词，是官府征税时的一些专用名词，如：官簿、私簿、
由票、簿票、簿式、秤兑、花户、大户、官簿式样、由票式样等，在征税时
必要走的程序、填写的表格之类的。

其中特别提出，如有黑书、加派、大户秤收等情况被告发者，"许花户
径自赴告，即行座问"。

碑阴仍列镌两种样本，即"官簿式样"与"由票式样"。

以上非常专业的词、事项、社会背景等，尚希从事此行业的大家再行专门研究。

落款"知县王准、典史车大任、督工委官于文宪"，应系时任县长王准带领车大任、于文宪等共同完成此次布告拟文与立碑的。

增修武安王庙记碑

解题：

明代万历十九年（1591）五月。碑方首圭角失座。碑联首通高 147 厘米，宽 71 厘米，厚 14 厘米。碑阳额周阴刻云纹图案。额篆"增修武安王庙碑记"，首题"增修武安王庙记"，年款"万历十九年岁次 辛 卯 仲 夏上 浣 吉 日 "。碑文 121 行，满行 40 字。赵光远撰文，李儒宁书丹，曹良器篆额，李春勒石。碑阴首线刻云纹，额题"碑阴题名"。碑文模糊不清。碑残损首部。现位于上宅文化陈列馆。

录文：

（碑阳）

增修武安┘王庙碑记（额篆）

增修武安王庙记┘

赐进士第、知□事古东赵光远撰┘

平谷县儒学□教谕事、举人大梁李儒宁书┘

训 导古燕曹良器篆┘

岁己丑冬，奉┘命叨牧平谷。受事日，例谒邑神。宇舆之誓，西瓮城内王庙在焉。仅一楹，卑陋狭隘，且也侧有马逼王□□┘顾瞻不能去。私心语曰：兹岂所以妥神哉？谊廓而大之。嗣而思是邑也，邻边疆去⏎帝都最近，为东北屏蔽。西连檀城，东接辽海。土瘠而赋重，民寡而役繁。□□□□蹂躏，频遭旱魃肆□□⏎年来，疲瘵未起，莑苻未静，里递未苏，学校未兴，流移未尽，□荒芜，未尽垦。匪□人任也。孜孜焉□刷⏎嗣停樽节爱养，犹恐无以慰民望。当⏎帝心而营缮是务，其谁与我？爰是亟其治民者。越明年春一夕，若王觉予，寐旦告诸耆老，佥曰：庙肇□□⏎至正，我⏎成祖六年重修，相沿二百祀余。亡论灾祥疬疫，祷辄应。嘉靖庚戌、壬戌，□□□□生灵多赖保全，王之力⏎也。其有德于吾民甚厚。某等捐金为会，业已市材畚石，百□器庀，愿增修而未果。明公下车，王示之⏎梦，有其举之，讵偶然乎？予谋始定。偕寮乐暨卫长各出俸仟助。经始于正月初七日，逮十一月十一⏎日落成焉。雕梁画栋，突起正殿三楹，称壮丽已。中塑王像，碑则列之傍。金碧丹垩，俱如法。门右一楹⏎为马殿，而左一楹则以居守宇之黄冠。其侘门垣经构巍然焕然，视往昔烂焉改观。岁时伏腊走其⏎下者，靡不凛凛焉急趋而崇奉矣！耆老王大义等问余言□愿求于石，以志不朽。余乐事有时而成⏎也，因谂诸众曰：神惟严则尊，尊则灵应。王之威灵无往不在，执是而曰可以昭事而徼惠焉，神弗兴⏎也。王当三国鼎峙之秋，扶翊汉鼎，忠肝义胆，贯日凌霄。洎今华夷白叟黄童、妇人女子，家户户祝，□⏎然若生，惟其正直之气不可磨灭耳。尔等勤尔耕，绩尔织，完尔租，尊⏎圣谕，重王章，毋党同，毋伐异，毋崇淫祀，毋自便其身图，而吏□土者则必好尔好、恶尔恶，毋受若直而怠⏎若事。惴惴焉，一念一行无不可与天知，无不可与人言。此正直之道，我官民所宜亟修者。而福善祸⏎淫以俟神而已矣。不然沼沚之毛、蘋蘩之菜、筐筥之器，可荐神明，独以其物乎哉？后之览兹者，有概⏎于中，斯庙其有永也已。是为记。⏎

时⏎万历十九年岁次辛 卯 仲夏上浣吉 日立，典史古□ 李荷春勒石

（碑阴择录）

石匠□□忠张仲□高□

住持道士王一鹏

注释：

一楹："楹"，柱，古代一楹代指一间。实际上与今天研究古建筑的术语是有差别的，"古建"以两柱之间为"一间"。

卑陋狭隘：古代用以形容建筑的狭小简陋。卑，矮；陋，简陋；狭，窄；隘，狭窄。

妥神：妥神灵，让神合适，让神舒服，不忤逆神灵。

旱魃：中国古代传说中能够招致旱灾的怪物。

疲癃未起，萑苻未静，里递未苏：此三个动宾词组的连用，有治安未稳、百废待兴之意。疲癃，指代病疲之人；萑苻，泽名，多盗；里递，乡里执役者。结合上下文意是说，旱灾造成，有病的人没有健康起来，江湖上盗贼还没有肃清，乡里办事人员还没有完全恢复工作。

突起正殿："正殿"被"突起"这样形容有三个意思。原来只有一间，现在扩大到三间了，出人意料；不到一年的时间就建起了正殿三间，言其快也；在原破陋的基址上平地而起，故曰"突起"。

毋党同，毋伐异：实际上为了方便句式，是把一个词拆开来说，此词即"党同伐异"——意思是拉帮结派，偏袒同伙，打击政见不同之人。

沼沚之毛：意思是肮脏的池塘、积水坑里的毛发、皮毛之类的。

蘋蘩之菜："蘋"与"蘩"，两种水生植物，也可以作为祭祀用的祭品。"菜"古指可以吃的植物，指一些低档次的祭祀所用之物。

筐筥之器：筐筥就是方形与圆形的竹编筐子，也可以作为祭祀用品使用。以上三句是以排比句的形式说明，即便是再不讲究、再不华丽的祭祀形式，也同样是在对神灵表诚心。

按语：

此"武安王"即三国蜀汉大将关羽死后封神的称号。关羽，字云长。曹操曾封其为"汉寿亭侯"，官拜偏将军。传说中的关将军仁义忠勇，民间非常崇拜他，评书、小说、戏剧、话本中多有关公的故事。正像碑文中所说的那样，"王当三国鼎峙之秋，扶翊汉鼎，忠肝义胆，贯日凌霄。洎今华夷白叟黄童、妇人女子，家户户祝，□然若生，惟其正直之气不可磨灭耳"。宋徽宗宣和五年（1123）加封"义勇武安王"称号，高宗建炎二年（1128）再次加封"壮缪义勇武安王"。皇家与民间尚有多种称呼，如：忠惠公、崇宁真君、壮缪义勇武安英济王、显灵义勇英济王、关爷、关二爷、关帝、关侯、关王、关圣、关圣人、关老爷、山西关夫子、伽蓝菩萨、忠义神武关圣大帝、真元显应昭明翼汉天尊、三界伏魔大帝神威远镇天尊关圣帝君、忠义神武灵佑仁勇威显关圣大帝、忠义神武灵佑仁勇威显护国保民精诚绥靖翊赞宣德关圣大帝、三代公爵、圣曾祖、光昭公、圣祖、裕昌公、圣考、成忠公等。

文内叙"门右一楹为马殿，而左一楹则以居守宇之黄冠"。既然"守宇"者为"黄冠"，那么正说明本处寺院应该是一座道教宫观。碑阴落款还有"住持道士王一鹏"，更说明了这一点。

文末借碑劝诫大家，当前最宜修的应该是"正直之道"，一味地"淫祀"在神面前也不能遮住心灵的不美。"尔等勤尔耕，绩尔织，完尔租，尊圣谕，重王章，毋党同，毋伐异，毋崇淫祀，毋自便其身图，而吏□土者则必好尔好、恶尔恶，毋受若直而怠若事。惴惴焉，一念一行无不可与天知，无不可与人言。此正直之道，我官民所宜亟修者。而福善祸淫以俟神而已矣。"做一个"脱离了低级趣味的人"，做一个守法公民。"后之览兹者，有概于中，斯庙其有永也已。"这才是修庙立碑的真正目的。

创建茅山玉皇庙记碑

解题：

明代万历二十二年（1594）一月。碑方首抹角失座。联首通高 213 厘米，宽 85 厘米，厚 21 厘米。青石质。碑首浮雕二龙戏珠，碑身四周边框饰云纹。额双钩题"创建玉皇庙记"，首题"创建茅山玉皇庙碑记"，年款"明万历贰拾贰年岁次甲午孟春吉日"。白冲霞撰文并书丹。碑文 22 行，满行 46 字。现位于金海湖镇东上营村北茅山上。

录文：

创建茅山玉皇庙碑记⏎

□□夫大道无形，妙万物而□始，至真因缘摄群心而自归。盖□天地间有大盛事，□有所记载，然后可以□□□⏎□□垂世也。□今创建⏎□□之圣祠者，□物□遗，知其有灵天□□，用知其有迹；否极泰来，知其有时，是亦事之大之盛，莫非世道之□□。⏎而人情所不能自己□自其⏎玉帝本行修证，而官之功高无比，故妙相卓冠于诸天德重虽逾，故慈光遍福于三界□尊，而上□无上道妙而□⏎之。又玄昔为王嗣，三千余劫之修行，□见玄□，亿万生灵之□度功成道备，始□金□满德覆身维□高□□□⏎□□浩劫之□妙见，故知无等无伦□□□静香亡香存上圣上灵大神通光明藏大丈夫开化人□以道无□┘名声周遍，□□不□，神妙□□，难可□□。是帝之功，□无量如此而吾世之人当何如耶？故建祠庙以□人□□┘万载圣像以感人之尊崇。始昔嘉靖八年，本□乡耆王□等问众谨发虔诚，云本境斯山先名双凤，□□□□□┘今又□□山既立泰山之行祠，应修┘玉皇之宫殿，保镇安民，祈求□泰，意欲兴建者。□期始勤终怠，尚未□行，难免□□之愆，俱被□□□灾□□，是岂┘□之过乎？抑亦人之过也？□可慨矣！至万历三年，□有本山住持道士梁净全发心，祈许告祝十方善信，太监□┘□等喜施，捐资物料，创立┘玉皇大殿一座，侧修四帝□尊容，侍御雷神、真武，又兼左右天蓬。然□人心之诚敬，不足以感神之威灵。非神迹┘之赫奕，不足以□人之□奉。由是以保□□□福佑□□，绥吾人于康寿之域，以□□乎┘历代清明之化端有顿于于王□焉，而亦就止修庙感神之所致也耶？然则是举也，所谓光前裕后，□无人非幽无鬼┘□者□瞻视之洋洋乎如在其上矣！有其□即有其神，岂徒曰役志于恺昧以悻福免祸者比哉？故勒碑刻铭，诚┘万古不易之化，若忠臣烈士存千载弗辱之□，□缘□男信女谨录之于碑□，是为记。┘偈曰：玉帝功德大，玄理机幽深；□□浩劫前，□化于古今。┘若人闻帝号，信心一称名；□有希求□，皆令得亨通。┘

大明万历贰拾贰年岁次甲午孟春吉日立┘

范阳散人白冲霞撰书

注释：

玉帝：玉皇、玉皇大帝，全称“昊天金阙无上至尊自然妙有弥罗至真玉皇上帝"。是道教神话传说中天地的主宰，又称"太上开天执符御历含真体道昊天玉皇上帝""玉皇大天尊""高天上圣大慈仁者玉皇大天尊玄穹高上帝""玄穹高上帝""天公""老天爷"等。

三千余劫：佛教术语，将时间概念引申到空间范畴的一个量词。一个方广数十里的磐石，直至其消磨到尽，才算一小劫，八十个小劫才是一个大劫。故"三千余劫"，只言其多。

行祠：犹如"行宫"，因为泰山之神也要巡游天下，故犹如皇帝巡幸天下要建行宫一样，也专为其建祠庙。

真武：据说在明朝，燕王扫北时曾得真武显灵相救。自此以后，真武信仰在全国影响极大。

左右天蓬：可以有两种理解。1. 左右分列天蓬等神像；2. 与上文"侍御雷神、真武"形成对句，左右有雷神、真武、天蓬。

赫奕：辉煌之意。

役志于悃昧以徼福免祸：盲目地立志去实践，以侥幸免遭祸殃。

按语：

茅山玉皇庙，在金海湖镇东上营村北茅山上。山后还有一村名"茅山后村"。据村史介绍，清已成村，而且名为"后村"，实际也没有前村，显然是因为在"茅山"之后得名。但是此"茅山"又是因何而得名的呢？难道是有"茅草""茅茨"之类的？好像也不是。大概因为有"茅山玉皇庙"才名"茅山"，而"茅山后村"又因有"茅山"而得名。那么此"玉皇庙"又为什么加一个前缀"茅山"呢？大概跟它道教庙宇的性质有关。

茅山位于江苏省镇江市句容市，是中国的一座道教名山，是道教"上清派"的发源地，被道家称为"上清宗坛"。上清派是由南天师道衍变、分化而来。相传汉元帝初元五年（前44），陕西咸阳茅氏三兄弟来茅山采药炼丹，济世救民，被称为茅山道教之祖——茅山师，后齐梁隐士陶弘景集儒、佛、道三家创立了道教"茅山派"。唐宋以来，茅山一直被列为道教之"第一福地，第八洞天"，曾引来诸多文人墨客留下诗篇。据《茅山志》载，茅山宗共有嗣法宗师四十五代。第一代称太师，第二代称玄师，第三代称真师，其后各代皆称宗师。第一代宗师（晋朝时人）魏华存，第二代宗师杨羲，第三代真师许穆……第四十四代宗师王道孟，第四十五代宗师（元代时人）刘大彬。即便是道教传至于此山，恐怕也早就不再是什么"上清派"了。作为道教名山的江苏茅山，历史悠久，作为北方边鄙的平谷在山上建"玉皇庙"，而且是"创建"，考虑应该搭上谁的"班车"会更有影响力呢？干脆就"茅山"吧！于是就取名"茅山玉皇庙"，当然了，那还是在距今400多年前的明代。所以也许不知又过了多少年，"茅山玉皇庙"的名气大了，人们也就把那座山叫作"茅山"了。至于"茅山道士"属于哪个派别，"茅山道士"有啥法术，已不是人们关心的东西了。

从辨认不全的碑文中，可以知道此庙之建是有原因的，在县境之前建了一所泰山行祠，亦应相配再建玉皇庙。此庙，经过了三个过程才得建起：嘉靖八年（1529）开始有的动议，至万历三年（1575）发心喜舍，建玉皇大殿一座，万历二十二年（1594）岁次甲午孟春吉日立碑记事。先后经过了约60年，也算颇为艰难了。

玻璃台北楼刻石

解题：

明代万历四十四年（1616）春。横式刻石已佚，仅存拓片。首行"万历四十四年春防振武营奉文原派墙"，年款"万历四十四年"。原位于镇罗营镇玻璃台村。

录文：

万历四十四年春防振武营奉文：原派墙⏋子岭镇 罗 营地方南水谷十号台，沙岭补⏋修实心砖墩一座、增修高五尺 □□，望房⏋二间、发券 □□ □□□□扇下 □ 礓擦一⏋道，于本年三月初一日办料兴修 □□，边⏋警频仍，□□□□□□本年十月二十⏋三日 □ 共修 □□□□ □□垂永久。⏋钦差总督蓟 □□□□□□□□□□ 经略⏋御 □ 兵部 □□ 兼都 □□□ 都御史薛玉才，⏋钦差整饬 □ 州 □□ 边备兼巡抚 □□□□ 地⏋方都察院右佥 □□ 史 □□□，⏋钦差巡按直隶监察 ／⏋钦差镇守蓟 □□□□□□□ 地方兼备倭总⏋兵官左军 都 督 府 □□□□□ 国柱，⏋钦差整饬密云 □□ 兵备 □ 管屯田、驿传、海防、⏋河南提刑 □□ 司同 □ 钱 安 仁，⏋钦差协守蓟州 □

□□□□□分理练兵事务、⏎ 副总兵官、都指□□□□国□，⏎ 钦差统领密云□□□安都司金书带管墙⏎ 子岭□□□指挥金事耿 □，⏎ 钦差都司□□□□镇□关提调事署都指挥⏎ ⁄⏎ ⁄管□□ 中军镇抚王应寀，⏎ 经⁄千总李成光、毛鸿儒，⏎ ⁄造砖灰石条把总⏎ 孙 应□、王应科、朱元亮、⏎ □鸿春，⏎ 管工千总⏎ □□、刘祥金、刘 隆、⏎ 高□，⏎ 泥匠头郭金、⏎ 石匠头李仓、⏎ 木匠头姚良。

注释：

振武营：明代南京驻军一部，嘉靖二十四年（1545）建。选诸营锐卒及 淮安府、扬州府丁壮矫捷者共三千人组成。以勋臣为将领，用防海警。隆庆 元年（1567）罢营。

按语：

查史似乎北京没有"振武营"的记载，所以这开头"振武营"的"奉 文"就不太好理解了。在湖南湘西还有一个地名叫"振武营"的，与此丝毫 无关。北京长城砖刻上偶尔尚可见"振武营右造"等字。南京的"振武营"， 在历史上还曾发生过一次兵变，由于克扣、拖欠军粮，引起军队哗变。

文中提到"实心砖墩"，就是"实心敌台"，不是齐墙而建，无箭窗，仅 有登台顶的踏道。另外还有不少专业名词和建造长城特殊官吏名称，如：砖 墩、望房、发券、礌擦、造砖灰石条把总、管工千总、泥匠头、石匠头、木 匠头等。砖砌的墩台，长城上建的用作瞭望的房子，带有棱角的斜坡步道。 专门负责监督督办"造砖""灰""石条"的把总官，管工程的千总官，负 责工程用"泥"的工头，负责工程石材的工头，负责工程用木材的工头等。

修榆树岭敌台刻石

解题：

明代万历四十四年（1616）十月。刻石高 38.5 厘米，宽 43.5 厘米，厚 10 厘米，青石质。边框为回文。首行"真定民兵营奉文秋防补修 叁 年春防原"，年款"万历四十四年十月初六日"。碑文 14 行，满行 16 字。现存于平谷区文物管理所。

录文：

真定民兵营奉文：秋防补修 叁 年春防原⌐ 派墙子路镇虏 营 地方榆树岭二等敌台⌐ 一座，底阔周围一十四丈，收顶一十三丈，⌐ 高连垛口三丈五尺。俱用行凿细石坐基，⌐ 纯用砖灰垒砌，灰浆灌满，抿抹如法。方砖⌐ 墁顶，上盖望房三间，券门一座，门窗俱全。⌐ 督率兵士于本年七月二十六日兴工起，⌐ 至 十 月初六日止，遵依合式修完，坚固堪⌐ 垂 囗 义。⌐

管垒砌把总李大器、⌐ 管工旗牌杜峰、⌐ 石匠赵崇德、⌐ 泥水匠孟 囗 祯⌐

万历四十四年十月初六日立

注释：

真定：河北"正定"的旧称谓。

秋防：古代在容易产生水灾的边防之处，常常提前安排预防措施，如"春防""秋防"等。那么这项专为"春防"或"秋防"所进行的工程，亦可简称为"春防"或"秋防"。

敌台：即"防敌之台"的简称。古代在城墙上建筑的，用于防御敌方的楼台，亦称墩台、墙台、马面，为城墙向外凸出墙体的部分，用以三面防敌的建筑。它是在城墙全线防御的基础上构筑的重点防御设施。其建筑结构分为"实心"和"空心"两种。

垛口：泛指城墙上呈凹凸形的短墙。

抿抹：由于前文是说"纯用砖灰垒砌，灰浆灌满"，故此下一道手续就要"溜缝"，用灰浆、灰泥将砖与砖之间的缝隙添堵、灌注、封口、抹平。

券门：拱门、圈门，指上端砌成弧形的门，亦指门口由弧线相交或由其他对称曲线构成的门。此"拱"亦有"单心圆""双心圆""蛋尖圆"的不同。古代由于平时不少士兵是守在城下的，一旦有战事发生，即要登城参加战斗，所以在长城内侧相隔不远就建有一个圆拱形小门，称作"券门"，有石级通到城墙顶上

旗牌："旗牌官"的简称。写有"令"字的旗和牌，古代朝廷颁给封疆大吏或钦差大臣作为准其便宜行事的凭据。专司此职的下级军官即为"旗牌官"。

按语：

古代的"民兵营"与"红军营"之类的称呼，与今天我们理解的抗日、抗战时期的称呼是大相径庭的。但有一点前后是相同的，也就是"民兵营"肯定是非正规军的称呼。

修泉山烟墩刻石

解题：

明代万历四十七年（1619）五月。刻石高 39 厘米，宽 39 厘米，厚 7 厘米。首行"河南营春防右部千总弘农衔指挥同知"，年款"万历四十七年五月初一日"。碑文 10 行，满行 15 字。现存于上宅文化陈列馆。

录文：

河南营春防：右部千总弘农衔指挥同知⏋ 李君赐、分□泉水山三等空心砖

敌台⏋ 一座，□□□一丈□□□丈二尺，高⏋ 连筑□三丈□□□

器房二间。⏋

管工队总郭友、⏋ 执工写字匠□□□⏋ □□军牢□□□⏋ 石匠刘云、

⏋ 泥水匠朱还⏋

万历四十七年五月初一日修完

注释：（略）

按语：（略）

莺嘴头烟墩刻石

解题：

明代万历四十七年（1619）五月。刻石通高 47 厘米，宽 36 厘米，厚 8 厘米。青石质。首行"河南营左部千总南阳卫指挥佥"，落款"万历四十七年五月初一日"。碑文 10 行，满行 13 字，楷书。碑残断为三块。1984 年发现于将军关村东莺嘴山，现位于上宅文化陈列馆。

录文：

河南营左部千总南阳卫指挥佥⏎事夏之时分修莺嘴头空心砖烽⏎墩一座，底阔周围一十二丈，收顶一十一丈二⏎尺，高连垛口三丈五尺。上盖墩房二间。⏎

管工队总张英、⏎执工写字吕庄儿、⏎管工军牢李天况、⏎石匠吴秀、⏎泥水匠范中⏎

万历四十七年五月初一日修完

注释：（略）

按语：（略）

香火碑

解题：

明代万历四十六年（1618）四月。碑联首高 124 厘米，宽 44 厘米，厚 12 厘米。青石质。碑方首失座，今方座系补配。碑阳碑首线刻云纹。额双钩题"香火碑记"，首题"陈公舍香火化碑记"，年款"万历肆拾六年岁次戊午孟夏既望吉旦"。碑文 17 行，满行 35 字。碑面左下部记庙宇四至内容，字体与字号明显与正文有异。碑阴额双钩题"碑阴题名"，碑身记功德人名及四至。碑已断裂为五块，底部损字一至两行不等。今已粘接修复，现位于金海湖镇靠山集村。

录文：

（碑阳）

陈公舍香火化碑记⏌

尝闻积金不如积德，为人莫先为善。信哉斯言也！倘夫人生在世，□一德之有□名□一善之□⏌羡，则生而碌碌者没而泯泯，维巨贤如崇，亦何足录也？独□陈公□□□□□□□□义谷□□⏌无□种德务滋一日柒悫，属其妻曰：我愿□□贰拾亩舍于寺庙，以□香火之资，其妻诺□⏌后陈公故，妻遂如其愿舍其地，乡人莫不称之曰善。于是□之官宦亦

嘉之曰善，执券用▢↵永作凭鉴。乡人又虑此地舍后万有擅自▢兢轻自
息者久，令陈公之德久而或泯也▢▢↵哉！故拟竖碑，记志不朽焉。因
不佞忝于姻戚，乃命不佞为之序，即不佞闻之，亦曰善哉！此↵万年之香
火不绝，与庙貌而常存者，未必非此公之德也。故敢为之碑记云。↵计开：
↵双泉寺地五亩，崵山寺地五亩，↵观音堂地五亩，关帝庙地五亩。↵▢
▢平关提调▢千总官、署指挥金事高珍，↵营州中屯街掌印、兼管屯指挥
同知杨效忠，↵巡捕指挥金事郑廷▢，↵顺天府蓟州庠生赵邦治，↵蓟
州、平谷县、将军营、崵山屯舍香火地施主陈国忠，妻杜氏、丁氏，弟陈仲
金。↵
万历肆拾六年岁次戊午孟夏既望吉旦立
（补刻）
康熙六十年四（缺刻"至"字？）：岢山集南堂住持僧恒钺、徒▢▢↵月
内买王照民地四亩，坐落家西，四至▢↵北两至荒秸，东西两至墙。雍正
六年四至↵内买殷国孝民地三亩，坐落庄西，四至▢↵西两至香火地，
南至常万才，北至官▢。↵地亩入在南撰堂庙内，永远为香火▢。
（碑阴）
舍地功德主陈国忠、妻杜氏、族弟陈大金↵同会乡友中见人任仲金、↵刘大
臣、范宗禹、↵张柱、张春、范守爵、郭子田、张世禄、↵范应时、徐秉
孝、范登雨、范应魁、王科。↵计开：↵双泉寺常住地五亩：东至赵士登、
范登雨，南至小道，西至关王庙▢▢▢▢道。↵竭山寺地五亩：东至关
王庙地，南至朱家坟，西至范应魁▢。↵观音堂地五亩：东至壕，南至本
主，西至范登雨，北至官道。↵关王庙地五亩：东至双泉寺，南至朱家坟，
西至崵山寺地。↵住持僧人继天、真、英。

注释：（略）

按语：

此碑双面刻，但非一时所刻。碑阳右上原刻，左下补刻，碑阴与碑阳原刻同时。可以明显看出，原刻字迹端庄清晰，笔画到位，补刻字迹随意，镌法粗劣。原刻于明万历四十六年（1618），补刻分两次：清康熙六十年（1721）、雍正六年（1728）。原、补刻相差 100 多年。

舍地为香火人系陈国忠，其丁、杜二夫人及弟陈大金。陈国忠在世时这个愿望并没有实现，死后在其二夫人与弟的帮助下得以实现，而且百年后仍有人继续舍地为善。

"香火"本指供奉神佛或祖先牌位时点燃的香和灯火。后来，民俗的"香火"有了传宗接代之意，佛家则把供应香火的资金财产等称为"香火"，实为"香火钱"之简，亦为"香资"之别称。专门用于购买香火的资金叫"香火钱"，那么通过地亩赚来的钱以供香火之需亦可名"香火田"。

此碑记陈公舍资置地为寺庙香火之资，首题并未言明是哪座寺庙。读碑文方知，为"双泉寺地五亩，崛山寺地五亩，观音堂地五亩，关帝庙地五亩"，共计二十亩。

建营碑

解题：

明代弘治十一年（1498）后。碑首座俱失。残高116厘米，宽71厘米，厚12厘米。青石质。首行"宣德戊申平谷县北建营堡名曰驻操乃"，书丹撰文人分辨不清。碑文20行，满行32字。碑文特别是下部模糊不清。现存于上宅文化陈列馆。

录文：

宣德戊申，平谷县北建营堡，名曰驻操，乃□□□□□□□□□□□□□□□□□□□□□君忠告戍士曰：尔众于营东门外宜建真武祠，以锁边陲，以女戍□□□□□□□□庙宇一所，捏塑神像在中。此山向阳之□城，其地□□□□□□□□□石□□□□□峪右寓肃家岭。弘治乙卯，节蒙把总指挥罗君文鹏、坐营指挥□君□又□咸□□既构祠台以神其神，尤不可不立石而记之。耆戍靳敏苟贵□□宇□钧善□捐□求匠氏镌碑。弘治戊午改营堡，在胡家务西，其庙犹存。而关外戍士未迁。朝夕以□火之故，碑虽有而文未述。耆戍烦胡家务□住三宾耆老宋君礼谒□□文□□□石。予惟阴阳之道，变化不

穷，周流无方，不□得而涸，有其伸□□□□□□□□□⌐之鼓
舞，雨露雷霆之生长，肃杀无非，□气□□行其不可□之如□□□
□故曰⌐阳不□之谓乎！神之为德其盛矣哉！北□□天真武□大始
气□□□□□□道家⌐之说，然于位在北，极卦为坎，坎□长□
□卦也。故为玄武□阴阳二气之□运□□⌐以神变化于无穷矣。神□
既授，群魔慑伏，乃授□□□□□□□□□□□□□□⌐帝敕建宅
嘉玄旗驾风报□尘□六合威□烜炳□宇□□及□□□□谓□行
□化而⌐不可□者哉！然修庙立石□有□□以□昭明□□□
□□□□□□□□□□⌐无□而不之来格□□□□曰╱
⌐╱赫赫╱⌐皇明应期启运，混混寰宇，神助天顺，河□□□□
□□□□□□□□□□□□□⌐惠泽旁润，峨峨新祠，其高数
仞，枕山□□□中□□□□□□□□□□□□⌐□
灾□边尘□□夷远迢幽明□□斯理。⌐
╱年庚□□□□□□旦

注释：（略）

按语：

此碑虽然破损严重，文字断续不接，但犹可看出部分有用的内容。如
"宣德戊申，平谷县北建营堡，名曰驻操"，此碑文所记创建的营盘叫作
"驻操营"，位置在平谷县治北侧，为明宣德三年（1428）所建。"尔众于营
东门外宜建真武祠，以锁边陲"，又拟于该营盘东门外建真武祠。后弘治乙
卯（八年，1495）决定镌碑立石。弘治戊午（十一年，1498）"改营堡，在

胡家务西，其庙犹存"。后来驻操营移建至胡家务西，但真武庙仍在原地。"碑虽有而文未述"，碑材是准备好了，但碑文还没有着落。末句"□年庚□□□□□□旦"，显然是碑文的落款。依惯例，立碑纪事不会等太长时间，叙述所记可辨的最后一个时间是"弘治戊午"，那么这里"年庚"前后最有可能是"弘治十三"与"申"字，即"弘治十三年庚申"，也就是说该碑文的时间落款可能是 1500 年。

酌处里甲事宜碑

解题：

　　明代（1368—1644）立石。碑方首抹角失座。联首通高 213 厘米，宽 93 厘米，厚 17.5 厘米。青石质。额题"酌处里甲事宜"，四周阴刻云纹图案。字迹不清。现位于上宅文化陈列馆。

录文：（略）

注释：（略）

按语：

　　此碑尽是村里条规，值得一研，可惜拓片不清晰。

重修净宁寺大殿记碑

解题：

清代顺治五年（1648）十一月。碑螭首失座。联首通高247厘米，宽88厘米，厚25厘米。青石质。四框饰缠枝莲纹。额双钩题"重修净宁寺大殿记"，首题"重修净宁寺大殿记"，年款"顺治五年岁次戊子仲冬吉旦"。张栋撰，杨昱书，石匠李上苑。碑文14行，满行40字，楷书。现存于平谷镇西鹿角村。

录文：

重修净宁寺大殿记┘

盘阴居士张栋撰┘

杨昱书┘

平邑之西有村焉，名云鹿角，村之来不知其几百年也。村东二里许有古梵宫一所，建之久不知其几百┘年也。据左石丈人所记者考之，自重修抵今已阅七十余春秋矣。迩来庙貌霞锁金躯，露渐萧条之况，有┘不忍置眸者。噫！佛之生净土也，佛之 居 精舍也，敝庐败壁，岂大雄法王广法云耀慧日地哉？时有本乡贾┘氏者，已故明宦徐率性妻也，柏舟矢操，慈航秉念。一闻梓里梵宫将圮，不胜瞿然，遂首捐金粟，兴起众善，┘重修大殿三楹，内金佛躯并罗汉诸像。不数月而榱桷炳丽，室布给孤之色采，塑鲜莹庭俨灵鹫之容。前┘之所不忍置眸者，今悉大为修整，蔚然改观矣。事竣，谓得余之言庶几不朽。余曰唯唯，又曰否否。余宰□┙有年矣，顺释则拂儒，顺儒复于释无益，其何以云？有住持僧玄登者，捧释典而前曰："公所师非孔子耶？公┙□摛藻或背所自耶？夫孔仲尼者，盖携颜子、老子共衍佛教于震旦者也。矧夫三教同源，又何吝于一言┙耶？"余观其辞色婉切，有借吾儒以重彼释道之意。因彼典观之，其载不如所云，余不敢尽信，亦不敢尽不┙信。因自解曰：东坡苏君名士也，尝与佛印谭禅而终不失为名士，余何见□哉？遂走笔以记其事，后有贤┙圣以李习之辞开元寺钟铭责余者，请以子瞻苏先生解之。故敢告诸右石丈人。┙

顺治五年岁次戊子仲冬吉旦立石，石匠李上苑

注释：

柏舟矢操，慈航秉念：形容贾氏既坚守了夫妇之道，又发了慈悲之心。《诗经·鄘风·柏舟》："泛彼柏舟，在彼中河。髧彼两髦，实维我仪。之死矢靡它。母也天只！不谅人只！泛彼柏舟，在彼河侧。髧彼两髦，实维我特。之死矢靡慝。母也天只！不谅人只！"记录了一个女子的爱情故事，她不顾自己母亲的反对，看上了一个男子，而且誓死要嫁给他。所以此处文意是具有如《柏舟》姑娘一样的节操，有菩萨以慈悲度人的善心。

金粟：金银与粮食。

榱椽：古建椽子的两种形式，用法相同，一种方棍形，另一种圆棍形。

摛藻：铺陈辞藻，施展文才，意即写文章。

按语：

关于寺庙的创建，读碑文相信撰文人也没有搞清。"平邑之西有村焉，名云鹿角，村之来不知其几百年也。村东二里许有古梵宫一所，建之久不知其几百年也。据左石丈人所记者考之，自重修抵今已阅七十余春秋矣。"平谷县西有村名"鹿角"，不知何时成村；村东有庙，不知何时所建。但据旧

碑文记，距上次的重修已经 70 余年了。请注意他的用词！出现了两个"几百年"，说明撰文人的一个模糊看法，"村成"与"庙建"几乎差不多都是"几百年"前的事儿，甚至二者之间或许还能有些关系，比如互相依托之类的。的确，据《光绪顺天府志》所引《平谷志》："净宁寺在县南鹿角庄，俗称鹿角寺，金大定二十年（1180）建。"

撰文人张棅自称"盘阴居士"，但在文中又说"余☐☐有年矣"，虽不辨框中之字，但可知其为名词（如"平"）或代词（如"是"）无误。说明撰此文时，其已看透不再为官，而以"居士"自称。平谷因为盘山之阴而又称"盘阴"，"盘阴居士"表明其已告老还乡、退居林下了。其是否曾"宰"平谷，尚需考证。在云南的马龙州（今马龙县），明代有一位知州名"张棅"，曾为"马龙八景"之一的"龙阳洞"写过《游龙阳洞记》，不知此时的明代系明末否，如是，或许两位张棅就是一人呢。

文中谈到了佛教与儒教之关系，作者并未做大量的阐述，而是以与住持僧玄登对答的形式，使人了悟禅机。"有住持僧玄登者，捧释典而前曰：'公所师非孔子耶？公☐摘藻或背所自耶？夫孔仲尼者，盖携颜子、老子共衍佛教于震旦者也。矧夫三教同源，又何吝于一言耶？'"在玄登看来，三教同源，儒家是为佛家服务的，帮佛家进行推广活动的。"余观其辞色婉切，有借吾儒以重彼释道之意。因彼典观之，其载不如所云，余不敢尽信，亦不敢尽不信。"虽然知其好意，心里仍在打鼓，可很快又找到了一个古人为他"垫背"，也就是说有人若有疑义，可以找古人对质，此人即苏东坡。"因自解曰：东坡苏君名士也，尝与佛印谭禅而终不失为名士，余何见☐哉？遂走笔以记其事，后有贤圣以李习之辞开元寺钟铭责余者，请以子瞻苏先生解之。"此所提"李习之辞开元寺钟铭"事，系唐朝的一个典故，讲的是当时的李翱（字习之）应寺僧澄观之请为泗州开元寺大钟作铭时，自己所说而反映的心迹，张棅之说与其相近。《全唐文》载："开元寺僧尝请翱为钟铭，翱答以书曰：'翱学圣人之心焉，则不敢逊乎知圣人之道者也。吾之铭是钟也，吾将明圣人之道焉，则于释氏无益；吾将顺释氏之教而述焉，则给乎下之人甚矣，何贵乎吾之先觉也。'"

抚院明文碑

解题：

　　清代康熙六年（1667）七月。碑方首圭角失座。联首通高 157 厘米，宽 64.5 厘米，厚 15 厘米。青石质。碑首线刻祥云、海水、江崖图案。额题"抚院明文"，首行"巡抚直隶等处地方管□紫荆等关兼理粮饷都察院右副 ⧄"，年款"康熙六年七月二十五"。碑文 14 行，满行 37 字，楷书，第一行字大于其他。碑残右下部。现位于上宅文化陈列馆。

录文：

巡抚直隶等处地方管□紫荆等关兼理粮饷都察院右副⧄（大字）┘永革积弊、以除民害事，照得则坏定赋按时征□，不容少有违悖者。盖以锱铢盖属脂膏，颗⧄┘视事以□无刻不以斯民为念，严革严禁不啻至再至三，奈州县牵于习弊，惮于改观，如征收谷⧄┘柜头重踊起解芝棉花□出票明加贴费行粮供应官不发银，俱派里甲以及金解添搭倾销鞘⧄┘分派各社交送并□差多派民夫折钱，差役下乡害民，社□飞洒增诡等项，无一不深入膏肓，使矢志⧄┘耘而革之，亦骤难□效□嗟□有司□不知责□俱惧谷民国维艰，如此忍心，宁非□千⧄┘缙符焉，更它所期者⧄┘君□

民亲所勉者功名□□一旦□营□□□□百简事败名隳，陷身牢狱与穷□□恶□囚□伍□最早至贱／┘□无论倾性命□重刑□流徒干犯□□□比一段清夜扪心自想，觉天地间亦无□置／┘□□肆数百度惟新，□亟改头换面，洗□□□□心宝政共□备，吏既能焉，无为□□造于□方文何庸刻意逢／┘取媚本院，有不荐杨则□贤之咎□神堂□□本院千语万言虽不能□□□往而□□吟喝或／┘来为民同庆更生，期在新举□行。勒石□□□此示仰该县官吏士庶／┘者彼既失父母之心尔，自当寇仇相祝许□宝□□院□禀立刻题／┘

康熙六年七月二十五日立┘（中一行字模糊不辨）

典史王□□□刻石

注释：

锱铢盖属脂膏：一丁点儿也算民脂民膏。锱铢，均为古代计重单位。旧制锱为一两的四分之一，铢为一两的二十四分之一。锱铢比喻极其微小的数量。脂膏，膏油，油脂，比喻老百姓所获极少的利益。

事败名隳：相当于身败名裂。事情没有做好，相当的狼狈，还坏了自家的名声。

百度惟新：多次变革，推行新举措。百度，形容多次；度，次，周期，来回，回合。

典史：是中国古代官名，设于州县，为县令的佐杂官，但不入品阶、"未入流"。元始置，明清沿置，是知县下面掌管缉捕、监狱的属官。

按语：

这也是一通明文告示碑，关于官府关口征税、贪官污吏借此敛财，政府明令禁止，并立碑为证。然而官府因何有此"永革积弊"的举动呢？其目的就是要"以除民害"。又为何能造成民害呢？"盖以锱铢 盖 属脂膏"，百姓的脂膏之利都被他们盘剥了，老百姓无法生存。以前的官府上下"奈州县 牵 于习弊，惮于改观"，故此一定要"视事以 □ 无刻不以斯民为念，严革严禁"。

此碑文虽然不很清楚，石表剥蚀，文字残缺严重，但仍可以依稀读出差役们盘剥百姓商户的几种手段：1."出票明加贴费行粮供应官不发银"，上级发文给票，下级不予履行；2."俱派里甲以及金解添搭倾销锱"，搭买搭卖货物、占百姓便宜；3."分派各社交送并 □ 差多派民夫折钱"，以官府名义，摊派丁役；4."差役下乡害民，社 □ 飞洒增诡等项"，差役下乡扰民。

碑文开始提到的"都察院"，实际是古代为皇家专设的监察机构，其"右副都御史"职司于此，回复地方上报出现贪腐现象的批文，的确属于他的正差。

清蔡国举及诰封淑人李氏合葬墓碑

解题：

　　清康熙六年（1667）十一月。碑螭首失座。联首通高 176 厘米，宽 76 厘米，厚 18 厘米。汉白玉石质。额篆"时思表"，年款"康熙六年十一月二十日"。碑文 4 行，满行 18 字。碑阴额题"皇清"，与碑身文字连缀成句。现存于平谷镇北台头村兴隆庵，仆地阴朝上。

录文：

（碑阳）

奉祀男<u>参领</u>朝佐立石┛

<u>皇清诰</u>赠通议<u>大夫</u>、参领先考蔡公国举府君，┛封<u>淑人</u>先妣李氏┛之墓┛

康熙六年岁次丁未孟秋吉旦

（碑阴）

镇守浙江平阳县等处地方总兵官、<u>都督金事</u>男朝佐立┛

<u>皇清诰</u>赠<u>资政</u>大夫、固山大加一级先考蔡公讳国举府君之墓┛

夫人先妣李氏┛

康熙六年十一月二十日┛

注释：

参领：清代八旗甲喇额真（皇太极时改名甲喇章京）职官的汉译名。每旗（固山）辖五参领（"甲喇"，亦译作"札兰"）。正三品。副参领为正四品。又为编制单位名称，京旗每旗下分五参领。每参领下辖佐领若干。

诰赠：明清对五品以上官员的曾祖父母、祖父母、父母及妻室之殁者，以皇帝的诰命追赠封号，叫诰赠。

通议大夫：文散官名。隋始置。明正三品初授嘉议大夫，升授通议大夫。清正三品概授通议大夫。

淑人：古命妇封号。宋代凡尚书以上官未至执政者，其母、妻封为淑人，至明则为三品官员祖母、母、妻封号。清代因明制，又增宗室奉国将军之妻封为淑人。

都督佥事：在明代卫所体系中，亦有佥事之职，如都指挥佥事（秩正三品）、卫指挥佥事（秩正四品），两者均为指挥使之助手，一般分掌训练、军纪。

资政大夫：文散官名。金始置，正三品中，元升为正二品，明为正二品升授之阶，清为正二品阶。

按语：

平阳县在今属温州市管，地处沿海。清初，郑成功等在东海沿线抗清。顺治十八年（1661）曾下令"迁界"，由于内迁十多里，造成"男号女哭、四境相闻"，田园弃置过半，"所存图里，十仅有四"。一直到康熙九年（1670），朝廷严正声明，政局较前稳定，又下令"展界"，最后到康熙三十年（1691），才恢复了原来的图籍。原来康熙六年（1667）立碑时，正处于"迁界"与"展界"之间的阶段，蔡朝佐在此处作为最高军事长官，就是为防倭寇而置。

丫髻山进香碑

解题：

清代康熙三十五年（1696）四月。碑螭首方趺座。碑身联首通高 233 厘米，宽 85 厘米，厚 27 厘米。青石质。碑阴、阳边框均饰缠枝纹。额双钩题"崇善老会"，首题"丫髻山进香碑记"，年款"康熙三十五年岁次丙子孟夏月榖旦"。碑文 15 行，满行 40 字，楷书。宋如辰撰文，会首王门叶氏立石，焚修住持李居祥。碑阴额双钩题"万古流芳"，下刻会众题名，坤会芳名十二列三百余人，撰文人落款于后。碑左侧刻"京都地安门白米斜街崇善三顶圣会香首王门叶氏等建立"。现位于丫髻山两顶之间的药王殿前。

录文：

（碑阳）

丫髻山进香碑记⏋

太极未判，混混沌沌二气，既奠万物、滋生万物之灵，聿乃唯人秉兹鸿钧，有邪有贞，积气之贞崭然⏋为神。周武之封，允衷于情，代多具性弗匮，谥旌赫奕，威灵永敷海滨。岳渎社稷，上下荐陈。爰民神凭，⏋爰神民成，冥冥昭昭，乃经乃纶，钟灵名山，是矜是程。粤燕京东有山峥嵘，号曰丫髻，巉岩轮囷，屹然⏋中处。万山拱循⏋碧霞圣母行宫，西仑微茫，壶峤兽鳌，霄云贵贱，谒献焄蒿。氛氲余友，王君念年，礼尊友室，曰叶随展殷勤。⏋董诸善女，爇檀焚沉，壶谊若疎，厥志可珍，品诣臧否，敬肆伪真。厥唯肃布砺疪，刈蓁巍巍荡荡，民无⏌能名，庙貌峨峨，整容饬形，法像爡爡，洁志凝精，矧乎圣母声灵振振，报施贞谣，曰正曰平，叩之辄应。⏌石火击金，咄咄象教，杜公确论，思彼建立。圣人深心，上哲敬天，中哲畏神，唯敬唯畏。涤垢掬新，人人⏌具兹，海晏河清，叶之投诚。余顾珍钦匪侔祈祷，匪侔游巡，况和于夫、于义何泯？允符于义，神纳其馨，⏌树厥帼帼，庸何伤云？猗欤休哉！唯⏌神之灵；猗欤祯哉！唯人之纯。嵬嵬山岳，皎皎星辰，仰之而光，依之而宁。辰也、岳也，悠悠古今。⏌

赐同进士出身、翰林院检讨宋如辰撰（印二方：太史之章、宋如辰印）⏌

康熙三十五年岁次丙子孟夏月榖旦会首王门叶氏立⏌

焚修住持李居祥

（碑左侧）

京都地安门白米斜街崇善三顶圣会香首王门叶氏等建立

（碑阴：略）

注释：

聿乃：聿修厥德，乃发其祥。《诗经·大雅·文王》："无念尔祖，聿修厥德。永言配命，自求多福。"

爰民神凭，爰神民成：大意是百姓得到了神的佑助，神灵也是靠老百姓成就了它的灵验。爰，关联词，于是。

是矜是程：形容神灵仪表庄严、没有私心之意。矜，自尊、自大、自夸；程，法式、规矩、程序；是，语助词，在此无意，只起到结构作用。

西仑微茫，壶峤兽鳌：神话传说中位于中土东西两边的仙境，哪怕是遥不可及，人们都会相信它的存在而心诣神往。西仑，传说中的昆仑山，素有中国第一神山之称，那里居住着西王母。传说中国的东海有五座神山，岱舆论、员峤、方壶、瀛洲、蓬莱，它们共同由一个神龟（兽鳌）承载着，"壶峤"系"方壶""员峤"之简称。

霄云贵贱，谒献焄蒿：不论是方外还是世俗之人，都会持不同气味的供品去拜谒神灵。焄蒿，祭品所发出来的气味。

品诣臧否：品诣，品类、品质；臧否，好坏。

象教：释迦牟尼离世，诸大弟子想慕不已，刻木为佛，以形象教人，故称佛教为象教。后来佛教传入中土，迅速发展，石窟造像等形成了一种新的艺术形式。

猗欤休哉："猗欤"语出《诗经·周颂·潜》的"猗欤漆沮"，发语词，无实际意义。休，美好；哉，语助词，表强调。意思是：多么美好啊！

猗欤祯哉：祯，吉祥。多么吉祥啊！

翰林院检讨：官名。掌修国史，唐宋均曾设置，位次编修。明清属翰林院，从七品，常以三甲进士出身之庶吉士留馆者担任。

宋如辰：湖广黄州府黄安县（今属湖北黄冈市）人，康熙乙丑（二十四年，1685）科三甲第二十九名进士，点翰林。在家乡很有名气，周锡恩办书院，宋如辰教生徒，三十余载，桃李不言，下自成蹊。

按语：

"太极未判，混混沌沌二气，既奠万物、滋生万物之灵，聿乃唯人秉兹鸿钧，有邪有贞，积气之贞崭然为神。"上来就讲混沌初分，万物生灵的滋生、神的出现。然后话题一转就到了周朝。"周武之封，允衷于情。"作者认为，"封神"由周武王时开始，大概是本着一个"不忘初衷"的原则吧。"代多具性弗匮，谥旌赫奕，威灵永敷海滨。岳渎社稷，上下荐陈。"从那以后，不断有各种神仙被封，给予各种名号，天上地上，山岳川渎，无不封神。老百姓得到了神的佑助，神灵也是靠老百姓成就了它的灵验。

本碑既名为"进香"，那"进香"一定是有目标的，就是"碧霞圣母"，也即"碧霞元君""天仙圣母"。整座丫髻山无非都是围绕着碧霞元君而建的一组建筑，即"泰岱行宫"。

碑一侧镌刻"京都地安门白米斜街崇善三顶圣会香首王门叶氏等建立"字，从这个信息上可知，此次进香活动是有组织的，是由"崇善三顶圣会"组织的，该组织首领为"王门叶氏"（女），该组织的发源地是"京都地安门白米斜街"。"白米斜街"今仍保留，在什刹海东岸，地安门鼓楼前路西。

丫髻山天仙祠碑

解题：

　　清代康熙三十五年（1696）四月。碑已佚，仅存拓片，拓片长105厘米，宽55.5厘米。边框饰缠枝纹。首题"丫髻山天仙祠碑记"，年款"大清康熙三十五年四月"。碑文12行，满行37字。张榕端撰文，柳绅书丹。落款处分别钤"张榕端印""学士之章""张榕端印"和"恭修"印。

录文：

丫髻山天仙祠碑记⏎

自古山皆有祀，惟诸侯始祀之。故礼云：诸侯祭封 内 之山，下此则不得祭焉。祭则神必不享⏎也。诸侯祭之者何？尊之也；不得祭者何？非其分则僭之也。神不享者何？僭之即亵之，故不享⏎也。而独丫髻山则有异。夫丫髻固北方之名山也，而其所祀之神则天仙焉。夫天仙，盖后妃⏎也。其祀之者何？报之也。后妃之德洽于宫阙，达于闾阎，后人思其德而□祀之也。其建祠于⏎山者何？以丫髻居恒山之次，而峰秀林葱，非山无以为妃之妥侑，非妃无以山之赫奕也。其⏎士民得祭之者何？以山非五岳之列而神又非山之所主故祭之，而非僭也。非僭即非亵也。⏎其享之宜也，其祀之亦宜也。于是为之记，复为之歌。歌曰：维山之高，云树苍苍；□□之□，□⏎茂弥芳。德之感应，士民瞻仰；用以勒石，永志不忘。⏎

赐进士出身、内阁学士兼礼部侍郎张榕端熏沐虔撰⏎
顺天乡进士柳绅熏沐敬书⏎
大清康熙三十五年四月日立

注释：

天仙祠：灵应宫，原名天仙祠，是泰山碧霞元君（泰山老奶奶）的下庙。碧霞元君是以中国华北地区为中心的山神信仰（道教），称为"东岳泰山天仙玉女碧霞元君"。中国古代神话传说中的女神，其道场是在中国五岳之尊的东岳泰山。全国各地都有碧霞元君祠，实际上就相当于碧霞元君在各处的行宫。

诸侯祭封 内 之山：《史记》载："天子祭天地，诸侯祭其域内名山大川。"《文献通考》："《礼》，诸侯祭封内山川。"天子祭天地，诸侯祭封域内的山川，等级严格，既不能僭越，又不能淫祀。

闾阎：原指古代里巷内外的门，后泛指住在闾阎之内的平民百姓。

张榕端：釜阳（即"滏阳"，其治所在今河北邯郸市磁县）人，其活动在清康熙四十年（1701）前后。康熙十五年（1676）二甲第37名进士，授编修。视学江南，衡鉴精审，凡所识拔，皆能文之士。三十五年（1696），奉命祭告，登泰山，历东镇、沂山、东海，往返凡四阅月。三十九年（1700），以内阁学士预治河之役，凡四年，始召还，兼礼部侍郎。四十三年（1704），致仕归里。

按语：

古代封建社会讲究名分等级，讲究礼仪规矩，既不能失礼于毫厘，又不敢越雷池一步。古礼"天子祭天地，诸侯祭其域内名山大川"；"下此则不得祭焉。祭则神必不享也"。越俎代庖，神也不受祭。"诸侯祭之者何？尊之也；不得祭者何？非其分则僭之也。神不享者何？僭之即亵之，故不享也。"逻辑关系清晰，祭神就是尊神，不该祭的去祭，神不受祭，等于是僭越，僭越就是亵渎神圣。那么丫髻山对于碧霞元君的祭祀为何又不属于"僭越"和"亵渎"呢？"夫丫髻固北方之名山也，而其所祀之神则天仙焉。夫天仙，盖后妃也。其祀之者何？报之也。后妃之德洽于宫阙，达于闾阎，后人思其德而□祀之也。其建祠于山者何？以丫髻居恒山之次，而峰秀林葱，非山无以为妃之妥侑，非妃无以山之赫奕也。其士民得祭之者何？以山非五岳之列而神又非山之所主故祭之，而非僭也。非僭即非亵也。其享之宜也，其祀之亦宜也。"似乎有点儿"枉顾左右而言他"、偷换概念之意，避"礼"而言"报"，但也未尝不可。紧接着又将丫髻山与恒山进行比较，以为丫髻山是仅次于恒山的北方名山，碧霞元君又不是此山的主神，但是"妃（圣母）"又给老百姓以恩德，那么就建个天仙祠以时祭祀，也不为过。说白了，最初神是给帝王服务的，有了繁缛的礼仪祭祀等活动；后来普及了，普通百姓在其统治者那里得不到帮助，也去寻求神的庇护，于是祭神进香等就成了大众的民俗活动。

康熙三十五年（1696）张榕端撰写此碑文时，还奉命祭告，登泰山，历东镇、沂山、东海，往返经过了四个月的时间。可以说张某算是一位"祭山"专业户了。

丫髻山天仙圣母庙碑

解题：

　　清代康熙四十五年（1706）六月。碑已佚，仅存拓片，拓片长 124.5 厘米，宽 74.5 厘米。边框饰缠枝莲。首题"怀柔县丫髻山天仙圣母庙碑记"，年款"（清）康熙岁次丙戌季春毂旦"。碑文 12 行，满行 41 字。郭于蕃撰文，胡其宽书丹，并钤有"郭于蕃字韦仲号蒇庵印""太史之章""胡其宽印""敬天"四枚印章。

录文：

怀柔县丫髻山天仙圣母庙碑记⏎

　　盖闻神道不灵，则下民不敬；而人心不诚，则尊礼不久，此今古之恒情也。怀柔者，古温阳之地，归化之区⏎耳，隶于京兆，无长川大河之险，有平原旷野之观。而其间蔚然深秀者，则唯丫髻山。夫何地无山？而寂寂⏎不闻者不可胜数。丫髻山之名，独震于京兆，则有以天仙圣母庙之故。盖圣母者，神之最灵者也。秉坤德⏎之粹，而佐乾刚，求无不应。司纠阴□，令而维阳，教感而遂通，所以怀柔之民亦既丹垩其宫、金碧其貌。而⏎凡在京之众求名者曰：我其祈于圣母；观利者曰：我其祈于圣母；祷桂子兰孙、景福上寿者曰：我其祈于⏎圣母。而香火烟然，而钟鼓铿然，而拜稽纷然，而祀典秩然。巍巍乎怀柔之一名刹矣！夫圣母聪明正直，其⏎灵爽周于天下，岂独栖恋于丫髻山？第是山既有神宫，则人心之不容☐☐者，每即此以伸其忧悃。京众↲ 每岁进香，久而不敢忽，皆心之诚为之也。其犹过墓而生哀，过阙而致敬之义乎！则甚矣神道设教之不↲ 爽也！爰为之记，以志不朽云。↲

赐进士出身、翰林院庶吉士郭于蕃撰↲

康熙岁次丙戌季春榖旦立，含山胡其宽盥手拜书

注释：

坤德之粹：女子品德最优秀的典型。坤，代表地、阴、女；德，优秀品质；粹，精华。

郭于蕃：西蜀富顺（今属四川自贡市）人，康熙丁丑（三十六年，1697）三甲第 55 名进士，翰林出身，四十三年（1704）任饶平县令，赴任一月遂深入沿海、山区体察民风民情。他主持加固三饶、黄冈、大所三处城郭，使"工献其能，民效其力"，让饶平人民安居乐业，繁衍生息。他对当地的"旅游"文化也做出了贡献，至今人们仍念其好。

按语：

"凡在京之众求名者曰：我其祈于圣母；观利者曰：我其祈于圣母；祷桂子兰孙、景福上寿者曰：我其祈于圣母。而香火烟然，而钟鼓铿然，而拜稽纷然，而祀典秩然。巍巍乎怀柔之一名刹矣！"在郭于蕃的笔下，圣母简直是无所不能，百姓也是无所不求，求之也是无所不应的。这么虔诚的百姓，这么聪明的女神，"则甚矣神道设教之不爽也"。"神道设教"的大道理，在撰文人的笔下得到了演绎和点题。

撰文人落款是"赐进士出身、翰林院庶吉士郭于蕃"，其后钤印两方曰"郭于蕃字韦仲号蒽庵印""太史之章"。出了点儿差错，补了点儿史实。"赐进士出身"实应为"赐同进士出身"之误；"字韦仲，号蒽庵"，补充了郭某的名号。"太史"则是翰林们尚古的一种称呼。

丫髻山进香老会碑

解题：

　　清代康熙四十六年（1707）三月。碑已佚，仅存拓片，拓片残长 153 厘米，宽 76 厘米。边框饰夔龙纹。首题"丫髻山进香老会碑记"，年款"康熙四十有六年岁次丁亥暮春之吉"。碑文 12 行，满行 40 字，楷书。李居祥撰文并立石。

录文：

丫髻山进香老会碑记⏋

丫髻山<u>两峰向峙</u>，有阴阳对待之象，含元气于太和，映秀色于无极。⏋天仙圣母行宫建立于此，乃⏋京都名胜之大观也。<u>琳宫贝阙</u>，<u>梵唱炉烟</u>，香火之盛甲于诸刹。人员士女，焚顶洁诚，布捐祈祷，有求必⏋应，无诚不达。⏋圣母德同娲绩，道合坤元。凡所以佑兹下民者，诸户咸吉，众信同符，莫不获纯嘏之锡焉。是⏋圣母之所贶于人者无穷，而人思所以报⏋圣母者愈无既矣。用是久约同心，集成善会，历今五十余载。每岁<u>冠袍带履</u>，香花供筵，按期醼进，风雨不⏋爽。非敢以此萌侥幸之心，而妄邀福泽也，盖以伸<u>涓埃之报</u>于万一尔！从此励众善以奉行无违，素⏋心坚永，矢而勿谖，并勒贞石。此众等所乐为也，遂记之。⏋

大真人府赞教厅兼丫髻山住持李居祥⏋

康熙四十有六年岁次丁亥暮春之吉谨立

注释：

两峰向峙：两座山峰相对矗立着。丫髻山的山顶实际上并没有明显的两座山峰，是因为有东顶玉皇阁和西顶元君庙两座建筑，人们在山下远望有如丫鬟的脑门和双髻的样子，这也是丫髻山得名的由来。

琳宫贝阙：形容丫髻山群组建筑豪华瑰丽，有如天宫的建筑。琳宫，主要是对道教建筑的美称；贝阙，原用以形容龙宫水府的华丽。

梵唱炉烟："梵唱"与"炉烟"，是佛寺道观中的每日常课，指念经与烧香。"梵唱"原本指和尚们唱诵佛经，后亦泛指念经，这里指道士们唪诵道经。

冠袍带履：帽子、袍子、腰带、鞋子。也泛指随身的必需用品。

涓埃之报：涓埃，细小的流水和尘埃，比喻极其微薄的报答。

按语：

撰文人"大真人府赞教厅兼丫髻山住持李居祥"，其中提到了"大真人府"，这是指当时江西龙虎山的"天师府"，全称"嗣汉天师府"，原称"真仙观"，又名"大真人府"，是历代天师的起居之所。该府位于江西贵溪上清镇，建于龙虎山脚下。原明代建筑大部分毁于清康熙年间，今所存大多为乾隆、同治年间重建。"赞教厅"为其建筑群中的一个厅式建筑的名称。十一年前康熙三十五年（1696）《丫髻山进香碑》末落款"焚修住持李居祥"，今已为"大真人府赞教厅兼丫鬟山"住持了，说明他的宗教身份也有所提升了。

从丫髻山现存的碑刻来统计，尚无一通碑刻是明代的，因此我们无法了解更多的关于丫髻山清代以前修建的情况。但这并不能说明就没有明代或以前的碑刻。现在竖立起来的丫髻山碑刻虽然已经蔚然成林，但还远远不足其数，因为尚有数十座碑座仍找不到碑身。碑文记"用是久约同心，集成善会，历今五十余载"。显然是说"丫髻山进香老会"其"老"的程度，都有五十多年了。从本碑刻立的时间康熙四十六年（1707）再往上推五十余年，至少是清初顺治年间了。而且"久约同心"，"久"有多久？"五十余载"之"余"又多少？差不多就到了明代了，况且这只是香会成立的时间，丫髻山整体创建的时间一定在明代或以前了。

诚意会碑

解题：

　　清代康熙四十七年（1708）四月。碑螭首方趺。碑身联首高 218 厘米，宽 85 厘米，厚 27 厘米。青石质。碑身边框饰缠枝纹。额题"诚意圣会"，首题"诚意会碑记"。年款"皇清康熙四十七年岁在戊子清和穀旦"。碑文 12 行，满行 31 字，楷书。汪灏撰文。碑阴额题"万古流芳"，下刻"当年正会首、副会首、随会、厨茶房、中军"等题名。碑左侧刻"东华门皇城内外众善人等同立"字。现位于丫髻山碑厂子。

录文：

（碑阳）

诚意会碑记┘

丫髻山去京师百余里，佳气郁葱，望之峨峨然，因以髻名。层岩峭壁，奇花灵┘药，为群山冠。上有天仙庙，殿宇壮丽，神像庄严。每岁夏四月，往来奔走、为┘国家祝釐者，肩摩毂击焉。兼之赛禳有会，鱼龙百戏，众巧毕呈，士女交错，终是月无┘虚日。闻风而至者，不惮千里之远。盖斯民幸生升平┘盛世、光天化日，手足宽闲，而又赖神庥、雨旸时若，故无智愚贤不肖，罔弗勉于为┘善、而惕于为不善，屋漏暗室中恍然判衮钺而凛菁蔡，敢不竭诚尽敬欤？大兴、┘宛平居人等，曩有诚意会，岁一举行，请一言勒石庙中，将以垂永久也。爰感其┘禋祀之诚，为叙其意而附姓名于左。时┘皇

清康熙四十七年岁在戊子<u>清和穀旦</u>。⏌
钦赐进士第、⏌ 皇太子讲官、内廷供奉、翰林院编修汪灏撰
（碑侧）
东华门皇城内外众善人等同立
（碑阴：略）

注释：

因以髻名：取名的由来是因为（像）"髻"。

赛禳有会：禳，通过祭神、祈祷等方式、仪式消除灾殃。古人往往在各种祭神节日举办一些比赛等活动，故曰。

神庥：神助。庥，庇护。

雨旸时若：晴雨适时，气候调和。文出《尚书·洪范》："曰肃，时雨若；曰乂，时旸若。"

禴祀：泛指祭祀，但"禴"是夏祭，"祀"（亦作"祠"）是春祭。语出《诗经·小雅·天保》："吉蠲为饎，是用孝享；禴祠烝尝，于公先王。"

清和穀旦：四月初一日，民间亦称"清和节"。穀旦，好日子。

按语：

北京有句老话叫作"金顶的佛光（老百姓说'佛光''道光'分不清，反正都是神灵的光芒，此不多论）照远不照近"。是不是"双顶"的佛光也是照远不照近呢？同理可证。"金顶"妙峰山位于京西深山高点，"双顶"丫髻山位于京东深山高点，两处距京外的路要短于进京的路，也易于进京的路。这样，老百姓就近拜佛烧香，佛也好，圣母也好，诸路神仙也好，敞开伟大的胸怀，谁拜谁灵，不分是谁。所以周围四乡八里，特别是还有许多三河、香河、大厂、天津、廊坊等地的善男信女们，赶上庙会的日子，成群结队来丫髻山进香，冀求平安、吉祥、消灾、驱邪、除病、生子、长寿等。丫髻山火起来以后，"闻风而至者，不惮千里之远"。那时的千里恐怕就快到东

北、山东等地了，岂止是京津。文中还交代，"大兴、宛平居人等，曩有诚意会，岁一举行"，说明这个"诚意会"是以前组建的，一年活动一次，"会员"的范围是整个京城市民，"大兴""宛平"已包括了旧京城区的范围。其发起人则是"东华门皇城内外众善人"等。

撰文人"钦赐进士第、皇太子讲官、内廷供奉、翰林院编修汪灏"，字文漪，一字天泉，临清人。康熙乙丑（1685）科二甲第15名进士，碑文说是"钦赐进士第"，似乎应该说是"赐进士出身"。就在撰写碑文的这一年（康熙四十七年，1708），他奉皇命将明代王象晋《群芳谱》加以增删、改编，扩充至100卷，以成《御定佩文斋广群芳谱》，在《四库全书总目》著录。

丫髻山天仙庙碑

解题：

　　清代康熙四十八年（1709）五月。碑已佚，仅存拓片，拓片残长192厘米，宽65厘米。首题"丫髻山天仙庙碑记"，年款"康熙肆拾捌年岁次己丑蕤宾中浣穀旦"。碑文18行，满行78字。张玉书撰文，落款处并钤有"张玉书印"（回文式）、"素存"两枚印章。

录文：

丫髻山天仙庙碑记┘

怀柔古<u>白檀地</u>也，其名<u>昉</u>于唐贞观六年。历代皆土城，至明成化三年始<u>甃以石</u>，遂屹然巨丽。其东南九十里有山，奕如双峰插天，因名丫髻。绵历数百年，其上则┘碧霞元君祠焉。与栲栳山并峙，巍峨岩峻。登其巅者，西盼黍谷，<u>望邹先生之吹律</u>，叹其神灵。北眺红螺诸山，丹崖碧藓，云霞晖映，鸟语钟声，时相赠答。俯临小泉，雁溪入于白河，碧流清┘冽，渊若潮河之远源焉。南望朝鲤，东睇隗山，郁郁淙淙，烟霞万状。宜┘碧霞元君妥侑于斯也！┘元君者，西王母之第三女也，诞于四月十八日，此华山石池、玉女洗盆之说也。或曰不然，乃湄州林都检之女，渡海云游，于宋宣和间，以护佑路行人功始有庙祀。历元明，累功封┘天仙圣母碧霞元君徽号，六百余年，至今不废。斯言谅哉！我┘皇清受命，声灵赫濯，┘元君代天宣化，神运厥功，为民请命。康熙岁次，┘玉趾幸临，以答卫国护民之意。燕之信士绍娄胡君、弘宇张君，偕都人善良者，乐其教，薰其德，岁时皈依，焚香荐帛，顶礼惟谨。又仰体┘元君捍海深仁，与御寇勤劳之至德，出其祀事之余，周济贫乏，每举无绌。非曰谄，以邀福也。事神济人，聊以补过，士君子目监在兹之义云尔。当明之季，有台谏欲建魏珰祠于其山者，┘锡名"崇功"。祠未成而珰败，人咸称┘元君褫其魄而速之诛，其威厉英爽类如此。士民因钦崇奉祀，笔其事于石，以志┘元君之福庇善类、祸族金邪，神功乌可没哉？余因此山之葱郁、水之明秀，而又慕┘元君之正气炳耀，爰书数言而之记。┘

赐进士出身、光禄大夫、文华殿大学士兼户部尚书加五级丹徒张玉书熏沐拜撰┘

时┘康熙肆拾捌年岁次己丑蕤宾中浣榖旦

注释：

白檀地：就是古檀州（今北京密云）。

昉：本指日初明，引申为开始之意。

甃以石：以石板包砌。

邹先生之吹律：传说战国时期由于邹衍在山上吹奏乐器，当地气候变暖，可以生长黍谷了，故名之曰"黍谷山"。语出《北堂书钞》。邹衍，齐国临淄人。燕昭王筑碣石宫师事之。

魏珰：指魏忠贤（1568—1627），字完吾，北直隶肃宁（今河北沧州肃宁县）人，明朝末期擅权宦官。自宫后改姓名叫李进忠，由才人王氏复姓，出任秉笔太监后，复原姓，皇帝赐名为忠贤。明熹宗时期，出任司礼监秉笔太监，极受宠信，被称为"九千九百岁"，排除异己，专断国政，以致人们"只知有忠贤，而不知有皇上"。汉代宦官充武职者，其冠用黄金珰和貂尾为饰，故后代称专权太监为"大珰"。

张玉书：张玉书（1642—1711），字素存，号润甫，江苏丹徒（今江苏镇江）人。张九徵次子，长兄为张玉裁。自幼刻苦读书，顺治十八年（1661）进士，精《春秋》三传，深邃于史学。历任翰林院编修、国子监司业、侍讲学士，累官至文华殿大学士兼户部尚书。卒谥"文贞"。

蕤宾中浣：即农历五月中旬。古人将古乐十二律与纪时十二月相配，以"太簇"配正月，依次则蕤宾配五月。古人将一月分作三"浣"，"上浣""中浣""下浣"相当于今天的上旬、中旬、下旬。

按语：

"怀柔古白檀地也，其名昉于唐贞观六年"，"檀州"为古密云的说法早已有之，但"怀柔古白檀地也"之说，未见详论。而且其名昉于唐贞观六年（632），更是首见，言之凿凿。怀柔与密云、平谷在历史上行政区划上互有交叉，各时有异。此处接着说"其东南九十里有山，奕如双峰插天，因名丫髻"，显然是告诉我们，那个时候丫髻山属于怀柔管辖。《日下旧闻考》卷一百三十九《京畿·怀柔县》："县东南九十里有丫髻山，二峰高耸，上有碧霞元君祠。"臣等谨按："丫髻山东四里建行宫一所。"

碧霞元君的传说，"元君者，西王母之第三女也，诞于四月十八日，此华山石池、玉女洗盆之说也。或曰不然，乃湄州林都检之女，渡海云游，于宋宣和间，以护佑路行人功始有庙祀。历元明，累功封天仙圣母碧霞元君徽号，六百余年，至今不废"。旧京内外有那么多碧霞元君祠，这里还应包括其主神为碧霞元君的庙宇，如天仙圣母庙、天仙宫、斗姆宫、娘娘庙等，但真是要说起"碧霞元君"来，能有几人了解呢？老百姓大概能知道的也就是"泰山老母"吧！就算这是一种说法，泰山之神的夫人。可就这个"泰山之神"就有诸多说法，泰山神又名"东岳大帝""东岳泰山之神"，其来源有"金虹氏"说、"太昊"说、"盘古"说、"天孙"说、"黄飞虎"说等。但是在老北京人的心里，不管他封号有多至高无上，还是不如"泰山老母"（碧霞元君）管用，朝拜她老人家，可以逢凶化吉、遇难成祥，甚至可以早生贵子、治眼疾、治皮炎等。

"当明之季，有台谏欲建魏珰祠于其山者，锡名'崇功'。祠未成而珰败"。关于魏忠贤建生祠的事，历史记载颇多、议论颇多，即便是应天巡抚毛一鹭、蓟辽总督阎鸣泰、山西巡抚曹尔祯、顺天府尹李春茂、大学士张瑞图等明代重臣也提议为其建生祠，甚至连袁崇焕也不得已签了"同意"的字。太监弄权，魏阉为最，"内外大权，一归忠贤"，此不详叙。但可知者除欲建于丫髻山名"崇功"者，尚有欲建或已建于苏州虎丘、河南开封、天水玉泉观、山西五台山、南京孝陵前、凤阳皇陵及蓟州、密云、昌平、通州、涿州、天津、河间、保定、真定等地，"二三年献媚建祠几半海内"。名目繁多，如"怀仁""崇仁""隆仁""彰德""显德""怀德""昭德""茂德""载德""瞻德""报功""元功""旌功""崇勋""茂勋""表勋""感恩""祝恩""瞻恩""德馨""鸿惠""隆禧"等。

元宝老会碑

解题：

清代康熙五十二年（1713）四月。碑螭首方趺。首身高180厘米，宽65厘米，厚22厘米。青白石质。边框饰缠枝纹。额题"元宝老会"，上款"赐进士出身前翰林院庶吉士原任兵部督捕右侍郎加一级章云鹭沐手书"，下款"龙飞康熙五十二年岁次癸巳四月穀旦"，居中双钩榜书"金光普照"。碑阴额题"万古流芳"，碑身上端横题"元宝老会"四个大字。首题"京都正阳门外猪市口迤南天桥元宝老会碑记"。正文小字共七列，刻当年会末人等310余人的姓名。碑首右上角残缺，碑身表面部分剥落。现立于丫髻山碑厂子。

录文：

（碑阳）
赐进士出身、前翰林院庶吉士、原任兵部督捕右侍郎加一级章云鹭沐手书⏎
金光普照⏎
龙飞康熙五十二年岁次癸巳四月穀旦敬立⏎
（碑阴）
元⏎ 宝⏎ 老⏎ 会
京都正阳门外猪市口迤南天桥元宝老会碑记⏎ （大字）
（以下小字人名略）

注释：（略）

按语：

关于书丹人"赐进士出身、前翰林院庶吉士、原任兵部督捕右侍郎加一级章云鹭"，似乎有点儿与史不符。据相关史料分析：

其一，"翰林院庶吉士"与"兵部督捕右侍郎"两个官衔，一文一武，出现在一个人身上，反差较大。

其二，此碑系康熙五十二年（1713）所立，"兵部督捕右侍郎"一职，早已在康熙三十八年（1699）裁撤，改属刑部，改设督捕前、后二司及督捕厅。

其三，查《清代进士题名碑录》，顺治丁亥科（四年，1647）第三甲第66名系章云鹭。历史上记载他的许多活动都是发生在康熙早期，如其在明清之际为宛平义士程天佑、程天才兄弟所建义冢题匾"倡和为忠"。康熙四年（1665）前后，预修《明史》。康熙三年（1664），以大学士卫周祚、吏部尚书魏裔介为武会试正考官，户部左侍郎朱之弼、内秘书院学士章云鹭为副考官。顺治七年（1650），上御经筵，升翰林院侍读学士章云鹭为国子监祭酒。

但是，章云鹭的仕途也并不是一帆风顺的。顺治十年（1653）二月丙辰，谕吏部："今将通满洲文义者三人，不拘资俸，以应升之缺用……其次可造者十二人，沙澄、王紫绶、张士甄、王熙、艾元征、夏敷九、何采、章云鹭、韦成贤、高光夔、李廷枢、张宏俊各仍照原衔，责令勉力习学，俟再试分别。其全未通晓、不能成文者五人……理应调外，念伊等曾入词林数内，姑着调六部用。"康熙十年（1671），"谕吏部，朕观侍郎严正矩、章云鹭，通政使霍叔瑾，才具庸常，不能尽职，俱著以原官致仕"。

尤其是最后一条，康熙十年（1671），章云鹭已经退休了，而且似乎是在"侍郎"（疑为"兵部督捕右侍郎"）任上"庸常"令退的，而并非在三年前提升的国子监祭酒任上。

其四，基于以上原因，我们是否可以认为在清朝顺康时期（1644—1722）有两位章云鹭？章是在顺治四年（1647）中的进士，一直到康熙五十二年（1713）立此碑，先后经历了 66 年时间，假设中进士时他 20 岁，则此时他已 86 岁了，其落款上亦无"致仕"字样，不可理解，待大方解决。

丫髻山工部献灯老会碑

解题：

清代康熙五十二年（1713）四月。碑方首抹角失座。联首通高94厘米，宽38.5厘米，厚11厘米。青石质。碑首浅浮雕云纹。额题"工部献灯老会"，年款"康熙五十二年四月吉旦"。碑文14行，满行26字，楷书。陆遐昌书。碑破损为四块。现位于丫髻山。

录文：

圣上御极之五十二年，恭逢⌐ 万寿圣[节]，花甲[裕]周，特⌐ □[五]岳四渎，遣官致祭。于是轩车四出，名山大川百神莫不用享，而⌐ 一时兆姓咸□⌐ □崇敬之□□相与扶老携幼，焚香捧帛，各奉其地之神祇，虔⌐ 诚□□ □□一方之土穀蕃盛，户口安宁，协阴阳而调风雨。维神⌐ □□[圣]□ 人能敬神，神固未有不应者也。怀柔县丫髻山，向奉⌐ [天]仙圣母，建立祠宇。相传为东岳行宫，威灵显赫，足以庇佑生民。⌐ 香[火]绵□逾数百年。时当春季，四方之进香者云集响应，不远⌐ 千里。会首张景茂等，约仝善信，醵分若干，每□一至，至则敬书⌐ 一匾，载姓名于后，以是为[常]。今景茂虑其木质易腐，思欲勒石，⌐ 以垂不朽。议之于众，众议曰可。遂列会中[姓]氏于左，为众善劝。⌐

赐进士出身、通议大夫、工部都水司郎中加四级陆遐昌敬书┘

康熙五十二年四月吉旦

注释：（略）

按语：

　　康熙五十二年（1713）这一年，正好是清圣祖爱新觉罗·玄烨六旬万寿节日，书丹人"赐进士出身、通议大夫、工部都水司郎中加四级陆遐昌"，正好也参与了康熙《万寿盛典初集》的编绘工作。在《钦定四库全书·万寿盛典初集》卷四十六"庆祝二图记四"中记有"工部都水清吏司郎中臣陆遐昌"的落款，官职爵位没有什么变化，实际就是同一年的事儿。

　　陆遐昌，南通州人。康熙二十一年（1682）壬戌科第三甲第 103 名进士。

　　三百年前镌刻的这块碑刻，非常现代化。字体很接近书法的赵体字，排版很像宋体字，在用字上选用了不少"简体字"和异体字。比如，焚香之"炑"，繁盛之"蕃"，"嚮"奉天仙圣母之"向"，东"嶽"行宫之"岳"，逾"數"百年之"数"，张景"茂"等之"仒"，约"同"善信之"仝"等。由于书丹者或许追求一种唯美风格，或许有一定行书的倾向，故此所说"简化字"应是一种行草体的结构而已。

丫髻山行宫碑

解题：

　　清代康熙五十三年（1714）四月。碑螭首龟趺。通高347厘米，宽96厘米，厚31厘米。汉白玉质。碑阳、阴边框及两侧均浮雕戏珠龙纹。额题"恩光普照"，首题"丫髻山行宫碑文"，年款"大清康熙岁次甲午孟夏榖旦"。碑文20行，满行60字。皇三子诚亲王胤祉奉敕书，朱圭镌刻。现位于丫髻山万寿碑亭内。

录文：

丫髻山行宫碑文↲

盖自<u>两仪甫判</u>，坤德上配乾元，<u>五岳肇封</u>。岱宗尊居震位，兖东作镇，夙举明湮，畿辅效灵，别崇祀典。↲ 圣世怀柔之有道，↲ 明神显赫以呈祥。钦惟我↲ 皇帝陛下<u>仁周六合，道格三灵</u>，耕织日廑，于↲ 宸衷雨旸时，关于↲ 圣虑，遂使丰穰屡奏，甘澍应时，屡施赈粟之仁，频下蠲租之↲ 诏。黄童白叟，同击壤于康衢；属国遐陬，共献琛于辇毂。既<u>岠嵝乎↲ 覆载</u>，思报答乎涓埃。每当↲ 万寿嘉辰，遂合舆情颂祷。维兹丫髻胜地，实为↲ 泰岱行宫，值三月之艳阳，祝万年之纯嘏。条风披拂，淑气回旋，花馥郁以凝香，草菁葱而散碧；翔鸾窈窕，绣盖缤纷，舞凤婀娟，朱旗缭绕。爇沉檀于宝鼎，簇萧↲ 鼓于鹓行。爰至山隈，乃经信宿。维时良宵未艾，夜景乍明，焕发祥光，宣昭上瑞。岩开丽照，树灿琪花，初的烁以疑星，继荧煌而似月；彩映北辰之座，辉联┘南极之精。较之烈山纪瑞、王屋兆符；迈炎德以加隆，卜姬年而逾永。信神明之昭格，知┘盛世之休征。迨及曙色将分，晨熹候启，玲珑贝阙，旭日升自林端；暧暧珠宫，彤云翔于天际；共伸封祝，咸效嵩呼，灵豫神嬉，降祥锡庆。晴岚缥缈，甘露宵滋。┘佳气郁葱，醴泉地涌，群灵协而共祐，百福萃而来同，合亿兆之欢心。愿┘一人之有庆，每十年而申祝，历万祀以加虔。愧摛藻之未工，敬勒石以纪瑞。颂曰：┘天亶圣神，乘乾御宇，道配清宁，化隆三五。八表同仁，九畴时叙；川岳贡珍，灵祇锡祜。惟此双峰，耸秀畿东；泰岱是副，祀典兼崇。舆情祝┘圣，┘帝座聿通；神觊昭明，煜熵瞳眈。绀殿琼楼，辉煌景灿；掩映列星，昭回云汉。璧合珠连，晶莹绚烂；瑞拟荣光，庆逾复旦。休祥众睹，纯嘏方昌；┘圣寿悠久，天地无疆。仁风翔洽，化日舒长；愿登舆颂，永播宫商。┘
大清康熙岁次甲午孟夏毂旦，<u>皇三子诚亲王胤祉奉敕书</u>，<u>鸿胪寺序班加二级</u><u>臣朱圭恭镌</u>

注释：

两仪甫判：按道教说法，太极生两仪，两仪生四象。地球在未形成之前混沌若鸡子，天地生成就是阴阳分开，此"阴阳"即"两仪"。甫判，刚刚分开。

五岳肇封："五岳"是指中国古代的五座大山，即中岳嵩山、东岳泰山、西岳华山、北岳恒山、南岳衡山。"肇封"是指帝王诸侯们开始封禅。

仁周六合，道格三灵：此句的意思是当今皇上（爱新觉罗·玄烨）恩德遍布天下海内。"六合"，天地与东南西北为"六合"。"三灵"在古代就有好几种说法：1. 日、月、星；2. 天、地、人；3. 天神、地祇、人鬼；4. 灵台、灵囿、灵沼；5. 道教称"三魂"为"三灵"。此处应以"天、地、人"为是。

骈幪乎覆载：形容皇恩浩荡遍及天下之意。"骈幪"是形容"覆载"的程度、样子，"骈幪"像帐幔、帐幕一样覆盖，析言之则"骈"是延伸覆盖，"幪"是上下覆盖。

纯嘏：犹如说"大福"。

烈山纪瑞、王屋兆符：神农氏别号"烈山"，史称"烈山氏"或"厉山氏"。他和他的儿子"柱"教人民种百谷与百蔬，所以说是神农氏给人们带来的福瑞。王屋山在今河南省济源市，为道教十大洞天之首，阳台宫供奉着三清神与玉皇大帝，十方院（上访院）中有王子晋祠、浮丘公祠、李公祠等，另有轩辕殿、三清殿、王母殿、玉皇殿、王母洞等古迹名胜。供奉这些神仙百姓可以获福。"烈山"与"王屋"，一个现实，一个寄托，两个都是人们赖以生存的"食粮"。

皇三子诚亲王胤祉：全名爱新觉罗·胤祉（1677—1732），清圣祖康熙皇帝爱新觉罗·玄烨第三子，清世宗雍正皇帝爱新觉罗·胤禛的异母兄，生母荣妃马佳氏。康熙三十七年（1698）三月封诚郡王，翌年九月降贝勒，四十八年（1709）晋封为和硕诚亲王。雍正即位后，令其改名为允祉，复夺其爵，幽禁于景山永安亭，直至病逝，以郡王例安葬。乾隆二年（1737），高宗皇帝为其追谥，复王爵。

鸿胪寺序班：鸿胪寺，明清两代掌管朝会、筵席、祭祀赞相礼仪的机构。明洪武三十年（1397）改原殿庭仪礼司设鸿胪寺，为正四品衙门。下设卿1人，左右少卿各1人。下设主簿厅，主簿1人。其属司仪、司宾二署，各署丞1人、鸣赞4人、序班50人，序班典侍班、齐班纠仪及传赞。清乾隆十四年（1749），以礼部满尚书兼管理大臣，下设满汉卿2人，鸣赞满14人、汉2人，学习鸣赞4人、汉序班4人、学习序班8人等。可见序班在鸿胪寺算是比较低层的官职了。

朱圭：字上如，吴郡专诸巷人。善绘事，工雕刻。选入养心殿供事，凡大内字画皆出其手。后以效力授为鸿胪寺序班。康熙三十五年（1696）圣祖撰、焦秉贞绘《耕织图》为其与梅裕凤所刻，五十二年（1713）王原祁、宋骏业画《万寿盛典图》亦为其所刻，可见朱圭的绘画与雕刻技术。

按语：

首先应该申明的一点是，此丫髻山行宫，虽曰"行宫"，但不意味着它是一座明或清代专为皇帝而建的"行宫"。正像碑文中所说的那样"维兹丫髻胜地,实为泰岱行宫"。丫髻山作为碧霞元君的道场,相对于其发祥地泰山来讲,仅仅是一座行宫而已。以往老百姓可能会误认它是皇帝的行宫。

该碑的书丹人"皇三子诚亲王胤祉",可不是一般的皇子,是个才子,身后有大量的作品行世。虽然他落款时非常谦虚地说是"奉敕书",估计他也应该是主要的碑文作者。或许皇父康熙皇帝对此文提出过什么要求,或许还编了几句词儿之类的,所以三皇子就不敢贸然签上自己的名字了,索性来了个"奉敕书",谁也不得罪,谁也搞不清了。

乾隆时期,曾对行宫再加修缮,并赐写联额。《日下旧闻考》卷一百三十九《京畿·怀柔县》中臣等谨按:"丫髻山东四里建行宫一所。正殿恭悬皇上御书额曰'岩苍树古'。西室联曰:'天地为炉,游心物以外;诗书敦好,尚论古之人。'卷房额曰'韵松轩'。联曰:'端居向林薮,圣赏在烟霞。'佛室联曰:'琉璃光净遍空界,薝葡花开霏妙香。'后室联曰:'岚影交窗翠,松荫入座浓。'亭额曰'山意足'。皆御书。"

碑文辞藻华丽,溢美歌颂之文,四六骈文之句,贯穿始终。即便是到了篇末,附加四字长铭,说起来还真是没有太大的实际意义。

"鸿胪寺序班加二级臣朱圭恭镌",一位大臣亲自执笔绘画、书写,在古代是常见的事了。但是能亲自操刀镌刻碑版,却是比较少见的。我们所知北京孔庙康熙御制训饬士子文卧碑,亦系朱圭所镌刻。即便是"履园主人"钱咏,其所为"摹刻",亦止于"摹勒"而已,未必全部自己镌刻。

丫髻山玉皇阁碑

解题：

　　清代康熙五十四年（1715）四月。碑螭首方趺。联首座通高 330 厘米，宽 100 厘米，厚 36 厘米。青石质。碑阴、阳边框及两侧均浮雕龙纹。碑阳额篆"御制同归"，首题"丫髻山玉皇阁碑记"，年款"康熙五十四年四月十八日"。碑文 12 行，满行 43 字。清圣祖爱新觉罗·玄烨撰文、书丹，朱圭勒石、篆额，哲库纳奉敕监造。碑阳骑年款钤盖"康熙御笔之宝"方印。现位于丫髻山两顶之间药王殿前。

录文：

（碑阳）

丫髻山玉皇阁碑记↵

距京师百里有山曰丫髻，隶怀柔县。两峰高矗，望之如髻，故得是名。自元明以来，号为近畿福地。因↵上有碧霞元君之祠，是以每岁孟夏，四方之民会此祈祷者，骈肩叠迹，不可胜计。古称积高之区，神↵明所舍，况兹山北倚紫塞，南拱神京，冈峦回合，蜿蜒磅礴，而钟秀于是，则其神气之感，数有灵应，理↵固然也。康熙五十二年，值朕六旬诞期，诸臣民就兹山瞻礼，为朕祝禧，因共建玉皇阁以祈延寿。经↵始于癸巳三月十八日，落成于甲午三月十八日，而请记其事。朕御极五十余年，夙夜孜孜，惟体↵上帝仁爱斯民之心，以抚绥天下。幸四海清晏、年谷顺成，朕与天下臣民得同享太平之福者，皆┛上帝之眷祐也。朕之祗承于┛上帝者，唯在天下臣民之永安；而天下臣民之祝愿于┛上帝者，惟在朕躬之永年。然则兹阁之建，即┛上帝之<u>陟降监观</u>于是乎在矣！爰立<u>贞珉</u>，载其始末，以传永久云。┛

康熙五十四年四月十八日

（碑阴左下角小字刻）

<u>御书处监造</u>兼骁骑校加一级臣哲库纳奉┛敕监造┛

鸿胪寺序班加二级臣朱圭奉┛敕勒石并篆额

注释：

积高之区，神明所舍：比较高的地方，指山，就是神仙所选中的地方。

紫塞：紫色的边塞，指京城北边长城。崔豹《古今注·都邑》："秦筑长城，土色皆紫，汉塞依然，故称紫塞焉。"

神京：神圣的京城，就是指北京。

陟降监观：为化用《诗经·周颂·敬之》之句，原作"陟降厥士，日监在兹"。意思是群臣不论如何上下活动，只在下面观看监视。碑文中的意思是，上帝是可以体察到的。

贞珉：良好的石材，指刻碑所用的石料。

御书处监造："监造"就是"监制"，监督制作，此应代指具体负责监制的人。御书处，清代内务府下属机构之一，原名文书馆。康熙二十九年（1690）改名"御书处"。主要负责摹刻、拓印皇帝御制诗文、法帖手迹等于木版、石刻之上，并制造墨拓等用品，下设刻字作、裱作、墨刻作、墨作。下有兼管、库掌、匠役等百余人。

按语：

此碑我们直接的理解就像《日下旧闻考》卷一百三十九《京畿·怀柔县》"臣等谨按"所说"玉皇阁前恭勒圣祖御制碑文"，系康熙皇帝御制，是皇帝亲自撰文的。通常所说某皇御制，不可轻易理解为即某皇撰文并书丹的，但此碑例外，因其在碑末钤印"康熙御笔之宝"。

此碑亦为朱圭勒石，且又篆额，可见朱圭在艺术史上的地位。一般只是把他作为镌板高手介绍，通过这两项说明他还是一位镌碑高手。

几乎所有道教寺观，尤其是那些祭祀神仙的庙祀，大多有玉皇阁，或有祭祀玉皇大帝的龛、阁、牌位之类的，示不忘本。因为玉皇大帝是天帝、上天的主宰。在中国古代神话传说中，玉皇大帝是诸神之领袖。他居于太微玉清宫，除要统领三界十方内外诸天神外，还要管理宇宙万物的兴隆衰败、吉凶祸福。总之，他不仅在人间，就是在天上也是至尊无上的大帝。其全称"昊天金阙无上至尊自然妙有弥罗至真玉皇上帝"，又称"玉皇大天尊""昊天通明宫玉皇大帝""玄穹高上玉皇大帝"，玉皇大天尊全号为"太上开天执符御历含真体道金阙云宫九穹历御万道无为通明大殿昊天金阙玉皇大天尊玄穹高上帝"，极简的称呼就是"玉帝"。

康熙皇帝的这段碑文是想告诉大家，神仙选择了那么高、那么美的地方，所以才会多次有灵应的。为了报答它的灵应，康熙五十二年（1713）时在山上建了玉皇阁，第二年落成，用了整一年时间。康熙五十四年（1715）撰文立碑。

福善圣会朝山碑

解题：

清代康熙五十五年（1716）六月。碑螭首。首身高 228 厘米，宽 82 厘米，厚 22 厘米。青石质。边框饰浅浮雕龙纹。首题"福善圣会朝山碑记"。年款"龙飞康熙伍拾伍年季春吉旦"。碑文 17 行，满行 67 字，楷书。碑左侧刻"京都顺天府大宛二县崇文门内单牌楼各坊巷人等同立"。碑阴纹饰同碑阳，碑文记录善男信女的姓氏。碑首、碑身断裂、残缺，后经修补。现存早年拓片，文字完整。现位于丫髻山碑厂子。

录文：

（碑阳）

福善圣会朝山碑记↲

窃闻神道之说自古有之，盖本乎天道之不测而为言耳。至后世乃多为设其名号色相，而正直之士遂谓以为可废，意必谓其煽动人心而无所裨于君 道↲ 也。呜呼！果无所裨于君道乎哉？夫上世之民君与鬼神参治焉，迨有虞氏兴，命厥重黎，绝地通天。三代盛时，殄灭淫祀，其率欲以治道德一，而风俗同，帝王之↲ 功，盖以君道独昭千古矣！然而有所谓神道设教者，诚见夫天地之大，不无奸宄之徒，其赋性□张矫虔虽日操三尺以绳之势不能辄改。惟豫惕之以天道，↲ 福善祸淫，而阴夺其坚僻，庶有以济君道之穷也。秦汉以还，佛老之教流行中国，日以益炽延及，今兹广建庙宇，有现在法像之色焉，有诸般称号之名焉，有⏎锻炼人魂魄之地狱变相焉。其为说无稽，宜吾儒目以怪诞而不之信。然揆其所以垂世立教，无非欲人洁己于当前，畏罪于身后，而坚夫向善之思。其亦□⏎于神道设教之遗意乎！即如所称⏎圣母者，余为门外汉，固不能悉其本来面目为何如，弟闻其姊妹九人各有所主，皆怀悲悯恺切，欲使大千世界俱臻寿域而无夭折废疾之患。遵其教者，□□⏎像之塑之，崇其殿宇以奉之。又有冥君各司而东西以列之，使人瞻望悚然动其心志，故愚夫悍卒，即极猛鸷顽犷王钺有所不畏、父兄师长有所不□□，⏎甫入庙垣，不觉愧怖之。何以生而匪念为之顿消者？则凡名号色相之设果其可废欤？抑亦为不必废欤？在圣人复起自别有所设施于其间而已。庸□□□⏎料。然自三代以后，人心之不流为魑魅者，未必非此等之名号色相有以默为之持也。抑余又闻于众矣，⏎母之声灵随处赫耀，而其近于京者惟丫髻山为尤著，周围数百里其来朝者奕奕。苟在中途有视听言动之邻于非礼也，必即加谴责，以示惩或为拘拏其手足⏎焉，或令自陈其暧昧焉。种种灵显，难以枚举。视大四勿之戒、五辟之刑，不犹倍凛也耶！是以朝山之众，尔时之洗心涤虑，卓然有以自立，虽圣贤兢惕之学，亦⏎不是过。倘世间士女随在作如是观，则必能谨其行，习闲其性情，服其恒业，行见天下皆良民，又何世风之不古！若而必欲废此等之名号色相，谓竟无所裨⏎于君道也哉！枚等每年于季春自京朝山，兹欲立碑，以志不朽。请文于余，余不揣固陋，聊抒管窥而为之记云。⏎

□□□□□□□□篆，越水弟子陈元璋盥手敬书⏎

龙飞康熙伍拾伍年季春吉旦公立

（碑阴：略）

注释：

虞氏兴，命厥重黎，绝地通天：语出《尚书·吕刑》，发生在上古"尧舜"时期的一个历史事件。原文："乃命重、黎，绝地天通，罔有降格。""重"即"羲"，"黎"即"和"，是两位掌管四时的官。尧命令羲、和二官，使人神不相扰，各得其序，这就是所谓的"绝地天通"。

殄灭淫祀：碑文追述夏商周三代对于不该祭祀的鬼神一定要废除掉的历史。因为当时有"尊王攘夷"之说，有"华夷之辨"，主张华夏正朔，故亦波及祭祀。

矫虔：巧夺他人之物为己有之意。语亦出《尚书·吕刑》，原文作"罔不寇贼，鸱义奸宄，夺攘矫虔"。矫，诈称，假托；虔，恭敬。诈称上命以取他人之财产。

视听言动之邻于非礼也：是指在行走途中遇到的那些不道德的事儿、不道德之人的无礼行为。《论语·颜渊》颜渊问仁。子曰："非礼勿视，非礼勿听，非礼勿言，非礼勿动。"

四勿之戒：此即指上条孔子所说的"非礼勿视，非礼勿听，非礼勿言，非礼勿动"。后来的乾隆皇帝高寿，得益于他的养生四十二字诀，即所谓"十常""四勿"。具体是：齿常叩、津常咽、耳常弹、鼻常揉、睛常转、面常搓、足常摩、腹常旋、肢常伸、肛常提、食勿言、卧勿语、饮勿醉、色勿迷。

五辟之刑：《尚书·吕刑》列"墨、劓、刵、刖、宫、大辟"为五辟之刑。这五种都属于"肉刑"，"辟"字即有"劈肉"之意，故曰。

按语：

开篇谈到了关于神道设教的理论，在撰文人的笔下，上古时期人们处于比较落后的状态，对于天道不甚了解才设为神道的，"至后世乃多为设其名号色相"，是后人多事，又编造出来好多说法。以至于"正直之士遂谓以为可废，意必谓其煽动人心而无所裨于君道也"。对于这种片面的说法他是不认同的。接着，他又从古到今论证了神道设教名号色相的必要性，人有劣质的本性，设了各种法规都不管用，所以有时以"神""佛"从心理上进行规劝教育。"无非欲人洁己于当前，畏罪于身后，而坚夫向善之思"这句话，就是放在今天也不为过。

文中谈及"圣母",没去考证,又说起"九娘娘",她们各有所能、各有所主,"即如所称圣母者,余为门外汉,固不能悉其本来面目为何如,弟闻其姊妹九人各有所主,皆怀悲悯恺切,欲使大千世界俱臻寿域而无夭折废疾之患"。与佛教相同,越来越接地气地"劝善""解厄"。最初有佛,后来有了菩萨;最初菩萨是男士,后来成了女相;最初是一佛,后来是十万八千佛。来丫髻山"落户"的泰山圣母娘娘碧霞元君,人们在慢慢接受她的同时,"娘娘"又衍生了九个"娘娘",各种病都能治,各种灾都能除。

此碑的撰文人没有正式落款,但在行文中曾说"枚等每年于季春自京朝山,兹欲立碑,以志不朽。请文于余,余不揣固陋,聊抒管窥而为之记云"。从该碑的立碑时间"康熙伍拾伍年"(1716)来讲,显然不太可能是乾隆间的"随园主人"文学家、美食家钱塘袁枚。因为他这一年才出生。愚以为可能是康雍乾时期的宫廷画师冷枚(1660—1742),字吉臣,号金门画史,胶州人,焦秉贞弟子。前文在注释"朱圭"时提到,康熙三十五年(1696)圣祖撰、焦秉贞绘《耕织图》为朱圭与梅裕凤所镌刻。他们都是同一时期之人。这一年由其师焦秉贞引荐入宫,"秉贞奉敕绘《耕织图》,枚复助之"。康熙五十二年(1713)前后,以他为首的十四位著名宫廷画家合作创作了圣祖六旬《万寿图》。之前不久他还创作了《避暑山庄图》。再过三年,就是立此碑的时间,他又说"自京朝山",可见确系京官。头一年皇帝还亲为丫髻山玉皇阁撰写碑文,他奉皇命或步皇帝后尘,朝山进香立碑,是情理之中事。

文中有"其赋性☐张矫虔虽日操三尺以绳之势不能辄改",可以理解为那些奸宄之徒,赋性乖张,就是你天天准备抓他绳之以法,也改不了他的本性。古有所谓"三尺之律,四尺之绳"的说法,是一种形容而已。

二顶放堂老会碑

解题：

　　清代康熙五十六年（1717）四月。现存拓片拼接而成，碑文内容完整。拓片残长 138 厘米，宽 72 厘米。边框饰缠枝牡丹。首题"二顶放堂老会碑记"，年款"康熙岁次丁酉孟夏（四月）朔日毂旦"。碑文 16 行，满行 38 字，楷书。碑实物残损数块，已修缮。现位于丫髻山碑厂子。

录文：

二顶放堂老会碑记┛

圣母得道髫年成真，凤禀乾坤之正气，冲幼识彻，入仙入道，实分星斗之光芒；至圣至灵，广大包罗┛ 于宇宙。曰仁曰德，普济众生之橐龠；彰善瘅恶，慎用六柄。┛ 元君威灵孔赫，不可诬也。昔┛ 圣母得道于泰山，仙趾降临以丫髻。夫是山也，高有千寻，广有亿丈。而最奇特者，地搜胜概，物无遁┛ 形。欣欣有向荣之木，涓涓有纳流之泉。仰而曰山，俯而曰水，自西自东，以及南北，接应不暇者。┛ 此则丫髻山之大观也。双峰矗立，由天之显瑞；┛ 六龙驾幸，自地脉之增灵。山树为盖，岩石为屏，朝散彩霞，暮凝紫气。春夏秋冬，佳气郁葱。猗欤休哉！┛ 不可殚述也。是以有求必应，有祷必灵，故四方老少男女贤愚，莫不奔驰捧香顶烛络绎不绝，┛ 解衣散钱自朝及暮。由国运之富厚、民无疵疠、岁有丰登、鼓腹歌乐、手足宽闲，乃尧舜之仁风。┛ 因此京中崇文门内、单牌楼、皇城内外、定府大街等处放堂老会历有年矣，每逢四月朔日朝⌐谒　金容，进□名香。冠袍带履，香信等仪，<u>表众芹诚</u>，假兹片善，立石在山，上铭：⌐圣母恩光普照，尤祝⌐当今皇帝睿算绵长，四海升平，歌雍熙于万祀；八纮宁谧，书大有于无疆。同乐太平盛化，咸欣治世⌐长春，以祈各门获庆，长稚均安，商贾起居，贸易兴隆。属□作文，直述其事，叙以志其万一云尔。⌐

康熙岁次丁酉孟夏朔日<u>毂旦</u>

注释：

放堂：在庙寺中普遍地布施僧众。旧时施主在寺庙中普遍布施僧众，以期消灾得福，谓之"放堂"。

橐龠：古代生活工具之一，即鼓风吹火用的工具。橐，原指以牛皮制作的风袋；龠，原指吹口管乐器，这里借喻为橐的输风管。空气通过输风管可以进入熔炼炉中。橐是最早的助火工具，战国时期就有了。

六柄：意思是古代统治者所掌握的生、杀、贵、贱、贫、富六种权力。

表众芹诚：皆以表达大家的诚心诚意。芹诚，对人谦称所赠东西不好，亦称"献芹"；"芹"，古代指香芹、水芹一类蔬菜，是一种微薄的礼物，故曰"礼物虽轻，以表芹意"。

按语：

"圣母得道髫年成真，夙禀乾坤之正气，冲幼识彻，入仙入道，实分星斗之光芒。"实际这是圣母成道又一种说法，"髫年成真""冲幼识彻，入仙入道"，都说明圣母定非林督检之女，亦非泰山府君之妻，而是一位幼年得道的女童。

"夫是山也，高有千寻，广有亿丈。而最奇特者，地搜胜概，物无遁形。欣欣有向荣之木，涓涓有纳流之泉。仰而曰山，俯而曰水，自西自东，以及南北，接应不暇者。此则丫髻山之大观也。"短短70字的形容也好，说明也罢，甚至都不知撰文者为谁，但可以说这个作者真是敢说、敢概括！丫髻山在今天看来，最高不过 200 米，最宽不过 5000 米，但是这里说到高千寻、广亿丈，"寻"是八尺，"丈"为十尺，我们只能理解它是一种形容而已。另外"涓涓有纳流之泉""俯而曰水"，也不太实际。可以理解，作者怀着一种对圣母的崇敬心情，拈笔疾书，想到哪儿就写到哪儿，旨在烘托一个"伟大"。其实很多佛教方面的碑刻也容易犯这个"毛病"，诸如说永宁寺塔高 150 丈，某某高僧大德生前度人若干亿，等等。

文章极有文采，绝非一个普通信众所为，从前面《福善圣会朝山碑记》未明确作者，仅有一"枚"的自称来看，此作者亦应为朝廷命官之类。故有"属□作文，直述其事"之记，恐怕是有所顾忌。尤其是最后一段铭文："圣母恩光普照，尤祝当今皇帝睿算绵长，四海升平，歌雍熙于万祀；八纮宁谧，书大有于无疆。同乐太平盛化，咸欣治世长春，以祈各门获庆，长稚均安，商贾起居，贸易兴隆。"没有一定的身份的人是不会说出这么超有水平的话来的。

永远胜会碑

解题：

　　清代康熙六十年（1721）四月。碑已佚，仅存拓片，拓片残长 108 厘米，宽 75 厘米。边框饰缠枝花纹。首题"永远胜会碑记"，年款"康熙陆拾年岁次辛丑孟夏吉旦"。碑文 16 行，满行 36 字。

录文：

永远胜会碑记⏌

夫谓神物之不灵，神物固灵也。然不灵于山水之奇胜，而灵于人心之趋向。盖趋向所☐，⏌是故蓍龟杇器也，而求其吉☐，吉凶辄告焉，而况于人而为神者乎？而况于人而为神若⏌圣母者乎？今迹其出处，其得道也，由泰岱之嶔崎；其行道也，取丫髻之耸特于此而有感必应。⏌虽非山水之秀奇湍激为之，而或亦⏌圣母之灵所藉以显，未可知也。嗟嗟！惟其灵之显而世人之趋而向之者日益甚矣。虽然⏌圣母以道而圣者也，以道而圣即以道而神，亦以道而显，如不其然，而乌乎圣、乌乎神、乌乎显？⏌道者何？伦理是也。然则人心之趋向，亦趋向乎道而已矣。顾余窃见世之趋而向之者，☐⏌之胜事，不可不缘之以畅所欲为，纵有诚且敬，亦或暂尔。若叩其平日之伦理，抑有难言⏌圣母之灵，岂不早已默悉！而祇以含弘广大之量处之，未尝于趋而向之者屑屑焉。是则真⏌圣母之灵也。夫兹有朝阳关外、东直门内、北新桥等处众善诚起丫髻山永远胜会，余固不识，⌐ 如而其诚且敬，必非暂尔者。比欲每年循例上山朝谒⌐ <u>金容</u>，且恐年远无稽，特立石于山，以志⌐ 圣母之灵，以祝⌐ 皇图之固。亦盛举也，爰据实直书以著之。至夫山水之奇胜，与会上之大概，正无事多赘矣。是⌐ 康熙陆拾年岁次辛丑孟夏吉旦立。

注释：

蓍龟：蓍与龟是古代两种占卜工具，蓍草与龟壳（大多为腹甲，亦有用背甲者）。古人以蓍草与龟甲来占卜吉凶。

嵚崎：双声联绵词。嵚，山势高峻的样子。两字表意相同。

金容：尊称圣母的仪容，犹如说"尊容""懿容"之类的，此词专指女神的容颜。

按语：

"夫谓神物之不灵，神物固灵也。然不灵于山水之奇胜，而灵于人心之趋向。"在"神"神不神的问题上，撰文人谈到了神与精神的关系问题，他认为"灵"与"不灵"在于人们的趋向，通俗的话说就是大家信还是不信。当人们越来越信她的时候，她也就越来越显其灵了，"惟其灵之显而世人之趋而向之者日益甚矣"，所以这是一个良性循环。

丫髻山进香碑

解题：

清代雍正元年（1723）三月。碑螭首方趺。通高342厘米，宽100厘米，厚36厘米。汉白玉质。碑阴、阳边框、两侧浮雕龙纹。首题"丫髻山进香碑文"，年款"雍正元年岁在癸卯三月初一日"。碑文18行，满行43字，楷书。王图炳书丹。现位于丫髻山御碑亭内。

录文：

丫髻山进香碑文↲

盖闻圣人有不能忘之盛德，臣民抱迫欲尽之<u>愚忱</u>，非勉而然也，<u>盖其深恩厚泽沦浃乎肝腑髓液之间</u>，↲斯以历万年如一日，合亿兆同一心，所谓盛德至善，民不能忘者，皆发于至诚而动于不容自已也。我↲圣祖仁皇帝，德周万汇，道协三灵，制作超迈乎前王，典章垂宪于万世。遐荒绝域服声教者，六十余年；海滋山陬↲沐膏泽者，几千百国。自维<u>蓻殻诸臣</u>，蒙恩最重；宫闱近侍，荷眷尤深。欲输犬马之忱，图效涓埃之报。爰于↲康熙五十二年三月初一日，虔修香疏，肃整旗幡，前诣丫髻山进香，同词致祷，交口陈忱。且请以每十年↲进香一次。蒙↲圣祖御制碑文，详记其事。乃圣不自圣，惟祗承↲上帝以祈天下人民之永安；仰瞻↲天语，蔼若和风，炳如皎日。今期届十年，恭惟↲皇帝陛下，嗣承大统，继志述事，率由旧章。天下人民，其永安矣。况↲圣祖<u>灵爽式凭</u>，↲上帝眷佑长注，申锡无疆。诚足以上慰↲圣祖在天之灵，臣民于雍正元年三月初一日仍趋叩山前，共毕前愿。实出自效之愚忱，敢云报高深之盛德！庶⏋几⏋天鉴不远，⏋陟降于昭，臣民曷胜瞻仰激切！愧缀语之未工，敬质言以纪事。⏋

雍正元年岁在癸卯三月初一日敬立，国子监祭酒臣王图炳恭写

注释：

愚忱：谦辞，对上谦虚性地表示自己的诚恳之意。忱，诚恳，真诚。

深恩厚泽沦浃乎肝腑髓液之间：形容神仙（圣母）给予我们的恩泽、好处等已经完全深入了人心，意思是人们全都无比感激地心领了。沦浃乎，完全渗透到；肝腑髓液，形容人的五脏六腑血脉。

辇毂诸臣：指在京的各位大臣，皇帝身边的大臣们。辇毂，皇帝的车驾，说到皇帝不敢指称，所以以"辇毂"借代皇帝。

灵爽式凭：此四字为祝神常用语，碑文中是针对已故去的康熙皇帝而说的。意思是神灵高兴、痛快了，康熙的灵魂也能有所依靠。

王图炳：王图炳（1668—1743），字澄川，号麟照、慎悔道人，江南华亭人，康熙朝大学士王顼龄之子。康熙三十八年（1699）中举，补内阁中书舍人。五十一年壬辰科（1712）进士，选庶吉士，授编修，官至礼部侍郎。雍正元年（1723）任国子监祭酒。

按语：

文中多用"忱"字，如"愚忱"（出现两次）、"犬马之忱""交口陈忱"，说明撰文人小心谨慎、毕恭毕敬，虽然没有直接落款撰文人，只有"国子监祭酒臣王图炳恭写"字，但可以肯定撰文书丹为同一人——王图炳。因为撰写碑文这一年——雍正元年（1723），他的才力得到了新即位世宗皇帝的认可。这一年王图炳被任命为国子监祭酒。王向来对社会上年幼出家、女性出家、私度和尚、僧人招徒等现象不满，于是他从儒家士大夫的立场出发，上奏朝廷，请求皇帝严格管理僧尼的剃度。奏折名称为"为请严僧、

道、女尼披剃冗滥之禁，以清奸宄、以正风俗事"。这篇碑文是写道教的内容，毕竟王代表儒家正朔，毕竟是要迎合皇帝，毕竟这文章还是得要写！于是他就可以写得空泛一点儿，写得脱离实际一点儿，可能从他本身来讲，对于佛、道之类的他并不崇拜，但毕竟是皇帝的差使，写出来落了一个中性、含糊的"款儿"——"恭写"，其中可能透露出些许的主观不认同吧！

报恩源留放堂老会碑

解题：

　　清代乾隆七年（1742）四月。碑方首抹角无座，额周浅雕云纹。碑已佚，仅存拓片，拓片长 190 厘米，宽 67 厘米。边框饰缠枝纹。额题"圣母垂恩"，上款"京都皇城东安门内小南城众善诚起"，下款"岁在乾隆壬戌年四月初一日敬立"，居中榜书"报恩源留放堂老会"。

录文：

京都皇城东安门内小南城众善诚起⏎
报恩源留放堂老会⏎
岁在乾隆壬戌年四月初一日敬立⏎

注释：（略）

按语：（略）

如意攒香供献鲜花寿桃胜会碑

解题：

　　清代乾隆十年（1745）四月。碑已佚，仅存拓片，拓片残长 138 厘米，宽 73 厘米。边框饰缠枝莲。首题"如意攒香供献鲜花寿桃胜会碑记"，年款"大清乾隆十年四月吉旦"。碑文 15 行，满行 30 字。固山贝子弘景撰文并书丹，史鹏立石。

录文：

如意攒香供献鲜花寿桃胜会碑记⏌

伏惟⏌圣慈广被，远近倾颂祷之诚；⏌仙灵独尊，智愚输洁雯之念。盖施报不爽，斯幽明可通。兹有⏌丫髻名山，爰成⏌天仙胜地。碧霞遥接，既声振乎神州；紫雾常联，复名重于直省。烟飘峰顶，曾瞻⏌宝舆；华盖来临，灯引路前。更睹马萧车辚频骤，士农工贾，每及时而修虔诚；⏌公卿大夫，亦逐年而酬志愿。以故民安物阜，既灾祲之不兴；岁稔时和，更⏌保护之实验。弘景偕福金伊尔根觉罗氏及会首善信人等，世受冥⏌福，永享鸿庥，愧答报之未能，聊微忱之用展。名取如意，号为攒香，鲜花不⏌啻散飞雨之台，寿桃俨似结瑶池之畔。年以为例，岁修其常。庶几书碑铭⏌而永存，寻规模而罔怠。⏌

固山贝子弘景撰文并书⏌

大清乾隆十年四月吉旦⏌

会首护卫史鹏

注释：

灾裖：灾异、灾难、天灾、异象（不吉利的自然现象）。

岁稔时和：丰收年景、风调雨顺的时节。

弘景：弘景（1703—1777），爱新觉罗·胤祉第七子，生母为笔帖式敦达礼之女侧福晋田佳氏。《丫髻山行宫碑文》的作者就是胤祉，他是康熙皇帝第三子。固山贝子是弘景的封爵，即后来的"贝勒"，为清朝宗室封爵的第四级，位置低于多罗贝勒，高于奉恩将军。

福金：即福晋，满语，意译为"夫人"，满人及清代皇室宗亲贵族之妻封号。

伊尔根觉罗氏：满族八大姓之一，又作宜尔根觉罗氏、民觉罗氏、伊尔根氏。满语意为"民"。又有瓦尔喀伊尔根觉罗氏、叶赫伊尔根觉罗氏、乌喇伊尔根觉罗氏、建州伊尔根觉罗氏、长白山伊尔根觉罗氏等分支。

按语：

"仙灵独尊，智愚输洁雯之念"，原碑如此，"雯"疑为"虔"字之讹。神仙高高在上受人们的膜拜，凡人中不论是聪明的还是愚拙的都要从心底里抒发出虔诚洁净的敬意。雯，作为带有花纹的云彩之意，无法融入"洁雯"这个词组。虔，表恭敬之心，于意较通顺。又，"雯""虔"，字形下部相同，上部容易搞混。

弘景是"固山贝子"，"弘景偕福金伊尔根觉罗氏"。按照清朝的规定，满人皇室亲王、郡王之妻方得称"福晋（福金）"，贝勒、贝子、镇国公及以下世爵之妻，只能称"夫人"。然而此处固山贝子弘景称其妻为"福金（福晋）"，不知是"僭称"还是"通称""俗称""自美之称"呢？

如意掸尘净炉老会碑

解题：

　　清代乾隆十七年（1752）。碑已佚，仅存拓片，拓片残长88厘米，宽58厘米。边框饰缠枝莲纹。上款"京都顺天府大兴县朝阳关内众善信人等诚起丫髻山黄花顶沿途行宫等处"，下款"敬于大清乾隆岁次壬申年庚戌月吉日立"。拓片下部小字镌刻会首三达然、高士麟、曾起、王霖、七十八、戴保及本山住持张显才、王显信、傅显扬和善男信女姓氏等四列。镌石匠姓名漫漶。

录文：

京都顺天府大兴县朝阳关内众善信人等诚起⌐ 丫髻山、⌐ 黄花顶沿途行宫等处⌐

如意掸尘净炉老会（以上大字，后空数字接）会首⌐ 敬于⌐

大清乾隆岁次壬申年庚戌月吉日立

（以下小字人名略）

注释：（略）

按语：

　　此会名曰"掸尘净炉"，意思是居士们为庙宇做一些卫生等事，以示敬神灵。但实际最早的"掸尘"与此意则略有不同。南北朝佛教盛行时，有一个名词"尘沾影覆"，意思是信徒们如果在佛塔下承接了被掸下的尘土，或者自己能被塔影覆盖的话，那都是贴福上身的好事。

福善香茶斗香老会酬愿答报四恩碑

解题：

清代乾隆二十年（1755）四月。碑方首抹角方趺，内雕二龙戏珠、祥云图案。首身高 152 厘米，宽 62.5 厘米，厚 19 厘米。青石质。额题"万古流芳"，篆书。首题"景山南府灵官庙年例福善香茶斗香老会恭诣宝宫酬愿答报四恩碑铭"，年款"乾隆贰拾年岁次乙亥辛巳四月吉旦"。碑文 26 行，满行 43 字。碑阴首雕海水江崖祥云图案，额题"福缘善庆"。碑身镌刻 70 余信女的姓氏。碑左侧刻"京都皇城内景山西门灵官庙"，右侧刻"景山南府福善老会众善同立"。碑刻主要记录了香斗老会的发起地和众善姓氏 270 余人。现位于丫髻山碑厂子。

录文：

（碑阳）

<u>景山、南府、灵官庙</u>年例福善香茶斗香老会恭诣宝宫酬愿答报四恩碑铭⏎

盖闻乾坤覆载，化育万物；动植飞潜，莫不涵养人心。举念天地，皆知福因善积；祸⏎ 犹恶蓄，斯言实真铨妙谛也。兹因向有福善香茶之会，众善齐心，始终如一，实乃虔诚⏎ 老会者也。为此，景山南府举斯香斗圣会共勷为助。二会同心共成一举，年年进斗⏎ 朝山，永为善果，悠久绵长。众善姓氏列后：⏎ （小字人名略）

乾隆贰拾年岁次乙亥辛巳四月吉旦

注释:

　　景山、南府、灵官庙:这是三个地名,位置就在今故宫附近一带。景山,作为大内的镇山,在故宫北面。南府,在今南长街南口路西,乾隆时期移内中、和乐、内学等太监,习艺于南花园,隶内务府,因称南府,以别于西华门内的内务府,它与升平署是清代掌管宫廷戏曲演出活动的机构。灵官庙,主供之神为王灵官,本名王善,萨真人守坚弟子,后为道教主要护法神将,明代开始多地建有灵官庙。北京城内在崇文门、安定门及西长安街等处以前曾建有灵官庙。

按语:(略)

制造引路一山神灯序碑

解题：

清代乾隆二十四年（1759）六月。碑已佚，仅存拓片，拓片残长 107 厘米，宽 61 厘米。边框饰缠枝莲。首题"制造引路一山神灯序"，年款"乾隆二十四年岁次己卯季夏月之吉辰"。碑文 12 行，满行 28 字，楷书。王际康撰文并书丹，杨成麒镌字。

录文：

制造引路一山神灯序⌐

兹丫髻山盘道，夜设神灯接济往来。自都中德胜门内缘儿胡同信⌐ 士袁仕库同妻钱氏夫妇二人，捐募诚造金灯一百零八盏，设立⌐ 娘娘宝顶。恐其日久断续，既而又置山下地一顷七十五亩，每年收租银⌐ 三十五两，舍在山院，为修补灯烛人工之费。此非库一人之善念，乃⌐ 大众之功德也。固镌石以志不朽。重修弟子袁孝秀、⌐ 金陈氏。⌐

大真人府知事厅本山住持王显信、⌐ 张显才⌐

大真人府提点司傅显扬⌐

平谷县庠生王际康叙事并书⌐

大真人府掌事厅张一茂⌐

时⌐ 乾隆二十四年岁次己卯季夏月之吉辰，镌石人杨成麒

157

注释:

绦儿胡同:旧城中心钟鼓楼以北,在安定门与德胜门之间,东西走向。由于此胡同太长了,故将其分段三截,分别名为东绦儿胡同、中绦儿胡同和西绦儿胡同。

一顷:古代田亩的计量单位。大致有三种说法:1.1 顷 = 15 亩;2.1 顷 = 50 亩;3.1 顷 = 100 亩。依文中之意,应以第三种说法为是,不然就不会出一个 75 亩的零头了。

庠生:就是秀才,亦名乡贡进士,简称"庠生"。在上古,"庠""序"都是学校的名称,后来人们习惯多以"庠"字代表学校。在科举时代,府、州、县学生员即称"庠生"。

按语:

关于"绦儿胡同",在明代张爵《京师五城坊巷胡同集》既有"西绦儿胡同"的记载。也就是说至少在明末,"绦儿胡同"已被分割了,但是此通乾隆年所立的碑刻上为什么又囫囵提出"绦儿胡同"呢?

前面《丫髻山进香老会碑记》里有"大真人府赞教厅兼丫髻山住持李居祥"款,这里有"大真人府知事厅本山住持王显信、张显才""大真人府提点司傅显扬""大真人府掌事厅张一茂",可见康乾时期全国道教事物尚归江西大真人府管理,包括人员指派之类的。

"既而又置山下地一顷七十五亩,每年收租银三十五两",从一个侧面我们还了解了一下,在清乾隆年间,租佃行情:每亩地两钱银子。

寅洞里丫髻山护国天仙宫地基碑

解题：

　　清代乾隆二十九年（1764）四月。碑已佚，仅存拓片，拓片残长 106 厘米，宽 60 厘米。边框饰缠枝纹。首行"京都顺天府昌平州怀柔县寅洞里地方"，年款"大清乾隆甲申岁仲吕穀旦"。碑文 11 行，满行 28 字，楷书。曹观光撰书，李居祥、傅显扬等熏沐敬刊。

录文：

京都顺天府昌平州怀柔县寅洞里地方┘

丫髻山┘敕赐护国天仙宫地基四至：东至瓦堂寺，西至唐家峪，北至黄花顶，南至石门，┘四至分明。于┘康熙二十八年岁次己巳季春望日重修山门毕，本山十三代焚修住持┘李居祥等，恐久传无凭，故笔之于书以示后，弟使之闻之。至┘乾隆二十九年孟夏朔十日，十五代傅显扬等，恐其久而有差，故复勒碑┘刻铭，以传后世，庶几永垂不朽矣。┘

时┘大清乾隆甲申岁仲吕穀旦，李居祥等、傅显扬等熏沐敬刊，┘曹观光撰书

注释：

　　甲申岁：乾隆二十九年，1764 年。

仲吕：即仲吕月，农历夏四月。古代以六律六吕应一年十二个月，仲吕为第六律，相应的月份即四月。

按语：

关于"寅洞里"，似乎还挺复杂，后有碑文作"银洞里"，今天作"寅洞村"。按此碑文，乾隆时期属于"昌平州怀柔县"，"丫髻山"又属于"寅洞里"，前些年在密云区东邵渠村发现了两通明清时期有关"宏山寺"的碑刻。所以，此一"寅洞里"有三个名称：寅洞里、银洞里、寅洞村，有三个区属：平谷区、密云区、怀柔区。总之是历史在变，机构在变，名称在变，就是地点不变。

文中"康熙二十八年（1689）岁次己巳季春望日重修山门毕，本山十三代焚修住持李居祥等"，落款写"时大清乾隆甲申岁（二十九年，1764），仲吕毂旦，李居祥等、傅显扬等熏沐敬刊"，两个时间相差75年，即便是他5岁出道，15岁做住持，到乾隆二十九年也应该是90岁了，似乎不合时代特点。而且住持李居祥这个名字之前已出现若干次了，如：康熙三十五年（1696）《丫髻山进香碑记》、四十六年（1707）《丫髻山进香老会碑记》等，但都没有交代过他是第几代住持，这次特意点明了。所以此碑之所以在落款处出现"李居祥"，再加上碑文前部交代他是第十三代等，足以说明后来的管理者傅显扬等意在推崇前辈，讲明他的辈分，继承他的遗志，才又刻上他的大名。

纯善源溜老会碑

解题：

清代乾隆三十二年（1767）四月。碑方首抹角方趺。首身高 163 厘米，宽 76.5 厘米，厚 21 厘米。汉白玉质。首部浮雕云纹。额双钩题"万古流芳"，上款"大清国京都顺天府大兴县朝阳门外六里屯东口外张处自顺治八年诚起"，下款"大清乾隆叁拾二年四月吉日穀旦立"。碑阴首饰云纹，额题"圣母垂恩"。碑身镌刻善男信女石广智、石门刘氏等 260 余人的姓名，上下十一列。碑首残缺，碑身字迹漫漶。现位于丫髻山碑厂子。

录文：

（碑阳）
大清国京都顺天府大兴县朝阳门外六里屯东口外张处⏎ 自顺治八年诚起⏎
纯善源溜老会⏎ （大字双钩刻）
大清乾隆叁拾二年四月吉日穀旦立⏎
（碑阴：略）

注释：（略）

按语：

简单的碑文，其他也没什么可说的，只有一个字值得商榷，那就是"溜"字。看似简单，是否也有深意？按理说，"源溜"完全可以写作"源流"，就像下面一条碑文。那么，有必要非用这个较"流"字更俗、更难写、更难读、更费解的"溜"字吗？我们排除了这个起名、书丹之人是个文盲的情况，分析一下有可能是这样的。按"溜"字之本义应为"水或液体向下流"，而"流"字则是"河水离开源头之后的部分"。如果选用"流"字，或许只表示了"流"的客观存在；而选用"溜"字，则表示了这个"源"不断地"传承"下去这种动态吧！

四顶源流子孙老会酬恩碑

解题：

清代乾隆三十五年（1770）四月。碑螭首方趺。首身高 142 厘米，宽 65.7 厘米，厚 19 厘米。青石质。边框饰缠枝牡丹纹。额双钩题"万古流芳"，上款"本会起自康熙五十三年（1714）迄今几六十载矣凤蒙保佑含饴衍绕膝之休敬达涓涘泐石纪铭心之悃晁永贵及"，下款"众善人等谨于乾隆三十五年四月榖旦公立晁宅驻京都正阳门内工部南夹道处"。碑阴额双钩题"□刊不朽"。碑文 11 列，记录了正会首、随会香首、司房、库房、管事、钱粮、陈设、灯笼等 380 余人的姓名。碑首残断缺。现位于丫髻山碑厂子。

录文：

（碑阳）

本会起自康熙五十三年迄今几六十载矣，凤蒙⏎ 保佑，含饴衍绕膝之休；敬达涓涘，泐石纪铭心之悃。晁永贵及⏎

四顶源流子孙老会酬恩碑记⏎ （此行双钩大字刻）

众善人等谨于⏎ 乾隆三十五年四月榖旦公立⏎

晁宅驻京都正阳门内工部南夹道处

（碑阴：略）

注释：

含饴衍绕膝之休：用老人与子孙辈的天伦之乐来形容平民百姓获得圣母赐福的喜悦之情。"含饴"为"含饴弄孙"之简，爷爷嘴里含着糖逗小孙子的情景；"绕膝"为"子孙绕膝"之简，婴幼晚辈们围在长辈周围嬉闹的场景；衍，发展；休，美好，好福气。

敬达涓涘，泐石纪铭心之悃：以立碑的形式来表达回报之心。涓涘，即"涓埃"之形讹，细流与微尘；泐石，即勒石，刻碑；悃，诚恳。

按语：

碑文交代晁宅在"京都正阳门内工部南夹道处"，因改建拆迁等，恐怕今天早就找不到原址了。如果按明清时期的记载和地图标注来看，其位置应该是在今天的革命博物馆一带。当时的北京，"六部"除"刑部"外，都在东"千步廊"与"翰林院""会同馆"所夹空间里，又分为东西两条轴线，自北向南排列着东轴：兵部、工部、鸿胪寺、钦天监、太医院；西轴：宗人府、吏部、礼部。那么"工部南夹道处"，其相对位置就应该是"东轴"从北往南数的第二个建筑群（工部）的南侧，与"鸿胪寺"的北侧所夹的街巷。那么以上所说的这些机构又均在"正阳门"的东北，故曰"正阳门内"。

碑文还简述该会康熙五十三年（1714）成立，立碑时间是乾隆三十五年（1770），从其碑阴题名近 400 人可见，其规模还是不小的。

碑文不知道作者为谁。碑文虽短，还是诌了一句四六，用以表达对圣母的崇敬之情。

永远帘子老会碑

解题：

　　清代乾隆三十八年（1773）四月。碑方首方趺。首身高162厘米，宽68厘米，厚20.5厘米。青石质。首部饰浅浮雕二龙戏珠图案，边框饰缠枝莲纹。额双钩题"恭建碑志"，上款"京都地安门内帘子库众善诚起"，下款"大清乾隆三十八年四月吉旦立"。碑阴首部饰浅浮雕卷云纹图案，边框饰缠枝莲纹。额题"留名不朽"。碑文9列，镌刻当年会首侯世爵、高凤德等6人，本山住持傅显扬及众信士等150余人的姓名。碑首与碑身断裂，已修复。现位于丫髻山碑厂子。

录文：

（碑阳）

京都地安门内帘子库众善诚起↵

永远帘子老会↵　（大字）

大清乾隆三十八年四月吉旦立↵

（碑阴：略）

注释：

　　帘子库：清代官署名称，为工部制造库所属。顺治元年（1644）设置，掌每年冬挂毡帘、夏挂竹帘、春秋更换雨搭之事。设首领太监一人，太监十人。乾清门以内，及宁寿宫、慈宁宫等处由太监收挂。乾清门以外，由部员带领匠役收挂。

按语：

今仍存帘子库胡同，位于地安门内大街东侧，呈南北走向，全长 188 米。北起东吉祥胡同，南止黄化门大街，东与东板桥西巷、锤把胡同相通，西与慈慧胡同相通。新中国成立后，原帘子库改建成黄化门小学等单位，后来撤销。清代在此建帘子库，同时也存放大量的竹帘、珠帘、棉帘等。皇家用的竹帘太破旧无法使用的时候就贮放到今西城六部口附近的西旧帘子胡同里。该胡同的"旧"字得名于此。

永远济贫放堂舍饭碑

解题：

　　清代乾隆四十五年（1780）四月。碑已佚，仅存碑阳、碑阴拓片，拓片残长 100 厘米，宽 58 厘米。边框饰缠枝莲纹。碑阴首行"尝闻古之君子每多输粟捐金之事捐其本意未必皆好□"，年款"乾隆四十五年岁次庚子四月"。碑文 13 行，满行 27 字，楷书。蒋泉立石。

录文：

（碑阳）

永远济贫放堂舍饭⤶

（碑阴）

尝闻古之君子，每多输粟捐金之事。捐其本意，未必皆好□⤶ 感善，或恐念物我同生，不忍其颠连无告耳！盖矜恤之怀，弗⤶ 独私于亲故，但遇饥容病体、扶杖操瓢，或栖皇于道路，或偃⤶ 塞于尘沙者，遂不禁太息而郁歔。此人情之常也，故勿谓符⤶ 雅好施，郗超乐舍，乃其天性自然，非人可及。第观人之土度，⤶ 颇类其风节，如此山之巅有⤶ 碧霞元君之观，四方之客，每当孟夏接连进香，连肩济众。而⤶ 馁夫乞子□黄冠，咸来索食。向善之风乃见，岁兴而月盛，岂⤶ 特往昔之人能行功德哉！今荣赖有⤶ 祖先之余泽，虽未能润屋，犹可完居。于是减郇厨之馔，稍周⤶ 贫之。爰定于每年四月，捐银壹百两，而在此山放堂一日，秉▢」一点诚心，树碑以矢信▢尔。时」乾隆四十五年岁次庚子四月▢日，信官蒋泉立。

注释：

输粟捐金：捐资布施的两种方式，布施粮食，捐金捐银。由于粮食是需要运输的，故曰"输粟"；粟，小米、谷子，亦泛指粮食。

符雅好施，郗超乐舍：两个历史故事。晋尚书令符雅，为人乐善好施，乞客盈门。时人云"不为权异富，宁作符雅贫"。郗超，东晋时人，信佛教，好施舍，其父郗愔敛财数千万，曾开库任郗超所取，结果在一日之内全部散与亲故。

郇厨之馔：唐代韦陟，袭封郇国公。性奢侈，穷治馐馔，厨中多美味佳肴。

按语：

撰文人又只见一"荣"字，至于姓、字则不知。然而这位"荣"他的劝善乐施有些与众不同，他既不叫你看僧面，又不叫你看佛面；不仅是单纯的乐善好施，亦非只帮助自己的亲朋好友，而是应该大发"恻隐之心"。"盖矜恤之怀，弗独私于亲故，但遇饥容病体、扶杖操瓢，或栖皇于道路，或偃蹇于尘沙者，遂不禁太息而郗歔。此人情之常也，故勿谓符雅好施，郗超乐舍，乃其天性自然，非人可及。"俗话说"人之常情"，也是人的"天性"，就是所谓"人之初性本善"！放在今天也是行得通的。

合意进供鲜花老会碑

解题：

　　清代乾隆五十一年（1786）四月。碑已佚，仅存拓片。拓片残长74厘米，宽44.5厘米。边框饰缠枝莲纹。上款"京都顺天府东直门外三条中街诚起"，下款"大清乾隆伍拾壹年肆月初六日合会众善公立"字样，居中大字碑文，双钩刻。

录文：

京都顺天府东直门外三条中街诚起⌐
合意进供鲜花老会⌐　（大字镌刻）
大清乾隆伍拾壹年肆月初六日合会众善公立⌐

注释：（略）

按语：（略）

龙灯老会碑

解题：

清代乾隆五十九年（1794）四月。碑螭首方趺。首身高 177 厘米，宽 77 厘米，厚 25 厘米，青石质。边框为莲花纹饰。额题"金光普照"，上款"京都顺天府大宛二县东四牌楼北八巷朱□会同外西安门内旗民众人等重修"，下款"大清乾隆五十九年岁次甲寅清和月吉日阖会善信敬立"，碑文居中大字刻。碑阳分上下书刻，上部榜书及左右小字款，下部"阖会香首""信女""信士弟子"小字人名。碑阴额书"京都"，碑身榜书"龙灯老会挂灯献茶"。碑阴额题"万古流芳"，楷书。现位于丫髻山碑厂子。

录文：

（碑阳）

京都顺天府大、宛二县东四牌楼北八巷朱□会同⏎ 外，西安门内旗民众人等重修⏎

龙灯老会⏎ （大字镌刻）（以下阖会香首、信女人名小字略）

大清乾隆五十九年岁次甲寅清和月吉日，阖会善信敬立碑碣。诚信弟子：

（小字略）

注释：

香首：顾名思义，就是香客之首领、骨干分子，组织此"龙灯老会"的发起人。由于"龙灯老会"也属于朝山进香的"香会"一类，故云。整个碑的下部镌刻了上百个人名，不可能都是香首。

按语：（略）

子午香长香会碑

解题：

清代乾隆六十年（1795）四月。碑圆首方趺，首雕云纹。首身高 178 厘米，宽 69.5 厘米，厚 17.5 厘米。青石质。边框饰缠枝莲纹。额篆"圣母垂恩"，首题"子午 香 长 香 会碑记"，年款"大清乾隆岁次乙卯孟夏穀旦"。碑文 14 行，满行 29 字。引善弟子贺履中敬立。碑阴纹饰同碑阳。额篆"金光普照"，碑文记录副会首、钱粮都管、中军都管等姓名数列。碑身断裂，经修复后亦残缺。现位于丫髻山碑厂子。

录文：

（碑阳）

子午 香 长 香 会碑记⏎

丫髻山 山 □ □ 北方之神秀也，涉海则有 方丈、蓬莱，登陆则有 四明、天台，

⏎ 神明之 奥 区，真仙之洞府。而丫髻一山，盘亘三界，左辅神京。上有⏎

九天圣母庙貌岿然，其威灵显赫足以奔走万族，提福八方，一时香火之 盛

⏎ 普陀、天台，名山宝刹，同其炜煌，则固非偶然者矣。诚以⏎ 神之聪明

正 直、恻怛慈悲，拳拳于护国救民、驱邪卫善。凡诸精诚 所 □ □ □ ⏎

差能 扩 千里之外，近若几席，顷刻之际，立赐昭明。是以三千 族 □ □ ⏎

女 □ 挟持，梁重跰骈，迹荐蘋藻，焚荊檀求福得福求禄得禄，譬 如 □

□┘ 于 江 河，莫不盈其量而去也。履中等一心瞻仰，共效输诚，敢凭 □
瓣 诚┘ 聊 展寸心之敬，爰进子午香。而长香之会所由起，凡兹百有余年，
于每┘ 四 月初吉，斋心进献，虔诚礼拜。惟冀明神默佑，俯赐骈蕃，庶几
平安，□┘ 借 宝篆以齐升，昌炽垂休，与金炉而并热。世世奉事，敬承勿
替。爰 □□┘ 以垂不朽云。┘

大清乾隆岁次乙卯孟夏毂旦引善弟子贺履中敬

（碑阴：略）

注释：

方丈、蓬莱：上古传说，东海之上有五座神山——岱舆、员峤、方壶、
瀛洲、蓬莱，它们共同由一个神龟（兽鳌）承载着。后来神山飘走了两座，
只剩下三座，即蓬莱、方丈、瀛洲。故人们常说海上"三神山"，而少说
"五神山"了。此处由于修辞的关系，仅提二山，并无其他意思。

四明、天台：这是两座人间的"仙山"，故此曰"登陆"，上曰"涉
海"。实际上古人往往以"四明""天台""普陀"并称，亦由于修辞的关
系，而略去"普陀"。广义的"天台山"是指天台山脉，包含此三座山。其
地在浙江境内。唐代诗人李白亦有《天台晓望》诗，有"天台邻四明"句。

褆福八方：安福八方，保佑八方安福。

普陀、天台：是指天台三山中的"普陀山"和"天台山"，都是佛教圣
地。上文提到"四明、天台"是从山之"神秀"上讲，此处把它归入"名
山宝刹"。

恻怛：即"恻隐之心"，主动怜悯和同情处境不好之人或遇到难事的人。

宝篆：指香烟，人们为神灵燃香，香烟缭绕的样子。亦名"香篆"，形
容供神的燃香。

按语：（略）

一山善人灯会记事碑

解题：

清代嘉庆十三年（1808）三月。碑螭首方趺。首身高 246 厘米，宽 87 厘米，厚 24 厘米。青石质。边框饰缠枝莲。额篆"万古流芳"，首行"丫髻山在都城之东相距百余里……特"，年款"嘉庆十三年岁次戊辰三月穀旦"。碑文 20 行，满行 36 字。戴衢亨撰文并书丹。王光治、李宗培等 12 人立石。碑左侧阳刻行楷"京都龙灯老会挂灯献茶"。现位于丫髻山碑厂子。

录文：

丫髻山在都城之东，相距百余里。北倚紫塞，南拱神京，冈峦回合，蜿蜒磅礴，而钟秀特┘奇，泂近畿福地也。上有┘碧霞元君祠，灵感异常，有祷辄应。是以每岁孟夏，四方人士会于此者，或辇纸帛，或舁香烛，┘拜叩登山，各为胜会。骈肩叠迹，不可数计。其尤著者，山之阳向有一山善人灯会。其制：┘以众小灯排成四字，每当日暮时，月色灯光辉映山谷，虽数十里外犹隐隐可辨焉。讵┘意费用浩繁，盛事难继。其"一""山"二字灯，系另股会众承办，至今列设如常。而"善""人"二字，┘以会无存项，仅赖募化集事。后因年歉助薄，竟至中辄（"辄"的异体字，原文如此，疑为"辍"字之讹）。自癸亥岁王公勋等诚敬进香，┘询得其详，慨然有复新志。遂醵白银五百两，寄存生息。即以每年所得息银七十金为┘灯烛茶水之资，而"善""人"二字灯复烂然如故矣。夫┘碧霞圣母，自元明以来历加赠典，至我┘朝而资福流庆，愈昭显赫，故┘列圣之敬而礼之者亦倍至。凡属士民，更宜如何崇报，以仰答神庥耶！则兹灯之设，┘虽巧而不为糜，虽费而不为奢也。予故美其事之可传诸久远而为之记。┘

太子少保、协办大学士、户部尚书、信官<u>戴衢亨</u>敬撰并书┘

信士王光治、李宗培、车雷、┘倪国亮、许瀛川、王勋、┘朱二格、许殿英、诸福、┘祁永龄、沈正谊、莫象南┘等敬立石┘

嘉庆十三年岁次戊辰三月榖旦┘

注释：

洵：实在是，确实是，的确是。

骈肩叠迹：形容来赶香会的人多，肩膀挨着肩膀，后边人踩着前边人的脚印。

醵：凑钱，聚财。

戴衢亨：戴衢亨（1755—1811），字荷之，号莲士，原安徽休宁隆阜人，寄籍江西大庚。乾隆四十三年（1778）殿试状元，授翰林院修撰。历任侍读学士、军机大臣、体仁阁大学士、掌翰林院如故。嘉庆十六年（1811）卒，年五十有七，赠太子太师，入祀贤良祠，谥文端。

按语：

撰文人"太子少保、协办大学士、户部尚书、信官戴衢亨"，这是他在嘉庆十三年（1808）撰此碑文时的做官履历，之前之后亦有升迁，他的重要活动大多在嘉庆年间。嘉庆六年（1801）擢兵部尚书，兼管顺天府尹、户部三库。九年（1804），失察顺天府书吏盗印，罢兼尹。十年（1805），调户部，兼直南书房，典会试。十二年（1807），协办大学士，兼翰林院掌院学士，典顺天乡试。十三年（1808），偕大学士长麟视南河。十四年（1809），万寿庆典，晋太子少师。十五年（1810），拜体仁阁大学士，管理工部，兼掌翰林院如故。十六年（1811）卒，赠太子太师。

重修丫髻山碧霞元君庙碑

解题:

清代道光十七年（1837）十月。夔龙首方趺座。碑首身高 221 厘米，宽 80 厘米，厚 32 厘米。汉白玉质。碑身阴阳边框饰回纹。额篆"御制"，首题"重修丫髻山碧霞元君庙碑文"，年款"道光十七年岁次丁酉孟冬月"。碑文 15 行，满行 41 字。清宣宗爱新觉罗·旻宁撰文并书丹。碑末钤"夕月微明""道光宸翰"印章。碑已断为两截，近年修复。现位于丫髻山西顶碧霞元君祠前。

录文:

重修丫髻山碧霞元君庙碑文⏎
丫髻山在京师东北百余里怀柔县境，与黍谷、白檀、凤林诸山脉络联接。两峰高耸象形而名，又谓之鸦⏎髻。旧有碧霞元君庙，建自前明，我朝康熙年间规模益备，感佑弥昭。列圣銮辂时临，为民祈福。⏎龙章宝额，照耀香岩，洵真灵之奥宅、近畿之福地也。予在藩邸时，恭奉皇考之命，诣山瞻礼，前后⏎十有余次。见其林峦葱蔚，祠宇庄严，四方之民岁时祈报。凡年谷之顺成，品物之康阜，阴阳风雨之和会，⏎惟神之惠，实永赖焉。岁在丙申暮春，郁攸偶炽，京尹据情入告，特命禧恩估修，督办经营。周岁，仍还旧⏎观。不雕不饰，以妥以侑。于是恭摹列圣御书，重悬殿额。复亲题楹榜，用绍前模。工既竣，诹吉于⏎丁酉三月十三日，躬奉圣母皇太后安舆祗诣升香。跸路所经，春雨敷滋，万畦如绣。慈颜有怿，᠁兆庶腾欢，岂非<u>灵祇肸蚃昭格</u>之明征耶？夫元宫闳祀，肇始岱宗富媪之功，覃及区寓，惟神出自震᠁方，而兹山又适当都城之艮位。震以生之，艮以成之，储祥毓秀，信非偶然。山之玉皇阁，有我圣祖᠁仁皇帝御制碑记，以为积高之区，神明所舍，其神气之感，数有灵应。盖当时因臣民祝釐而推念于神᠁佑。自兹以后百余年来，报祀维虔。而神之所以庇荫无穷者，亦愈久而愈著。今幸年丰人乐，中外禔福，᠁予又得以答神佑者仰祝慈釐。夫岂绀宇琳宫侈陈壮丽，亦惟冀含宏之德溥锡乎群生；赞育之᠁施，长绵于<u>亿祀</u>。是则予勒石纪事、昭示永久之意云尔。᠁

道光十七年岁次丁酉孟冬月御笔

注释：

黍谷、白檀、凤林：由于历史沿革的问题，顺义、密云、平谷、怀柔、昌平、蓟州这几个今天看来很容易划分的行政区划，在古时是互有交叉的。所以也没必要在此交代得很清楚，知道这几处都是在丫髻山附近即可。《方舆纪要》记："汉白檀县地属渔阳郡。"顾炎武《昌平山水记》记："县南二十里为白檀山，汉所以名县也。"《日下旧闻考》："黍谷山在怀柔县东四十里，跨密云县界，亦名燕谷山。"平谷区今仍有凤林村。

銮辂时临：意指皇帝经常来此。銮辂，銮驾、銮舆，皇帝的车乘，皇帝出行的仪仗。銮，皇帝车驾上的銮铃；辂，大型马车用以挽车的横木。

予在藩邸：是道光皇帝的自叙，他说"我在做藩王的时候"，但事实上道光皇帝是没有做过藩王的，更别提之藩了，只是一种习惯的说法而已。姑且可以理解为"我在做王子的时候"。爱新觉罗·旻宁作为嘉庆皇帝的皇嫡长子（前有一兄，数月即死），在嘉庆元年（1796）即被"赐成大婚礼"。四年（1799），他18岁的时候，就确立了皇太子皇储的位置了。父皇赐名其府为"养正书屋"，十八年（1813），被封"和硕智亲王"。

皇考：逝去的皇父，即嘉庆皇帝爱新觉罗·颙琰（1760—1820），在位25年，只有一个年号"嘉庆"。死后定庙号"仁宗"，与谥"受天兴运敷化绥猷崇文经武孝恭勤俭端敏英哲睿皇帝”。葬昌陵，在今河北易县清西陵。

郁攸偶炽：犹如说“不慎于火”“偶发火情”。郁攸，火焰、火气，词出《左传·哀公三年》：“济濡帷幕，郁攸从之，蒙葺公屋。”

櫋榜：即匾额。櫋，屋檐、门楣，匾额挂于屋檐之下故云。有所谓“横曰额，竖曰匾”的说法，但实际常常是额、匾统言之而无分别的。

灵祇肸蚃昭格：形容神灵给人赐福不断。灵祇，神灵；肸蚃，本指秋虫的鸣叫，引申义为连绵不断；昭格，来临。

亿祀：亿万年之意。祀，年。

按语：

《日下旧闻考》卷一百三十九《京畿·怀柔县》“臣等谨按”：“其（行宫）西四里，登山为碧霞元君庙，前殿外檐恭悬圣祖御书额曰‘敷锡广生’，殿内恭悬皇上御书额曰‘神霄朗照’，后殿额曰‘慈护香岩’，玉皇阁额曰‘泰钧普育’，精舍额曰‘写雾轩’，皆御书。”但文中“于是恭摹列圣御书，重悬殿额。复亲题櫋榜，用绍前模”。“列圣銮辂时临，为民祈福。龙章宝额，照耀香岩。”说明在丫髻山各处历代皇帝题赠的匾额，未必都是亲题的。

“工既竣，诹吉于丁酉三月十三日，躬奉圣母皇太后安舆祗诣升香。”此所说“圣母皇太后”，并非其生母“喜塔腊氏”，虽然她在乾隆时被封“孝淑端和仁庄慈懿敦裕昭肃光天佑圣睿皇后”，但是却在嘉庆二年（1797）道光皇帝被秘密立储前两年就过世了，肯定没有机会在生时做皇太后了。而应该是嘉庆皇帝的另一位“睿皇后”——钮祜禄氏，圣号是“孝和恭慈康豫安成钦顺仁正应天熙圣睿皇后”，她一直活到道光二十九年（1849），可以说见证了道光皇帝在位29年。

“夫元宫闷祀，肇始岱宗富媪之功，覃及区寓。”看样子道光皇帝在诸多碧霞元君传说中选择了她是泰山神之妻的说法，也就是后来人们常说的“泰山姥姥”。

“惟神出自震方，而兹山又适当都城之艮位。震以生之，艮以成之，储祥毓秀，信非偶然。"这一段对于丫髻山风水的论说，似乎与宋张淏《艮岳记》有些雷同。"（宋）徽宗（赵佶，1082—1135）登极（1100）之初，皇嗣未广，有方士言：'京城东北隅，地协堪舆，但形势稍下，傥少增高之，则皇嗣繁衍矣。'上遂命土培其冈阜，使稍加于旧矣，而果有多男之应。自后海内乂安，朝廷无事，上颇留意苑囿，政和间，遂即其地，大兴工役筑山，号寿山艮岳，命宦者梁师成专董其事。"但是建好不久，开封为金兵所困，屠城，毁山，徽钦二帝被掳。明清两代，再也无人敢提倡"艮方"风水好了，尤其是清代。京城的几座高山胜迹均建于西北一带了，如玉泉山、万寿山等，均为"乾方"了。

"山之玉皇阁，有我圣祖仁皇帝御制碑记，以为积高之区，神明所舍，其神气之感，数有灵应，盖当时因臣民祝釐而推念于神佑。"《日下旧闻考》"玉皇阁前恭勒圣祖御制碑文"，又见前条——康熙五十四年（1715）圣祖御制《丫髻山玉皇阁碑记》。从字里行间可以看出，道光皇帝对于其皇曾祖康熙皇帝崇敬心情，甚至高于缥缈无形的神仙，"盖当时因臣民祝釐而推念于神佑"。

香河县南窝头村合义会碑

解题：

　　清代同治二年（1863）四月。碑已佚，仅存拓片，拼接而成，拓片残长148 厘米，宽 66 厘米。边框饰回纹。首题："京都顺天府东路厅香河县南窝头村合义会执事人等均感"。年款"同治二年岁次癸亥孟夏月"。碑文 14 行，满行 39 字，碑身拦腰每行残缺一二字不等，碑后半部镌刻王大辉、高德升等 90 名立石人姓名。

录文：

　　京都顺天府东路厅香河县南窝头村合义会执事人等，均感圣母护佑之恩，莫不欢心而快意。仰⌐ 祥云兮蔼蔼，群切瞻依；想懿德兮恢恢，时□感慕。有求必应，遇急难而呈祥；有感斯通，逢险凶而化吉。⌐ 垂恻隐于无方，普仁慈于率土，所以荷月□念，不惮趋步之劳；七日拈香，群发精诚之意。感孚弥切，结⌐ 念弥深。愿资同力，并垂千古不朽之功；实□虔心，且成万善同归之业。选青石而镌字，独戴游龙；向碧⌐ 霞而勒碑，实堪舞凤。由是淑阳郡内丁男□妇莫不摅其至意焉。董锡元、⌐ 王大辉、高德升、贾文通、杜长泰、王□棋、王辅山、董昆峰、张明兴、谭守仁、王明德、⌐ 李文成、杨广泰、杨永春、李国安、罗□云、陈文柱、刘忠、陈安、杨永山、王玉磬、任俊明、张春、李文发、李永生、吴口春、贾文翰、方宽、孙富贵、王辅国、李国瑞、李景俊、董方、黄袯、李长安、李泽昶、刘永安、刘宗盛、李廷兰、李春龄、赵泰福、董永才、卢宝玉、刘柱、古焕章、董口铠、张兴有、王大盛、张兴、李景魁、钳永山、王辅宗、王玉堂、王玉奎、王玉德、董国荣、王永仓、董成方、毛柱、孟永贵、杨广泰、刘顺、贺顺、靳玉荣、张大发、孙安、王惠、高龙升、程桂芳、杨八、刘国起、王国顺、孙进宝、刘国玺、冯玉文、靳天升、靳福兴、韩财、孙国才、韩祥、谭芳、李昌龄、司文明、孟明、薄国瑞、赵德、王俊峰、张四、李国仁、安富贵、史亮宽。

同治二年岁次癸亥孟夏月敬立

注释：

顺天府东路厅：顺天府是指明清两代北京地区，它的辖区先后多有变化。其辖区划分为四个厅，即：东路厅驻张家湾，分管通州、蓟州、三河、武清、宝坻、宁河、香河；西路厅的同知驻卢沟桥拱极城，分管涿州、大兴、宛平、良乡、房山；南路厅驻黄村，分管霸州、保定、文安、大城、固安、永清、东安；北路厅驻沙河镇巩华城，分管昌平州、顺义、怀柔、密云、平谷。

懿德：美德，此处指碧霞元君给人们带来的好处。

恻隐：即恻隐之心，主动怜悯或同情处境不好或有困难人的心理。

感孚弥切：越来越真情的感动。孚，信实；弥，越来越。

独戴游龙：是指在碑面上镌刻笔走龙蛇式的文字，是一种夸张的说法。

按语：（略）

香武大后家湾恭意老会碑

解题：

清代同治三年（1864）四月。碑已佚，仅存拓片，拓片残长 144 厘米，宽 64 厘米。首行"大清国京都直隶顺天府东路厅香武二邑大后家湾恭意老会众信士弟子均感"，年款"同治三年岁次甲子清和月（四月）"。碑文 19 行，满行 50 字。碑文后半部记录了执事人、文生、武生、京都虎坊桥亨顺山厂等处信士姓名 110 人。

录文：

大清国京都直隶顺天府东路厅香武二邑大后家湾恭意老会、众信士弟子均感⏌ 盖闻乾道资始，坤道资生，故阳主健而阴主顺，阳以胚胎，阴以成能。故阳主施，而阴主仁。然则有乾之健，而始行坤⏌ 之顺；有阴之仁，而后体阳之施者也。兹⏌ 碧霞元君，枝联三凤，道贯一时。丹成九转，操亿万众生灵之民命；仁普一世，保十方中赤子之安康。体万人之慈祥，恩⏌ 施四海；恤寰宇之抚育，德庇九州。受福既等戴天，则奉祀安敢或亵！翔鸾凤鬵，务期庙貌之巍峨；赞币牵牲，更择香⏌ 烟之清洁。献享固有常期，勒春秋之定典；伸荐极将至意，奉朝夕之趋承。将见来享来王，神和原于人吉；在左在右，⏌ 众庇以威灵。由是稚子成童，登遐龄之岁月；严父慈母，邀⏌ 圣德于无疆矣。⏌

执事人等：穆联声、穆善声、王有发、张仲、贾玉昆、张绅、尉迟如凤、张玉、贾斌、王永贵、王永恒、穆有然、⏎彰忻、尉迟金奉、穆溥声、后士宜、夏起龙、李作霖、赵成、尉迟明昆、后玉祚、吴昆、侯得山、穆宽、吕万春、⏎贾瑞、后士昆、穆自然、冯益、孙万粮、李永立、刘玉、尉迟明贵、王如山、罗明义、赵殿元、邓永富、徐福、⏎彰恕、后士顺、吴起贞、陈万库、王志宽、穆玉声、李有才、赵自荣、韩金福、冯可成、刘均、徐才、李祯、⏎后士聪、董尚文、冯可瑞、王才、赵得禄、卢芹、李起云、王兴、后玉峰、冯盛、徐连杰、张永富、李永发、⏎庞国顺、尉迟怀、韩金禄、尉迟如堂、庞恩、穆景然、彰怀本、高顺、后维、穆义、徐连魁、马顺、龚绅。⏎肖家小营：吴玉发、崔瑞、葛玉亮、文忠、刘得麟、郭大旺、穆璿、郑得福、后士立、徐连生、马才、刘德、⏎张伯龙、葛玉成、赵宗、刘永春、薄大申、许大京、穆扬声、柴得山、于文祥、彰怀柔、秦自永、吴起加。⏎文生唐桂本，武生唐际隆，武生唐际春、唐际泰，文生王邦本，诰封文林郎路金台。山下店东武生刘绅，□□知县路金声，现任□间府唐殿鳞，京都虎坊桥亨顺山厂李庆元⏎

同治三年岁次甲子清和月敬立

注释：

资始：负责有关"开始""创始"的事。资，有"凭借"之意。

资生：负责有关"出生""孕育"的事。

安敢或亵：哪里敢亵渎神灵？

赞币牵牲：语出《礼记·礼器》。"太庙之内敬矣，君亲牵牲，大夫赞币而从。"周王在祭祀祖先时非常虔诚，国君亲自牵着牺牲，大夫帮着捧着布帛。碑文此处用以形容朝拜祭祀的人有多么恭敬虔诚。

献享：向神灵敬献供品，并希望神能接受。

稚子成童：泛指少年儿童。稚子，小孩子；成童，大孩子。

按语：

碑文开始就有大段颇具哲理的议论，讲的是乾坤、阴阳之间双双对对的分合关系，不无道理。"盖闻乾道资始，坤道资生，故阳主健而阴主顺，阳以胚胎，阴以成能。故阳主施，而阴主仁。然则有乾之健，而始行坤之顺；有阴之仁，而后体阳之施者也。"以层层递进的方法论述了乾坤、阴阳的功能作用等，最终把话题引到主题上来。阴阳也好，乾坤也好，二者是分工合作的。乾阳刚强，凭借它来肇祖开基；坤道阴柔，可以辅佐乾阳以成事。

"神和原于人吉"，是撰文人提出的又一个理念，今天似乎也很适用。很多人去拜佛、去敬神，可能会有以下几种情况：1. 真有急难事去拜佛；2. 真有想不开的事去问佛；3. 敛财太多担心失财；4. 担心东窗事发；5. 已经犯罪求解脱。尤其是后三种，神佛根本不会帮！所以，去拜佛祭神时，心里应该是干干净净的。

此碑系"香武二邑大后家湾恭意老会"所立，"香武"应该是指"香河""武清"，"大后家湾"应该是该"会所"所在村名。这个"恭意老会"的会员们有点儿与众不同，其姓氏，如尉迟、后、彰、文、薄、路等，都是不常见的姓氏，而且所列出的任何一种姓氏，在题名中都至少出现两次，这并非个别现象。尤其是"后"字，碑文中一概都是先后的"后"（繁体写作"後"），而非皇天后土的"后"，这是否与"大后家湾"有必然联系待查证。也许"大后家湾"村"后"是大姓呢。

丫髻山拜顶碑

解题：

　　清代同治十二年（1873）四月。碑已佚，仅存拓片，拓片残长 103 厘米，宽 60 厘米。边框饰缠枝莲。首题"立众善供俸干果素烛以及照善士拜顶碑文"，年款"大清同治十二年四月初一日"。碑文 15 行，满行 31 字，楷书。本山住持道赵承学敬叩。碑文分大小字书刻。

录文：

立众善供俸干果素烛以及照善士拜顶碑文⏎

尝闻献干果以祝圣寿，点夜灯以照人行，奈无众而圣会不与。兹因本山于四月⏎ 朔日恭逢⏎ 天仙圣母瑞诞之辰，向例供俸干果与"人"字灯、"善"字灯，使众善得以朝顶拜谒。但香灯⏎ 之荐非财不济，而资财之用岂一人而独成！由是敬叩引善领袖，倡义于广⏎ 种福田之家，共计捐成纹银贰百柒拾两，置租以息。坐落东、西樊各庄，梨各庄，⏎ 杨家桥，云峰寺，胡辛庄。共计起租钱三百九拾七吊三百四十文，⏎ 以备每年干果素烛与人工之费。成此盛举，从一片石上留芳姓字之香宝座。以⏎ 前常有光辉之盛，勒碑刻铭，功德不朽。引善人：王友棠。⏎ 顺义县槐阴堂王友棠，助银叁拾两；崇文门外榄杆市大街张如源，助银叁拾两。⏎ 浙江山阴县人沈松亭，助银叁拾两；顺天府大兴县孙谦山，助银叁拾两。⏎ 顺天府宛平县周子庄，助银叁拾两；顺天府大兴县王东屏，助银叁拾两。⏎ 浙江会稽县人倪静山，助银叁拾两；

隐善室助银叁拾两。┘ 顺天府大兴县陆梦松助银叁拾两。┘
大清同治十二年四月初一日本山住持道赵承学敬叩

注释：

干果素烛：指供神的两种供品，干果点心一类和祭祀所用的蜡烛。

引善领袖：做善事的发起人和领导者，此处应指王友棠。

广种福田之家：直接理解就是多结善缘，多结交好的人缘，通过拜神行善而与人结缘，喻作"种福田"。

按语：

"兹因本山于四月朔日恭逢天仙圣母瑞诞之辰"，这里明确讲明天仙圣母的"瑞诞"（生日）是每年的四月初一日。

"共计捐成纹银贰百柒拾两"，其中说到的"纹银"，其实是一种"足纹"。清代法定的银两标准成色，用于账目往来结算的标准。每千两纹银实含纯银935.374两。但是各地成色有所不一。后来流行了元宝银，实际含量要高于纹银。

"共计起租钱三百九拾七吊三百四十文"，到底是多少钱呢？首先我们得搞清几个概念和几个换算关系。那个时候，1两白银＝1贯钱＝1吊钱＝1000文钱＝100个大子儿。那么这397吊就是397两白银，余下的340文，合着还不到半两白银呢。其实也有不同说法的，比如说1两银子＝2吊钱，460个铜子儿＝1块大洋等。

永远济贫放堂老会碑

解题:

清代光绪元年（1875）四月。碑已佚，仅存拓片，拓片残长 140 厘米，宽 69 厘米。边框饰回纹。首题："京东怀邑寅洞里众善引右各村人等永远济贫放堂老会碑记"。年款"大清光绪元年四月初□日"。碑文 21 行，满行 50 字，楷书。碑面前记后名，功德人名小字刻。

录文:

京东怀邑寅洞里众善引右各村人等永远济贫放堂老会碑记↲

盖闻天地有好生之德，仁人有恻隐之心，以善及人，惟德动天。一人之善虑其孤，一日之善虑其浅。兹因丫髻山↲ 天仙圣母瑞诞之辰，进香朝顶而后，所见号寒啼饥者不少，不能无怵惕之心。而恤孤怜贫，亦体圣心而行仁者也。由是倡举引善↲ 之道，劝捐聚资，意欲济人之急，救人之危，共成乐善不倦之事。今约计捐京钱贰仟有余，仆等鲜克有终，更为畴头，以成万古↲ 不乏之策。所买民田壹顷九拾亩，共计得租钱叁百二十余吊，佃户坐落前后芮家营、天井三村内。除钱粮银四两六钱具契↲ 纸租项尽归紫霄宫收存承管，同众商明，定于历年四月初五日，于回香亭永远放堂为证。↲

（题名部分上书三行原大字）议叙守备刘全五，↲ 引善人陈瑞、↲ 张廷武。↲

〔以下小字刻，右及右上部分写明捐钱人名银两数，左中下部分仅题人名，于下统一写明"以上捐钱拾吊（原大字）"。左侧题"信女（原大字）"人名。最左侧原大字落款。〕刘全五捐钱叁百吊，齐福衍捐钱五十吊，李方奇捐钱四十吊，李长祥捐钱二十吊，↵刘鑫捐钱二百吊，张延武捐钱五十吊，杨宽捐钱三十吊，赵希泊捐钱二十吊，↵天育堂捐钱壹百吊，杨展奎捐钱五十吊，李延畴捐钱三十吊，王坤捐钱十五吊，↵蔡文陛捐钱壹百吊，田海龙捐钱五十吊，陈瑞捐钱二十吊，孙风仪捐钱十五吊，↵王桂林捐钱壹百吊，陈秀如捐钱五十吊，郭镗捐钱二十吊，↵刘坤捐钱八十吊，徐宏经捐钱五十吊，李天双捐钱二十吊，↵赵维捐钱八十吊，单守保捐钱五十吊，徐□起捐钱二十吊，↵杨绍勋捐钱六十吊，徐廷桂捐钱七十五吊，王瑞捐钱二十吊。↵王继先捐钱六十吊，王天昆捐钱五十吊，张延弼捐钱二十吊。↵李凤翔　捐钱四十吊，张景旺捐钱五十吊，范延章捐钱二十吊，↵邹文达捐钱四十吊，岳继中捐钱五十吊，李九功捐钱二十吊，↵（以下为捐款数量相同的人名）范天庆、李连登、李淂璋、↵孙寅亮、范永丰、张伯基、↵康朝相、龚淂珍、张浩、↵赵子英、刘永生、张延顺、↵赵云良、张淂澄、王富、↵赵云库、刘俊永、龚得好、↵闫兆奎、王闰、张定基、↵闫兆宏、刘玉成、王万年、↵闫玉枝、李方秀、苏亮、↵范宝庆、徐延臣、↵屈廷相、徐廷相。↵以上捐钱拾吊。↵

信女杨刘氏捐钱壹百吊，刘徐氏捐钱五十吊，郭刘氏捐钱二十吊，郑刘氏捐钱二十吊，觉罗石氏捐钱十吊，↵刘赵氏捐钱五十吊，徐陈氏捐钱五十吊，李秦氏捐钱二十吊，胡王氏捐钱十吊，岳陆氏捐钱十吊。↵

大清光绪元年四月初□日吉立，本山住持山主道赵承学叩

注释：

　　好生之德：语出《论语·颜渊》。"上天有好生之德，大地有载物之厚。"上天有好生之德指上天有爱惜生灵，不事杀戮的品德。

　　恻隐之心：关心和怜悯别人之心，在别人有困难或遇危险的时候给予同情，进而施以援手。

　　号寒啼饥：人们为抗争寒冷、抵御饥饿而发出的哀号、叫喊。

怵惕之心：敬畏之心。怵惕，由于害怕而心悸。

鲜克有终：语出《诗经·大雅·荡》。原文作"靡不有初，鲜克有终"。意思是事情都有个好的开始，很少会有圆满的结局。碑文中正是撰文人所担心的结果。

按语：

在前一条碑文中，"兹因本山于四月朔日恭逢天仙圣母瑞诞之辰"，明确讲明天仙圣母的"瑞诞"（生日）是每年的四月初一日。然而在这里"同众商明，定于历年四月初五日，于回香亭永远放堂为证"，似乎又是"历年四月初五日"。但是碑文前部有"兹因丫髻山天仙圣母瑞诞之辰，进香朝顶而后"句，可见其"具契纸租项尽归紫霄宫收存承管""永远放堂"之善事，皆在圣母瑞诞活动过后举行，故其立碑年款"四月初□日"，应以"四月初五日"为宜，或则吉日"四月初八"。

敬献翠冠碑

解题：

清代光绪十二年（1886）四月。碑已佚，仅存拓片，拓片残长 107 厘米，宽 59.5 厘米。边框饰缠枝莲纹。首题"敬献翠冠碑序"，年款"大清光绪十二年四月初一日"。碑文 14 行，满行 30 字，楷书。住持道王宗然叩。行文中于"弟子"二字别用小号字。

录文：

敬献翠冠碑序┘

尝思冠以饰首服之至尊者也，是以天子有 冕（冕）冠，前后十二旒，以象天也。冠┘ 之为用，岂不重哉！况┘ 神圣冠之不修，何以肃观瞻而显威灵也！兹因丫髻山┘ 天仙圣母，泽被寰区，恩周海内，凡神袍带履进者如市，无不焕然维新。惟有翠┘ 冠一节，京都旧有翠冠老会，年例进香献冠。只因钱粮浩大，难以永继。帘子┘ 库众善人等，年例于四月初一日进香献帘，偶见冠之不整，不胜惶恐惶惧，┘ 虔心共议，竭巾捐资，整神冠于不废。共捐银六百两，交紫霄宫置租地生息，┘ 以为作冠之费。年例四月初一日，翠冠与神帘一同上献。此乃永垂不朽之┘ 功德，万世常昭之胜举也！是以勒碑为记。┘

京都前门外住甘井鉫铜信士弟子樊丽生捐银叁百两，┘ 京都地安门外兵马司南锣古巷信士弟子王淇捐银壹百伍拾两，┘ 京都东华门内北池子麒凤楼信士弟子王士泰捐银壹百伍拾两。」

大清光绪十二年四月初一日立，住持道王宗然叩

注释：

冕（冕）冠：即"冠冕"，古代指帝王戴的礼帽与大臣官员戴的官帽。

旒：古代帝王礼帽前后下垂的玉串，由于等级不同而"旒"数有所不同。天子前后十二旒，诸侯王公之旒又有九、七、五之分。

神袍带履：泛指各色人等，穿袍的，戴冠的，系玉带的，蹬官靴的，指朝山进香的什么人都有。

甘井鎒铜：在今西城区前门外大栅栏附近。

麒凤楼：在今东城区东华门附近。

按语：

此通碑刻虽然实物已经不存了，很难知道作为石雕来讲它的工巧程度如何。但是从仅存拓片来看，工匠是非常用力的。文字的书刻规整，非常接近今天盛行的"仿宋体"。行文上是一篇典型的叙述文体。但是客观如实地说，也许是历史原因，或者是民俗原因，更有可能是撰文人及镌刻人的原因，文中出现了几处令人费解的字与词。如"冕冠"之"冕"，字本身是上下结构的形声字，从"冃"，"免"声，不知为何偏造一个新字"冕"。"神袍带履"与"竭巾捐资"，干脆就是"绅袍带履"与"竭币捐资"之误吧。再看看本来一个简单易写易识的"甘井胡同"，非得写成复杂的"甘井鎒铜"，没有任何道理。最后，这"麒凤楼"可算让人犯了难了！旧京有两条胡同地名与此有瓜葛，一个是"栖凤楼"，另一个是"骑河楼"。这三个名称，哪一个字都不能完全吻合，到底是哪一个呢？如果联系上"京都、东华门内、北池子麒凤楼"来讲，是"骑河楼"的可能性大一些。毕竟"栖凤楼"在"东华门"以东还要远呢。

天仙圣母九位元君灵感显应碑

解题：

　　清代光绪十九年（1893）四月。碑已佚，仅存拓片，拓片残长 105.5 厘米，宽 59 厘米。边框饰回纹。首行"京东顺天府东路厅香河县西小屯庄合会人等公立"，首题"天仙圣母九位元君灵感显应碑记"，年款"大清光绪十九年四月初五日"。碑文 16 行，满行 48 字。

录文：

京东顺天府东路厅香河县西小屯庄合会人等公立⌐
天仙圣母九位元君灵感显应碑记⌐
京北名山形势，惟以丫髻为至尊。顶峙东西兰若，焕丹青之彩；楼分钟鼓，招提流金碧之辉。殿宇之规模自广，⌐白玉为阶；园林之景象常新，黄金布地。琪花贝树之间，莲跌清净；蕊阙珠宫之内，法像庄严。八水回环，真仙人之福地；⌐千峰拱抱，洎佛国之洞天。而况据此胜境者，为灵异之⌐天仙，其感 应 我众等也，当夫病症垂危祈祷焉，而功效之见；吉凶莫测警觉焉，而祸害潜消。恒济困而扶危，更救灾而恤患。且⌐有本邑王奶奶者，性有仙根，终归正果，皈衣圣教，一视同仁。凡有圣慈之下逮无不辅相以博施普济之⌐功，大矣至矣！则我等之被深恩、蒙厚泽者，亦岂可旦夕忘哉！溯我村自国初以来，立有花儿老会，年历于四月⌐初五日，合会善男信女人等，莫不虔备香烛，亲诣⌐昊天上帝、天仙圣母驾前，诚意拈香，恪恭恪慎，亦保亦临，惕然深省。次谒┘ 王奶奶懿座前，虔诚礼拜，<u>化锭焚香</u>。是举也，合会之大不葷朝顶之期，不爽斋戒熏沐，一心报恩。自康熙年间曾立碑于┘ 回香停（原文如此），延至于今，灵应愈显，<u>会末</u>愈繁。恐其代远年湮，诚意或懈，特此合会公议，重立碑碣。非渎神也，非徼福也，亦不┘ 过欢欣鼓舞，期于 圣德之不忘、善念之永持，以志不朽之尔。爰作短歌，以颂德曰：┘ 巍巍丫髻，秀耸乾坤，堂堂贵胄，┘ 灵昭四境，泽被千村，白灵青霭。┘

张宽、绳伏、王宗顺、┘ 张礼、赵岗┘

大清光绪十九年四月初五日合会人等敬立

注释：

琪花贝树：描写仙境中的花草树木。像玉的花，像贝壳装饰的树木。琪，一种美玉。

蕊阙珠宫：蕊珠宫，天上神仙住的宫殿，道教的仙宫。如唐顾云《华清词》有"相公清斋朝蕊宫，太上符箓龙蛇踪"句。宋代曾在山西建蕊珠宫。阙，帝王、神仙的宫殿。"蕊阙珠宫"，可以理解为"蕊珠宫阙"。

八水：佛教术语。即"八功德水"，又为"八定水"，系指具有八种殊胜功德之水。也作"八支德水""八味水"。佛之净土有八功德池，八定水充满其中。所谓八种殊胜，即：澄净、清冷、甘美、轻软、润泽、安和、除饥渴、长养诸根。同时，包围须弥山之七内海，亦有八定水充满其中，彼具有甘、冷、软、轻、清净、无臭、沐浴清香、用之不伤体等八特质。

化锭焚香：实际泛指烧香、燃香（供神）。化锭，烧化冥币、冥锭。

会末：普通香会会员，以别于"会首"。"末"与"首"相对。

按语：

文章开篇的铺垫，读起来也是颇有意境的。它是把佛国梵苑与道家琼宫、洞天仙境与人间福地以华丽的辞藻作排比渲染，令人有飘飘欲仙、心驰神往之意。然后迅速进入主题："而况据此胜境者，为灵异之天仙，其感 应 我众等也，当夫病症垂危祈祷焉，而功效之见；吉凶莫测警觉焉，而祸害潜消。恒济困而扶危，更救灾而恤患。"讲此山此神之灵异，能使人逢凶化吉、遇难成祥、祛病消灾、扶贫济困。但是，毕竟天仙圣母、玉皇大帝等神，不是天上的，就是泰山的，都不是本地的，似乎与本地百姓不好贴近。正好"且有本邑王奶奶者，性有仙根，终归正果，皈衣圣教，一视同仁。凡有圣慈之下逮无不辅相以博施普济之功，大矣至矣"，这个"王二奶奶"不仅为当地百姓"释疑"，而且还帮助"（圣母）本宫"实现"圣慈""博施普济之功"。那么这位"王二奶奶"又是谁呢？摘录今人的考证文章综合如下，以资理解。

明代末年，顺天府京东香河县东南乔各庄有个王二奶奶，婆家是城南雀林院。她会接生、看病，常常骑着毛驴为百姓乡亲们祛病除灾。后来就在丫髻山修行成道，仍然保佑乡里，百姓把她与圣母同时供在碧霞元君祠内，并专门为其建铁瓦殿。老百姓视其为有求必应观世音菩萨的化身，其道场至今香火不衰。

"不荤朝顶之期，不爽斋戒熏沐"，此句可以以"换词"的方式，也即"不爽朝顶之期，不荤斋戒熏沐"，可能更好理解。或许就是当时刻错了，也未可知。"爽"，有耽误、错过、失信失约之意；"荤"与"素"成对，有不洁、有侮神明之意。整句意思就是，不会错过进山朝顶拜神的时间，祭神之前要保证斋戒的洁净。古人以为在祭祀时如果沾了"荤腥儿"就算不洁、对神不敬了。

顺义县助善老会碑

解题：

清代光绪二十三年（1897）四月。碑已佚，仅存拓片，拓片残长 133 厘米，宽 59.5 厘米。边框饰回纹。首行"尝闻神道之设教也为善降之百祥为不善降之百殃而知为善之道尽人宜然"，年款"大清光绪二十三年岁次丁酉孟夏月穀旦"。碑文 13 行，满行 33 字。孙荩卿撰文，郝庆燿书丹。

录文：

尝闻神道之设教也，为善降之百祥，为不善降之百殃。而知为善之道，尽人宜然，↵ 果能出于至诚，无论所行何善，神必有以佑之焉。兹因顺义县信士弟子等，于光↵ 绪十八年诚起助善老会，每岁于四月初七日起程，前往怀柔县属丫髻山紫霄↵ 宫；初八、初九两日在 ↵ 天仙圣母懿前供献花爆火盒、各样盆景花边等物；初十日谢驾回香。往返之间，崎岖↵ 百里。所有财力浩繁，诚非易辨（辦?）。幸邑中兵科言公振廷急力劝捐，一人倡于前，众↵ 人和于后，不数日而群集焉。在领袖者，初非掠为己美，维念独立之难成，知众善↵ 之足录，无论捐资多寡，尽使勒诸贞珉。后之君子，闻风兴起，庶斯举之不朽也。爰↵ 为之记。曰：维兹宝顶，路隔康庄；凡我蒸庶，时荐馨香。车马所经，险阻备常；赖兹众↵ 力，有美可扬。经营匪易，功德难量；垂以永久，名播四方。↵
光绪己丑恩科举人国子监教习脩臣孙荩卿撰文↵

候选巡检三河县信士弟子郝庆燿书┘

大清光绪二十三年岁次丁酉孟夏月穀旦立

注释：

百祥：多种、多个吉祥。百，言其多也。

百殃：多种、多个灾殃，不好的报应。

懿前：圣母之前。懿，专以代尊贵的女性，如皇后、皇太后、女神仙等。

兵科："兵科都给事中"的简称，明清官员名称。清沿明制，给事中已成为一个独立的机构。由于"给事中"分掌"六部"，故称"六科给事中"。职掌"侍从、规谏、补阙、拾遗、稽察六部百司之事。凡制敕宣行，大事覆奏，小事署而颁之；有失，封还执奏。凡内外所上章疏下，分类抄出，参署付部，驳正其违误"。六科各设掌印给事中满、汉各一人，给事中满、汉各一人，秩正五品。康熙五年（1666），改都给事中为掌印给事中。雍正元年（1723）并入都察院，光绪三十二年（1906），废六科之名，统设给事中。故文中所说"兵科言公振廷"，也即"兵科给事中言振廷"。

按语：

此碑仍为平谷碑刻，由于"助善老会"是由顺义的信士弟子诚信发起的，故云。碑文中会员们来丫髻山年例进香的活动安排和活动内容交代得很清楚。"每岁于四月初七日起程，前往怀柔县属丫髻山紫霄宫；初八、初九两日在天仙圣母懿前供献花爆火盒、各样盆景花边等物；初十日谢驾回香。"

开篇"尝闻神道之设教也，为善降之百祥，为不善降之百殃。而知为善之道，尽人宜然，果能出于至诚，无论所行何善，神必有以佑之焉"。越往近现代，思想越先进，通过碑文就可以看出。逐渐淡化了神有无的探讨，告诉人们为善的好处，并许之以"神必有以佑之"。

如意老会碑

解题：

清代光绪三十一年（1905）四月。碑已佚，仅存拓片。碑阳拓片残长108.5厘米，宽67厘米。方首抹角，饰花草。边框饰缠枝莲。额双钩题"永垂不朽"，首题"宝坻县城南如意老会碑记"，年款"大清光绪三十一年四月穀旦"。碑文14行，满行24字，楷书。唐杏榜撰文并书丹。碑阴拓片长86厘米，宽67厘米。碑首饰山石花草，边框饰缠枝莲。额双钩题"万古流芳"。碑身居中镌刻正会首姓名3人，副会首姓名16人，信女姓氏4人。

录文：

（碑阳）

宝坻县城南如意老会碑记⤵

伏维⤵ 天仙圣母碧霞元君驾前曰：<u>吾侪</u>弟子每岁四月初八日护⤵ 驾来朝丫髻山顶，盖四十有余载矣。凡在会诸家，天灾⤵ 不染，人害不侵，<u>耄耋</u>康强，<u>鬈龄</u>精壮，转祸为福，易危为安。⤵ 虽<u>庚子大劫兵燹</u>，均未及焉。灵感如斯，敬信奚似乃欢！天⤵ 地无不覆载至广大也，日月无不照临至高明也，江海无⤵ 不容纳至深远也。而管可窥，圭可测，航可渡。唯巍巍荡荡⤵ 如天仙圣母碧霞元君者，德包天地之外，慧烛日月⤵ 之晦，恩周江海之表，无声无臭，感而遂通；莫显莫微，求之⤵ 斯应。洋洋乎临上质旁，在左在右，诚之不可<u>揜</u>矣。爰垂岷⤵ 碣，永誓不忘。⤵

古泉州庠生唐杏榜撰文并书⌐

大清光绪三十一年四月穀旦

（碑阴）

正会首孙连城、马仕才、董俊，副会首李俊臣、霍永顺、霍福德、裴玉成、李国相、李瑞云、刘万林、张玉麟、辛富有、孙林、唐国富、李国富、李永泰、李永兴、李永德、张广田，信女孙赵氏、杜魏氏、石于氏、张扬（杨？）氏。

注释：

吾侪：吾等，我们。

耄耋：高龄，古人将"老"分作四等，即六十曰老，七十曰耆，八十曰耄，九十曰耋。

髫龄：童年，就是黄发垂髫之"垂髫"的年龄，小孩儿梳着两个小辫垂在头两侧的那个年龄。

庚子大劫兵燹：即历史上有名的晚清"庚子之乱"。光绪二十六年（庚子，1900），北京爆发的一场暴乱。有数十万号称"刀枪不入"的"义和团"入京围攻各国公使馆。不久，八国联军攻占了北京，慈禧太后弃都而北逃。次年，李鸿章被迫与各国签订了《辛丑条约》，同意向十四国赔偿白银四亿五千万两，分三十九年还清，这就是"庚子赔款"。

揜：同"掩"，掩盖之意。

按语：（略）

万诚老会碑

解题：

清代光绪三十一年（1905）。碑方首抹角方趺座。首身高 221 厘米，宽 72 厘米，厚 25 厘米。青石质。碑阳首部线刻二龙戏珠图案，边框饰回纹。额题"万善同归"，年款"光绪三十一年岁次乙巳月榖旦"。碑文 14 行，满行 39 字。碑阴首部线刻双凤花卉图案，上端中间部位线刻一"日"字。额题"万诚老会"，碑身镌刻信士 110 余人的姓氏。叔平吴宝钧书丹。碑身断裂，已修复。现位于丫髻山碑厂子。

录文：

（碑阳）

盖闻天之☐☐恩曰生万物必赖坤成，故《书》曰天地万物父母，《诗》云母兮鞠我。是人生固资夫教┛育而尤重乎抚字之恩也。钦维┛天仙圣母碧霞元君☐安九有，德列三无，慧光所被，无善而不臻；妙谛所敷，无恶而不化。兼之济艰救┛苦，人人永感☐灵应，弭患消灾，家家常获庇荫。戴之深者莫知其源，履之广者莫测其际。此┛所谓大功无贰，☐德莫名者也。我朝兼以神明设教，觉世警愚。于道光丁酉，┛恭慈皇太后亲诣致祭前☐。每届岁时，┛钦派王公敬代缺，并准☐遐迩军民随班拜舞。故熙熙攘攘，万善归心。是则上至⌐ 国家，下至黎庶，同沾慈□，□慕仁风。愚等既受抚字之恩，未申寸衷之报。爰勒斯石，仰祥光于奕⌐ 世；敬答宏庥，祝⌐ 圣寿以无疆。⌐

万诚善会人等：刘明发、⌐ 陈善策、⌐ 李□、邓庆林、⌐ 张廷献、⌐ 张宝林⌐ 仝立⌐

光绪三十一年岁次乙巳月毂旦叔平吴宝钧书丹

（碑阴：略）

注释：

《书》曰天地万物父母：语出《尚书·周书·泰誓》。原文作"惟天地万物父母，惟人万物之灵"。天地孕育万物，男女产生灵长的道理。

《诗》云母兮鞠我：语出《诗经·小雅·蓼莪》。原文作"父兮生我，母兮鞠我，拊我畜我，长我育我"。总之就是讲父母养育之恩，生我，养我，呵护我，教育我。

抚字：抚育，抚养，呵护教育。

按语：

文中有"于道光丁酉（十七年，1837）恭慈皇太后亲诣致祭"，与前面条目宣宗旻宁撰文并书丹的《重修丫髻山碧霞元君庙碑文》中的"工既竣，诹吉于丁酉三月十三日，躬奉圣母皇太后安舆祗诣升香"，实际是一回事。此文所追述的与上条撰文的时间，均为道光十七年（1837），其所说的"皇太后"，实亦为同一人——"孝和恭慈康豫安成钦顺仁正应天熙圣睿皇后"，嘉庆皇帝的第二位"睿皇后"——钮祜禄氏。

大后家湾恭意会重建碑

解题：

　　清代光绪三十二年（1906）三月。碑已佚，仅存拓片。拓片残长 125 厘米，宽 61 厘米。边框饰缠枝莲。首行"京都顺天府东路厅香武二邑大后家湾恭意会众善弟子等均感"，年款"光绪三十二年丙午暮春"。碑文 16 行，满行 43 字，落款以大字刻。

录文：

京都顺天府东路厅香武二邑大后家湾恭意会众善弟子等均感↲

盖闻乾道资始、坤道资生，故阳主健而阴主顺，阳以胚胎，阴以成能。故阳主施，而阴主仁。然则有乾之健，而始↲ 行坤之顺；有阴之仁，而后体阳之施者也。兹↲ 碧霞元君，枝联三凤，道贯一时，丹成九转，操亿万众生灵之民命；仁孚一世，保十方中赤子之安康。体万人之慈↲ 祥，恩施四海；普寰区之抚育，德庇九州。受福既等戴天，则奉祀安敢或亵？鸾翔凤翥，务期庙貌之巍峨；赞币牵↲ 牲，更爇香烟之清洁。献享因有常期，勒春秋之定典；祷祝共将至意，奉朝夕之趋承。将见来享来王，神和原于↲ 人吉；在左在右，众庶庇以威灵。由是稚子成童，登遐龄之岁月；严父慈母，邀↲ 圣德于无疆矣。↲

钦加三品衔花翎、在任候补知府、特授广平清 平 府、署理务关督河府戴世文、冯才、文生毛槐、李纬、李广山，↲ 乙酉科拔贡、同知衔、分省候补知县吴春鸿、巨廷瑞、尉迟成敏、卢庆堂、宋连升，⏎ 务关王家务汛千总王普庆、徐永全、徐魁元、后福贵、冯守成，⏎ 五品顶戴、补用从九卢起旺、尉迟明智、贾焕、刘宗志、项大成，⏎ 六品顶戴李廷栋、张建、李廷弼、张永芝、王绍熙，⏎ 五品顶戴、文生李廷槐、李发、刘麟、刘百龄、赵光玺，⏎ 补用守府路巡、李家明、彰智、后福荣、穆广然，⏎ 后贵珍、后福祥、后福永、李怀庆、吴海，⏎ 李沄、武生李绹、卢安泰、董全、冯守曰，⏎ 高增、刘仲、关守军、后福增、王泰 ⏎

光绪三十二年丙午暮春重建碑记⏎

注释：（略）

按语：

前文有同治三年（1864）"恭意老会"的碑文，内容基本相同。除碑后半部落款人名因年代不同而有所不同外，尚有如下对比之不同：

1. 前碑首行"大清国京都直隶顺天府东路厅香武二邑大后家湾恭意老会、众信士弟子均感"，此碑首行作"京都顺天府东路厅香武二邑大后家湾恭意会众善弟子等均感"。

2. 前碑第四行之"仁普一世"，此碑第四行作"仁孚一世"。

3. 前碑第五行之"恤寰宇之抚育"，此碑第五行作"普寰区之抚育"。

4. 前碑第五、六行之"更择香烟之清洁"，此碑第六行作"更爇香烟之清洁"。

5. 前碑第六行之"伸荐极将至意"，此碑第六行作"祷祝共将至意"。

6. 前碑第七行之"众庇以威灵"，此碑第七行"众庶庇以威灵"。

从这几处使用字词和不使用字词上，似乎能看出作者的一些"良苦"用心。第1点中之"大清国"要与不要是有暗示的，同治三年（1864）时的大清国还有点儿"大清国"的样子，但是到了清末光绪三十二年（1906），"大清国"在常人眼里已变了，即便是立碑千古留名也不一定非要用上这个

"妄自尊大"的称呼。另外前碑称"恭意老会"而此仅称"恭意会",又过了40多年,难道"恭意会"不够"老"吗?可见彼时的香会民俗,一般爱冠之以"老"字,用以强调它的历史悠久而已。而第6点中"众庇以威灵"与"众庶庇以威灵",在语义上虽无大区别,但在句式、字数上应以后句为佳。

立施舍香火地租碑

解题：

清代光绪三十二年（1906）四月。碑方首方座，座系补配。首身高 123 厘米，宽 52.5 厘米，厚 19.5 厘米。青石质。首部线刻云纹，边框饰回纹。额题"万古流芳"，年款"大清光绪三十二年四月榖旦"。碑文 14 行，满行 25 字。赵德化立石。碑刻有残损。现位于丫髻山碑厂子。

录文：

立施舍香火地租碑记⏎

尝闻人言，有乐善好施者，果能以福报之乎？盖乐善不倦，人⏎所固有之长情也。善为至宝，一生用之不尽也。《书》曰作善降⏎之百祥，《易》云积善之家必有余庆。千祥云集，百福骈臻，岂不⏎报之以福乎？今有顺天府三河县庞里庄窠刘作霖、清，虔心好⏎施，诚愿将祖贻民地租项四千余吊施舍在丫髻山⏎天仙圣母懿前，于四月圣会，作为永远帮助献戏舍粥之资。此租⏎坐落在梨各庄、坨头寺二处。每年秋后起现租钱三百八十⏎余吊。诚哉好施也！盖施舍财源，善种福田，名垂千古，裕后光⏎前，德业隆盛，后代贤明，广行阴骘，上格苍穹。天必锡汝以福，⏎岂不以乐善好施中得来者哉？引善人王殿勋、⏎杨魁三、⏎张延立。⏎

大清光绪三十二年四月榖旦日本山住持道赵德化敬立

注释：

《书》曰作善降之百祥：语出《尚书·伊训》"作善降之百祥，作不善降之百殃"，做善事就有好事来临，行不善之事坏事就会来临。

《易》云积善之家必有余庆：语出《周易·坤·文言》"积善之家，必有余庆"，意思是积德行善之家，恩泽会及于子孙。

百福骈臻：各种吉利、好事都来了。骈，并列，并驾齐驱；臻，到，至。

租项：指租地所获的利润。

阴骘：就是"阴德"，默默地做好事，做好事不留名，暗中做有德于别人的事。

按语：

文章前半在讲"善"，讲"善"与"恶"的利害关系，以及"行善"与"作恶"的后果；"余庆""百祥"与"余殃""百灾"。总之是劝善之意，后面再引出这里的主要人物刘作霖，以及他的善事，即捐地租银4000余吊在天仙圣母懿前之事。最后交代租地位置、起租方法，及引善人、立碑人等。

诚意圣会碑

解题：

民国十年（1921）四月。方首方趺。碑首身高 218 厘米，宽 85 厘米，厚 27 厘米。青白石质。碑阳首部线刻云海纹饰。额隶书题"诚意圣会"，首题"诚意圣会碑记"，年款"中华民国十年夏历辛酉四月榖旦"。碑文 10 行，满行 30 字，隶书。碑阴首部线刻双凤，宝相花纹饰。碑文记录正副会首的姓名。大兴安则泰撰文，大兴金兰言书丹。碑残已修复。现位于丫髻山碑厂子。

录文：

（碑阳）

诚意圣会碑记┘

诚意圣会者，由前清国初发起于京城内外大宛两县人民，夏历四月向┘丫髻山礼┘神祈福之善举也。初由京城人民办理，惟四月初四日在喇苏营供┘驾用斋。迨乾隆末年，即归喇苏营承办。早年原有碑记，屹立山前后，因山墙坠┘落，压覆难寻。至民国九年，该碑始行出现，合会善信人等以为久蒙┘神恩之呵护，佑我平安。幸此碑记之犹存，岂容湮没？爰将旧碑整建，用昭灵况┘于当年，复树新碑告成，以垂永久于后世。惟愿合会人等同勉，诚心向善；仰邀┘圣德垂慈，庶不负成会建碑之旨也。是为记。┘

中华民国十年夏历辛酉四月榖旦大兴安则泰谨志┘

大兴金兰言敬书

注释：

喇苏营：村名，今仍存，仍名"喇苏营"，属顺义区天竺镇。

供驾用斋：指在喇苏营这里做进山朝拜的准备工作，如安放车辆、斋戒饮食之类的。驾，供皇帝、神仙使用的车辆；斋，斋戒。

山前后：指大殿的山墙前后。山，山墙。

按语：

碑文交代了丫髻山诚意会原始，清初建立，大兴、宛平两县人民发起。要知道，当时的京城只有大兴、宛平两县，中轴线把京城分作两半，左（东）边是大兴，右（西）边是宛平。所以这个会参与的百姓来源不少，可以说是遍布京城，故说"初由京城人民办理"。到乾隆末年改由喇苏营承办了。早年间所立的碑，在民国九年（1920）时于瓦砾中再度发现，应该就是康熙四十七年（1708）钦赐进士第、皇太子讲官、内廷供奉、翰林院编修汪灏所撰《诚意会碑记》，该碑说："大兴、宛平居人等，曩有诚意会，岁一举行，请一言勒石庙中，将以垂永久也。"印证了此"诚意会"远在康熙之前既已成立，是属于"大兴、宛平居人"的。由此可知，"诚意会"前后的两通碑目前都在。

重修回香亭殿宇以及盘道碑

解题：

民国二十四年（1935）十一月。碑方首圭角方趺。首身高 174 厘米，宽 76 厘米，厚 17 厘米。青石质。碑首浅浮雕二草尾龙戏珠图案，边框饰缠枝莲纹。额双钩题"万善同归"，首题"重修回香亭殿宇以及盘道碑记"，年款"中华民国二十四年十一月十五日吉日"。碑文 14 行，满行 27 字，楷书。碑阴额双钩题"永垂不朽"。碑身文字记录了各县庄人捐献钱物等情况。碑身断裂、残缺，后修复。现存早年拓片，文字完整。现位于丫髻山碑厂子。

录文：

（碑阳）

重修回香亭殿宇以及盘道碑记┘

古者神道设教，昭然列乎祝典；佛法流通，运动本夫民情。汉代建┘禅林，武帝修寺院，无非神道依夫人民，而人民之通乎神明。所以┘向善敦化者，未有不赖夫灵应默佑者也。缘据丫髻山，昔有东西┘二顶玉皇上帝宝阁、天仙圣母牌楼、钟鼓二楼、回香亭、┘娘娘大殿诸神殿宇，以及盘道。虽然岁时修葺，未便一新。久被风霜剥┘蚀，渗漏凋残，实难目睹。人心向善，贵官长者，众会董事诸君子等┘不邀同心竭志捐资之意重修。鸠工庀材，丹垩雕阑，庙貌足以观┘瞻，神像亦堪祝仰。以及盘道告竣，其工虽速而需款甚巨。未免捐┘资邻村，集腋成裘，而共成是举。好善乐施之士，巨擘赞成。

恐其代┘ 远年湮，所以勒碑刻铭。<u>大柜</u>效力王勋卿撰。而著施助之芳名于┘
左，叶期永远不朽云尔。┘

本山住持道赵大安叩┘

中华民国二十四年十一月十五日吉日立

（碑阴：略）

注释：

丹垩雕阑：形容古建庙宇经过重修以后焕彩的样子。丹垩，朱红色与大
白色的油饰；雕阑，同"雕栏"，表示古建石木装修是有雕饰的。

庙貌：新修庙宇的样子。

大柜：从上下文义判断，"大柜"似乎是一位管理财务的人员。也许只
是在某项工程上临时进行"钱柜"的管理而已。

按语：

读碑文，看样子这次的修缮涉及以下几个方面，"东西二顶玉皇上帝宝
阁、天仙圣母牌楼、钟鼓二楼、回香亭、娘娘大殿诸神殿宇，以及盘道"。
实际上东西二顶就是两组建筑，再加上盘道修缮，工程量可谓不小。

东直门外三顶老会碑

解题：

民国时期。碑方首须弥方座。首身高200厘米，宽68厘米，厚21厘米。青石质。首部饰浅浮雕云纹，边框饰缠枝莲纹。额题"金光普照"。碑阴碑首部饰浅浮雕云纹，额题"因果不昧"。碑面无文。碑首残缺，碑身残断，已修复。现位于丫髻山碑厂子。

录文：

东直门外三顶老会⌐

注释：（略）

按语：

以下对丫髻山碑刻作一个简单的汇总。通过这次研究整理的碑刻文献资料，例如：清高宗皇帝《御制丫髻山玉皇阁碑》以及乾隆二十年（1755）《御制丫髻山诗》《御制题丫髻山碧霞观诗》等，在官修《日下旧闻考》中可以查到；而宣宗皇帝御制《重修丫髻山碧霞元君庙碑文》、和硕诚亲王胤祉《丫髻山行宫碑文》、固山贝子弘景《如意攒香供献鲜花寿桃胜会碑记》

等，这些属于帝王书撰的碑文，在《光绪顺天府志》《雪屐寻碑录》等书中亦可以查到。这样，存于书中的碑文即可与现实中的碑刻互相补充和校对。如果今天碑已不存了，可以据书上的资料进行补刻；如果今存的碑刻已经斑驳陆离了，则又可据书进行考补。所以，碑刻为第一手资料，向来为古史学家、方志学家、民俗学家所必读必究者。如仅据古代"正统"书籍如《四库全书》《古今图书集成》之经史子集、十三类等从事研究，那中国辉煌灿烂的历史，将会变得枯燥乏味、有骨没肉，或仅为说教而已。

另外，通过我们对现存碑刻及所存录文、拓片的整理，并结合正史文献，还可以摸索出一些规律来。如对已知丫髻山碑刻的统计，清康熙时 11 通、雍正时 1 通、乾隆时 7 通、嘉庆时 1 通、道光时 1 通、同治时 3 通、光绪时 8 通，民国时 2 通，除可借以研究各时期丫髻山祭祀修缮情况、香会组织实施情况外，还可以从侧面了解到当朝皇帝的重视与百姓们的热情或丫髻山香火旺盛的情况。至少可以知道，丫髻山的香火，历史上曾有过两次高潮：一次是康乾时期，另一次是清末光绪年间。康乾盛世，人神共欢，自不必说。但在清末仍起高潮，则说明那时的社会不稳定，人心惶惶。老百姓对皇家、官府不信任、不满，转而在拜山祭神中得到寄托。此类情况，我们从康熙 11 碑、乾隆 7 碑、光绪 8 碑中即可体会到。

皇家诸碑刻，如：

清圣祖皇帝玄烨在康熙五十四年（1715）御撰书的《丫髻山玉皇阁碑记》记，丫髻山"自元明以来，号为近畿福地"。而康熙五十二年（1713），正值皇帝六十周岁寿辰，老百姓们为皇帝祝禧，因建玉皇阁。即从当年三月经始，落成于次年（1714）三月。

清宣宗皇帝旻宁在道光十七年（1837）御撰书的《重修丫髻山碧霞元君庙碑文》记，道光帝在做藩王时曾奉嘉庆皇帝之命，瞻礼丫髻山十数次之多，其时应在嘉庆年间（1796—1820）。时至丙申（道光十六年，1836）三月，又进行了一定规模的修缮，但碑文对于修缮的具体内容并无交代，仅记其按照皇考的笔迹重新模仿题匾，整整一年时间。又奉皇太后来游丫髻山，感慨之际，年末亲自撰文书丹于石，以传永久。

清圣祖第三子诚亲王胤祉康熙五十三年（1714）奉敕书撰《丫髻山行宫

碑文》，文中并无太多实际内容，通篇溢美，烦琐。但其所云"丫髻胜地，实为泰岱行宫"可以纠正过去老百姓的一个误区，丫髻山是皇帝的行宫。事实上，丫髻山作为碧霞元君的道场，相对于其发祥地泰山来讲，它只是一座行宫而已。

固山贝子弘景撰文并书丹《如意攒香供献鲜花寿桃胜会碑记》，虽前文亦不乏空泛，但读其后文可知"如意攒香供献鲜花寿桃胜会"，即由固山贝子弘景初创于清乾隆十年（1745），并订好以后年以为例。

不仅帝王，当朝大臣们也纷纷为丫髻山题写碑刻。如：

康熙四十八年（1709）《丫髻山天仙庙碑记》，为赐进士出身光禄大夫文华殿大学士兼户部尚书加五级丹徒张玉书撰文；康熙三十五年（1696）《丫髻山天仙祠碑记》，为赐进士出身内阁学士兼礼部侍郎张榕端撰文；同年的《丫髻山进香碑记》，为赐同进士出身翰林院检讨宋如辰撰文；康熙四十五年（1706）《怀柔县丫髻山天仙圣母庙碑记》，为赐进士出身翰林院庶吉士郭于蕃撰文；康熙五十三年（1714）《丫髻山行宫碑文》，为鸿胪寺序班加二级朱圭镌刻；次年《丫髻山玉皇阁碑记》，亦由朱圭奉敕勒石并篆额；雍正元年（1723）《丫髻山进香碑文》，为国子监祭酒王图炳书丹；嘉庆十三年（1808）《一山善人灯会碑》，为太子少保协办大学士户部尚书信官戴衢亨撰文并书丹。帝王重视于前，大臣倡导于先，百姓热潮高涨于后，上有所好，下必有甚焉者矣。其实根据这些书撰人的情况，也能摸索出一些规律来。我们发现，高层人士的书撰大多集中在康熙朝。乾隆朝，堪称盛世，在所收七碑中，仅有贝子弘景一碑。光绪时八碑，竟无一位在朝重臣，也可反映当时的国情与民情之一斑。

香会碑在丫髻山诸碑中占有相当的比例，于中我们不仅可以更广泛、更细致地了解有关各民间香会的来龙去脉、发起时间、发起人、香会规条等，还可由其叙述中获得其他史实和常识。如：

清康熙四十六年（1707）《丫髻山进香老会碑》，文云："久约同心，集成善会，历今五十余载。"由时间逆推可知，"丫髻山进香老会"成立于清顺治十四年（1657）之前，真可谓老会矣。在本书所收各香会碑文中纪年明确的算是最老的一种。

康熙四十八年（1709）《丫髻山天仙庙碑记》："当明之季，有台谏欲建魏珰祠于其山者，锡名'崇功'。祠未成而珰败，人咸称元君褫其魄而速之诛。"魏忠贤，为明末奸宦。于天下广建生祠，未及遍享而身败名裂，此又一例。

乾隆二十四年（1759），在修弟子袁孝秀等撰《制造引路一山神灯序》中叙述了"一山善人"108盏香灯的来历，丫髻山盘道夜设神灯，接济往来，系都中德胜门内绦儿胡同信士袁任库同妻钱氏夫妇二人募捐诚造。嘉庆十三年（1808）《一山善人灯会碑》，则具体讲明"众小灯"的使用方法："其制：以众小灯排成四字。每当日暮时，月色灯光辉映山谷，虽数十里外犹隐隐可辨焉。"同治十二年（1873）赵承学撰《立众善供俸干果素烛以及照善士拜顶碑文》，记载了香会众善人每遇四月朔日天仙圣母圣诞，向例供奉干果以养"人"字与"善"字灯之事。

光绪十九年（1893）《天仙圣母碧霞元君》，名称上虽非香会之名，客观上却有香会之实。"我村自国初以来，立有花儿老会，年历于四月初五日，合会善男信女人等，莫不虔备香烛，亲诣昊天上帝、天仙圣母驾前……次谒王奶奶懿座前，虔诚礼拜……"由此可知"花儿老会"的基本情况。

通过读光绪二十三年（1897）《顺义县助善老会》，可知此会发起于清光绪十八年（1892），具体活动内容则是每年四月初七日起程，前往丫髻山紫霄宫，初八、初九日两天在天仙圣母神像前放花炮、供盆景等，初十日返回。

光绪三十一年（1905）《宝坻县城南如意老会碑记》碑文更像是一篇祭神之文，在神前发誓，对扬王休。但其所叙"吾侪弟子每岁四月初八日护驾来朝丫髻山顶，盖四十有余载矣"说明此"如意老会"初创于清同治四年（1865）之前。

民国十年（1921）《诚意圣会碑记》，此碑文虽短、虽晚，但交代清楚。载明"诚意圣会"发起于清初（1644年前后），原由京城内人民办理，直至乾隆末年（1795年前后），归喇苏营承办。原本有碑屹立，后因墙倒佚失。再至民国九年（1920），碑复出现。众人以为"蒙神恩之呵护"。此重新立碑，唯愿合会人等"诚心向善"。

　　详记丫髻山庙宇宫殿建修田产四至情况的碑刻，为今人的研究勘察测绘修复提供了一定量的一手资料。如：

　　康熙皇帝御制《丫髻山玉皇阁碑记》记载了建阁的起因与时间，道光皇帝御制《重修丫髻山碧霞元君庙碑文》记载了当时的修缮原则与复制匾额情况，乾隆二十九年（1764）《京都顺天府昌平州怀柔县寅洞里丫髻山护国天仙宫地界四至碑》将"天仙宫"地界四至详细刊明树碑立石。民国二十四年（1935）《重修回香亭殿宇以及盘道碑记》记载了当时募资重修丫髻山东西二顶玉皇上帝宝阁、天仙圣母牌楼、钟鼓二楼、回香亭、娘娘大殿诸神殿宇以及盘道等事。

　　有些香会碑刻文字不多，内容不丰，但其落款处却给我们留下了一些发起人与会址的史料。如：

　　康熙三十五年（1696）《丫髻山进香碑记》碑侧刻"京都地安门白米斜街崇善三顶圣会香首王门叶氏等建立"，康熙四十七年（1708）《诚意会碑记》碑侧刻"东华门皇城内外众善人等同立"，康熙五十五年（1716）《福善圣会朝山碑记》碑侧刻"京都顺天府大宛二县崇文门内单牌楼各坊巷人等同立"，乾隆七年（1742）报恩源留放堂老会碑上款"京都皇城东安门内小南城众善诚起"，乾隆二十年（1755）《景山南府灵官庙年例福善香茶斗香老会恭诣宝宫酬愿答报四恩碑铭》碑侧刻"京都皇城内景山西门灵官庙"及"景山南府福善老会众善同立"，乾隆五十一年（1786）《合意进供鲜花老会碑》上款题"京都顺天府东直门外三条中街诚起"，嘉庆十三年（1808）《一山善人灯会碑》碑侧刻"京都龙灯老会挂灯献茶"等。诸如此类载录了大量的为正史、官书、方志所没有的史实。

　　碑刻中常常论证一些封建社会的礼仪伦常的大道理，所谓代圣人立言，有些则略显华而不实。

　　清康熙三十五年（1696）张榕端所撰《丫髻山天仙祠碑记》记，自古诸侯不能滥祭。但是今天的百姓之所以祭碧霞君而不犯忌，原因在于天仙圣母并非此山之主，此山亦不在五岳之列，百姓思慕其德，非山又无以妥灵之故。

　　康熙三十五年（1696）《丫髻山进香碑记》，读罢通篇的碑文，未谈其碑额"崇善老会"一字,即其首题"丫髻山进香碑记"于文中亦未见实际内容,可见此碑为香会众人雇请时任翰林院检讨的朝官宋如辰来撰写的。至于宋本人,是否来过丫髻山,都是个疑问。幸好,其碑侧刻"京都地安门白米斜街崇善三顶圣会香首王门叶氏等建立"字样,可知其香会发自地安门白米斜街的王门叶氏。

康熙四十五年(1706)郭于蕃所撰《怀柔县丫髻山天仙圣母庙碑记》,开篇是在论述人与神的关系:神之灵异与否,在乎人的心诚与否。天仙圣母为神中之最灵者,因其能秉坤德之粹而佐乾刚,故能博得各类人士的供奉。所以,求名者祈于圣母,观利者祈于圣母,祷桂子兰孙、景福上寿者亦祈于圣母。

康熙五十五年(1716)陈元璋书丹之《福山圣会朝山碑记》,有鉴于百姓的迷信和某些迂腐文人对神鬼偶像的生硬理解,从而替帝王讲出了"神道设教"的用意。文云:"广建庙宇,有现在法像之色焉,有诸般称号之名焉,有锻炼人魂魄之地狱变相焉。其为说无稽,宜吾儒目以怪诞而不之信。然揆其所以垂世立教,无非欲人洁己于当前,畏罪于身后,而坚夫向善之恩。其亦……神道设教之遗意乎!"从碑文中可以看出,一位封建社会的正统儒生对佛道的理解。

康熙五十六年(1717)《二顶放堂老会碑记》:"圣母得道髫年成真,夙禀乾坤之正气。冲幼识彻,入仙入道,实分星斗之光芒;至圣至灵,广大包罗于宇宙。曰仁曰德,普济众生之囊龠;彰善瘅恶,慎用六柄。""圣母得道于泰山,仙趾降临以丫髻。""夫是山也,高有千寻,广有亿丈。"其实,无非是讲圣母年幼得道成仙,普济众生,由泰山以临丫髻山而已。

雍正元年(1723)《丫髻山进香碑文》,由当时的国子监祭酒王图炳来书撰。就是在今天,北京孔庙的进士题名碑陈列中,尚能看到其落款的碑刻。本篇碑文纯粹是对清圣祖皇帝在康熙五十四年(1715)的《丫髻山玉皇阁碑记》,及驾幸丫髻山的一通溢美之词。文中使用了大量的铺陈、对句与骈文,以此来"上慰圣祖在天之灵"。而这一年又赶上了雍正皇帝胤禛"嗣承大统",又是十年一届的朝廷进香会期,故此特立碑以志。

光绪三十二年(1906)《京都顺天府东路厅香武二邑大后家湾恭意会重

建碑记》，篇首即论"乾道"与"坤道"的关系：阳主健，阴主顺；阳以胚胎，阴以成能；阳主施而阴主仁。天仙圣母碧霞元君为女性之神，故文中强调阴与阳的关系。

碑刻中有专门解释天仙圣母碧霞元君者，如：

康熙四十八年（1709）张玉书撰《丫髻山天仙庙碑记》将碧霞元君的两种传说交代清楚：1. 元君者，西王母之第三女也，诞于四月十八日，此华山石池、玉女洗盆之说也；2. 或曰，乃湄州林都检之女，渡海云游，于宋宣和间，以护佑路行人功始有庙祀。历元明，累功封天仙圣母碧霞元君徽号。

康熙五十五年（1716）《福善圣会朝山碑记》："即如所称圣母者，余为门外汉，固不能悉其本来面目为何如，弟闻其姊妹九人各有所主。"

光绪十九年（1893）《天仙圣母碧霞元君灵感显应碑记》，则介绍"王二奶奶"的来历："有本邑王奶奶者，性有仙根，终归正果，皈依圣教，一视同仁。凡有圣慈之下逮无不辅相以博施普济之。"由于其首行有"京东顺天府东路厅香河县西小屯庄合会人等"字，即可知碑文中"本邑王奶奶"之"本邑"应为"香河县"。

除上述之外，如修缮时费银若干，香会期几人赞助，何府、何州、何县、何乡、何村、何会、何人捐银若干，会首、会末等。

然而，丫髻山的石碑古刻绝非只今所余数十件而已，工作尚在进行。单从现在丫髻山所能见到的五十多件碑座来看，即可知道。随着时间的推移、政府的支持、周围百姓的参与，期望着有更多的石刻再现于世，那将对我们丫髻山的研究、旅游发展有极大的帮助。

重修临泉寺记碑

解题：

　　清代康熙四十三年（1704）九月。碑螭首方座。首身高 273 厘米，宽 83 厘米，厚 26 厘米。青石质。额篆"重修碑记"，首题"重修临泉寺碑记"，年款"大清康熙四十三年岁次甲申九月初一日"。贾龙文撰，王纶篆额，赵简书丹，石匠刘芳、张志刚、张志仁。碑文 23 行，满行 60 字，字迹清晰。碑阴额篆"碑阴题名"，碑面字迹不清。碑首两侧分别刻有"日""月"二字。现存于东高村镇临泉寺遗址处。

录文：

（碑阳）

重修临泉寺碑记⏌

敕授文林郎、知平谷县事知县、前壬午科⏌钦点内帘受卷官蒲坂贾龙文撰⏌

本邑岁贡进士王纶篆额⏌

本邑岁贡进士赵简书丹⏌

浮图之说，儒者不信，宁第不信夫？且力加摈斥，欲其廓清而不使之惑民。孟子曰：能言距杨墨者，圣人之徒也。韩昌黎之起八代之衰，慨然以斯道自任。⏌故其为文多崇仁义、尊孔孟，正人心、息邪说，其辨之也详，其绝之也严。诚恐其祸 衷 于人心，而害流于天下后世。《谏佛骨表》，至今昭揭，如日月之丽中天。」至于柳柳州则不然，其集中所载如《龙安海禅师碑》及《岳州圣安寺无姓和尚碑》诸篇，言佛事甚悉。说者乃谓昌黎学业正大，绝无异端外道之作。纵有」之，亦止论以吾道文章人品，子厚不及远甚。然虽如此，子厚之为也，当必有所见。即如吾平城南东高村庄临泉寺所俱，未尝非佛，而高村之民居者秀」良行者，朴茂敦孝，弟励廉耻，曾未闻有左道不经之士出其中。询之，则皆事佛。至问其所以事，皆曰为父母则祷佛佛应，为兄弟则祷佛佛应，祝有年则」祷佛佛应。然则凡其所祷所应，皆斯民日用伦彝之素，而非有左道不经之为。于是乃知佛也者，西方圣人，其为教亦止恐人之不为善人信人，而谆谆」然使之趋于善，趋于信。其他诸佛事如舍身割肉种种不经之论，皆崇佛者之造言，非佛本意，亦非佛本教也。说者又曰其书具在，言之凿凿，得无及焉」之文，其不足而弥缝其短乎？曰非也！佛书入我中国，盖经重译而始明，其中不无伪托，世远年湮，遂一概归之于佛。吁佛如是，吾恐不足以为佛矣！惟其」不如是，是以为佛，然亦不俱论。吾尹兹土，所重者」天子之民，凡所以利吾民，不惮劳苦繁剧皆任之。非惟人事，即神道之教亦然。上而天神，下而地祇，凡有利吾民，又不惮诚意，慨切以祝。今兹寺之佛，非复人」间所谓左道诸佛，能助吾民孝第（弟？悌？）有年之佛也。如斯佛吾即谓之非佛也可，亦即谓之为佛也可。是故乐为之记。寺建于辽之咸熙间，历金元明迄今，亦」有年矣。其间兴废不一，旧碑修（倄？）载其略。己未岁地震倾圮，村中士民王机聪、赵范、赵彩、赵彰与住持僧寂贵等倡议重修而阔。其慨乐输者固统是 村□□」居民而无遗。然特多寡任力而止，其中鸠工庀材所费更需无算。王机聪等四士民则又各自为任之而不辞，询其所以群，以为凡皆所以继先志而□」其父若母也。机聪年已七十矣，白发康强，甚称矍铄。乃不知其母且百岁，子若孙又复累累。赵范等悉一时英俊士，居是村者更皆家给人豫。于此益见」佛之助人孝弟而有年也多验矣。则吾不但乐为之记，而且并□ 其 详。」

时」大清康熙四十三年岁次甲申九月初一日立碑」

镌字石匠真定府临城县人刘芳、张志刚、张志仁

注释：

蒲坂：永济市，位于山西省西南部，运城市所辖。古称蒲坂，传为舜都。

岁贡进士：科举时代贡入国子监生员（秀才）的一种。明清两代，每年或两三年从府、州、县学中选送廪生升入国子监肄业，故称。

孟子曰："能言距杨墨者，圣人之徒也。"此句原出《孟子·滕文公下》。赵岐注"徒，党也"，亦可省称"圣徒"。此文亦为韩愈《与孟尚书书》中所引，韩佩服孟之疾恶如仇的精神。之所以云此者，因孟子又云："今天下不之杨，则之墨。""杨墨交乱，而圣贤之道不明，则三纲沦而九法致，礼乐崩而夷狄横，几何其不为禽兽也！"可见杨墨者，为孟子当时认为是不道德及惑乱视听者。

八代之衰：此句原出苏轼的《潮州韩文公庙碑》："文起八代之衰，而道济天下之溺。"是对韩愈的赞誉，赞扬他发起古文运动，重振文风的历史勋绩。所谓"八代"，是指东汉、魏、晋、宋、齐、梁、陈、隋八个朝代，那是古文兴起与盛行的时代，但是文风却日渐式微。

柳柳州：即柳宗元（773—819），字子厚，河东郡（今运城永济）人，世称"柳河东"，因官终柳州刺史任上，又称"柳柳州"。与韩愈同为古文运动倡导者，在文学史上与唐代的韩愈、宋代的欧阳修、苏洵、苏轼、苏辙、王安石和曾巩，并称为"唐宋八大家"。

按语：

碑文说"寺建于辽之咸熙间，历金元明迄今，亦有年矣。其间兴废不一，旧碑修（佾？）载其略"，是指这座寺庙只是在首题"重修临泉寺碑记"上提了"临泉寺"之名，其后再也没说。《日下旧闻考》卷一四二《京畿·平谷县》载："临泉寺在县南八里，辽建，俗名高村寺（《平谷县志》）。"临泉寺位于北京平谷东高村镇泉山脚下，由于泉山脚下泉水众多，故名临泉寺。1951 年改为学校，现今为东高村中心小学占用，1996 年公布为县级文物保护单位。临泉寺现存大殿、康熙年重修临泉寺碑、辽代古井和古柏数株。后殿"文化大革命"中毁坏。大殿三开间，硬山顶，前出廊，殿内东山墙绘有彩画。大殿近年刚刚大修完毕。然而这篇碑文，似乎并不在乎这个庙宇的情况，只是在文后轻描淡写地叙述了两句如上引文，又简单交代此次修缮的前后。大量的篇幅是在借题发表议论。由佛、儒之不同，引发了对韩、柳的评论。从儒家对佛家的看法上，作者似乎有点儿"扬柳抑韩"。韩愈、柳宗元皆为唐朝古文运动的倡导者，又都是唐宋八大家的成员，都是历史上著名的文学家、唐代朝廷命官。韩之崇儒重道，完全是不遗余力的，他以卫道者自居，对于佛教的某些做法简直是深恶痛绝。"诚恐其祸 衷 于人心，而害流于天下后世"，见于其《谏迎佛骨表》中。"至于柳柳州则不然，其集中所载如《龙 安 海禅师碑》及《岳州圣安寺无姓和尚碑》诸篇，言佛事甚悉。"阐述禅宗法统甚详，为有名无姓、有姓无行的和尚作传。故"说者乃谓昌黎学业正大，绝无异端外道之作。纵有之，亦止论以吾道文章人品，子厚不及远甚。然虽如此，子厚之为也，当必有所见"。所以，韩认为是无端之论，柳以为实有其事，并非毫无意义的。故而引出临泉寺的存在与意义。这座佛教寺庙，历史悠久，佛教劝善，善人营建和修缮寺庙。撰文人作为平谷的地方官，他认为："吾尹兹土，所重者天子之民，凡所以利吾民，不惮劳苦繁剧皆任之。非惟人事，即神道之教亦然。上而天神，下而地祇，凡有利吾民，又不惮诚意，慨切以祝。今兹寺之佛，非复人间所谓左道诸佛，能助吾民孝第（弟？悌？）有年之佛也。如斯佛吾即谓之非佛也可，亦即谓之为佛也可。"是"佛"非"佛"都不重要，能给百姓带来好处即可。

"于是乃知佛也者，西方圣人"，此言虽简，却有来源。"佛"字有一个异体字作"西域哲人"四字合写，以上下左右的结构，将此四字堆到一起。个人以为这才是对"佛"的一个最好的诠释。佛，实际就是一位伟大的哲学家。他的禅机与微言大义令常人费解，他的哲理所体现的是世界观，其有些传道者能够灵活运用到生活实践中。

文中追述临泉寺"己未岁地震倾圮"，这又是对康熙十八年（己未，

1679）的一个客观记录，说明这场大地震也曾波及于此。在前"平谷县儒学廪生王升撰、平谷县儒学庠生王晨书"的《重修府君庙记》也提到了这次地震。

重修觉雄寺碑

解题：

清代康熙四十四年（1705）十一月。碑方首圭角失座。联首高 232 厘米，宽 71 厘米，厚 27 厘米。碑首双钩云纹，四框饰以缠枝花卉。额双钩篆"重修觉雄寺记"，首题"防平城守营千总吕雄"，年款"大清康熙岁次乙酉一阳初至之月吉日"。碑文 17 行，满行 39 字。碑阴额双钩篆"功德姓氏"。王渔璜撰文，王廷选书丹，王纶篆额。现位于上宅文化陈列馆。

录文：

（碑阳）

防平城守营千总吕雄⏎

县儒学廪膳生员王渔璜撰文⏎

县儒学生员王廷选书丹⏎

县候选教谕、岁贡生王纶篆额⏎

国□能立也，赖□忠臣家之克昌也，赖有肖子推而极之圣贤之业。仙佛之绪所恃以不绝者，莫⏎ 不 皆 然。《诗》曰：夙 夜 匪懈，盖言忠臣也；《书》曰：厥父肯堂，厥子肯构，盖言肖子也。像教之来东土，始于⏎ 汉，蔓衍于六朝，盛 于唐。庵院禅寺，招提兰若，几遍区宇；沙门僧尼之伙，更不可以指数。其道亦几⏎ 经抑 塞 毁灭而□存，求其所以不堕者大抵亦赖其徒子若孙之贤者护持传绪之耳。其大者如⏎ 曹洞、临济，阐、禅分宗，使其微言、三昧若隐若显于人间；其小者如焚修创建、踵事增华，令遗像不⏎ 没。其他犯律弛戒、为佛、菩萨羞者无论矣。若吾平觉雄寺僧照元则有足多焉。考邑乘，觉雄寺建⏎ 于辽之重熙十三年，其后不无倾圮。嘉靖八年又重修之，至今百有余岁。罹⏎ 大清康熙己未地震之变，遂无片瓦支木之存。照元起而修之，问屋宇则禅室如故，梵宫如故，山门如⏎ 故；问遗像则金刚如故，佛如故，诸天、阿罗汉、菩萨如故。虽不必如曹洞、临济阐、禅立教宣大，意证⏎ 微言，使三昧真传常在人间，而能令有金刚、有佛、有诸天阿罗汉菩萨。其梵宫、山门、禅室，一与天⏎ 下之庵院、禅寺、招提、兰若等。则岂非像王之忠臣、释氏之肖子乎？具曰：寺成足以福佑一方，为如⏎ 何功？如何行？则又僧徒代传之误，儒者不道，即推之三藏六百五十七部大乘诸经皆无之。⏎

大清康熙岁次乙酉一阳初至之月吉日立石，僧照元，徒僧会司僧、会普宁，石匠刘吉芳刊

（碑阴）

信士朱国杰、戴如蒙、张文仕、于化龙（略）

注释：

"《诗》曰"句：此句原出《诗经·大雅·烝民》。原作"既明且哲，以保其身，夙夜匪懈，以事一人"。形容大臣努力工作、效力王室的样子。

"《书》曰"句：语出《尚书·周书·大诰》。"王曰：若昔朕其逝，朕言艰日思。若考作室既底法，厥子乃弗肯堂，矧肯构？厥父菑，厥子乃弗肯播，矧肯获？"周王以父子之情作比，形容子孝其父。

像教：同"象教"。释迦牟尼离世，诸大弟子羡慕不已，刻木为佛，以形象教人，故称佛教为象教。南北朝以来，佛教流行，造像之风大盛，也有说法是为"像法时"，其前为"正法时"，其后为"末法时"。

庵院禅寺，招提兰若：这是五种佛教寺院的名称，有的是梵文的音译，有的是梵文的意译，也有的是用中国原有的字来代替的，等等。总之就是泛

指各种寺庙。庵，一般指姑子庵，女尼修行的场所；院，一般是指有一定规模的寺院，辽代惯称；禅寺，在北京一带明代开始禅宗大行，故称寺院多为"禅寺""禅院"等；招提、兰若，均为梵文意译，用其称呼颇显神秘。

指数：掰着指头数数的意思。

曹洞、临济，阐、禅分宗：曹洞宗和临济宗就像阐教和禅宗一样各立门派了。原本佛教宗派的一支禅宗，后来也分了门派，其有沩仰、临济、曹洞、云门、法眼五派。曹洞与临济是两个较大的派别，对后世影响极大。但是"阐（教）"则非佛教的流派，系古代神话小说（如《封神演义》）中的宗教名，兼包佛、道二教，以助周灭殷为己任。阐教与截教对称。在这句话中"阐禅"对举，只是用来说明问题、做比喻而已。

微言、三昧：指佛教那些精深微妙的理论和禅宗修行中的一种心态。止心一处、不令散乱、保持安定即三昧。三昧，梵文音译，又作"三摩地""三摩提"等。

邑乘：指县志、地方志之类的地方文献。邑，城市，都城，城邑，都邑。

三藏六百五十七部大乘诸经：三藏，是指佛经中的经藏、律藏和论藏。至于各种《大藏经》中属于"大乘"性质的经的卷数各个记载不同。佛教认为"度人"有两种，即自度和度他，自度为小乘，度他为大乘。我们可以理解为在佛教《大藏经》（不知是哪一个版本）中有关"大乘"内容的经典一共 657 部。

一阳初至之月：此指农历十一月。古有"冬至一阳生""冬至一阳初动""冬至大于年"诸说法。杜甫诗亦云"天时人事日相催，冬至阳生春又来"。都是说冬天即将过去，春天还会远吗？

按语：

本碑文的撰文人县儒学廪膳生员王渔璜颇具学者风范，前部碑文叙述寺之原始，还算比较客观和概括。他首先运用了托物兴词的文学手法："国能立也，赖☐忠臣家之克昌也，赖有肖子推而极之圣贤之业。仙佛之绪所恃以不绝者，莫不皆然。"他以为国家的兴亡，在于忠臣；国家有忠臣，则在于孝道的推广。而佛教在中国的传播，"大抵亦赖其徒子若孙之贤者护持传绪之耳"，如此很轻松地把话题就引过来了。然后就是觉雄寺："考邑乘，觉雄寺建于辽之重熙十三年（1044），其后不无倾圮。嘉靖八年（1529）又重修之，至今百有余岁。罹大清康熙己未（十八年，1679）地震之变，遂无片瓦支木之存。"简短的几句话，把历史还原了一下。与《日下旧闻考》卷142《京畿·平谷县》一致，"觉雄寺在平谷县治西，辽重熙十三年（1044）建，嘉靖八年（1529）重修，置僧会司于内"（《畿辅寺观志》）。同样也提到了康熙十八年（1679）大地震。据今人研究，当时的这场八级大地震的震中就在平谷、三河一带，这三通碑的记载证明了这一点。

文中"庵院禅寺，招提兰若，几遍区宇；沙门僧尼之伙，更不可以指数"。列出各类寺院的名称，并将"沙门"与"僧尼"对举，实际都是言其多也，并无实质区别的。有许多从古印度翻译过来的佛教名称，对于中国来讲，有时文人在行文中只是根据修辞、语法与文体的需要，而选用不同的名称而已，并没有按照梵文的原意考虑其真正的区别。比如"沙门"和"僧""尼"，是不同结构和意义的词。"沙门"多指修行者，未必皆指佛教修行者；"僧"为"僧伽"之简，几乎接近本意，但原本指众僧；"尼"为"比丘尼"之简，女性行乞（修行）者，到中国则成了女性受戒出家者的称呼了。除此之外还有多种称呼，实际也并未按此分别对待。按照《僧史略》的说法，"寺"有十个名称，一曰"寺"，二曰"净住"，三曰"法同舍"，四曰"出世舍"，五曰"精舍"，六曰"清净园"，七曰"金刚刹"，八曰"寂灭道场"，九曰"远离处"，十曰"亲近处"。

永言孝思碑

解题：

清代雍正十三年（1735）三月。碑方首圭角失座。联首高 118 厘米，宽 57 厘米，厚 21 厘米。青石质。碑首为线刻明堂图案，边框缠枝花纹。额题"永言孝思"，首题"大清雍正十三年岁次乙卯季春"。碑文小字模糊不清，应系碑主后代题名。原位于南独乐河镇望马台村，现存于上宅文化陈列馆。

录文：

大清雍正十三年岁次乙卯季春⅃ （以下小字模糊不清，无法誊录）
合户人等三月十二日仝立石碣（以下小字模糊不清，无法誊录）

注释：（略）

按语：

此碑尤其碑身文字部分磨损严重，原本镌刻亦不用力，字体潦草，无甚书法可观。但其碑面的设计却具有一定的巧思。从造型上看，它只是一通圭首碑。巧的是它利用了碑首的等腰梯形的外形，设计了一座普通古建房屋的前脸，表现的是一座"明堂"，也就是"灵堂""祠堂"之类的。主要是以线刻的手法按照设计镌刻，看起来也别有一番风味。俗话说"艺术来源于生活却高于生活"，其所为我们呈现的"古建"，甚至都很难分清它是什么样的顶式，是"庑殿顶""盝顶"还是"四坡顶"。我们也很难看出它的开间，是一间、三间，或者是"一明两暗"。看样子设计者想要表现出的是"焦点透视的立体效果"，然而它却给人一种"没有结构关系的散点效果"。屋面的"卧瓦"看不出仰覆瓦，没有"瓦垄"，更别提"天沟"，似乎没有"大脊（正脊）"。屋檐的"瓦头"则是以左右二方连续式的"回文"图案处理。檐下的装修毫无规矩，中间敞开的大"门洞"里被"巧"用为"碑额"，阴刻大字"永言孝思"，示其后代不可数典忘祖，要常怀祖恩。旁边的两扇"木雕隔扇门"，仅仅分作上大下小结构的"三抹"门，上部斜楞窗，下部如意云板。按理说"明间"不仅应有"对开门"、上有"横披窗"，两"次间"应有"槛墙""支摘窗"，但这里全忽略了。碑面的左右框连上碑首"隔扇门"外侧，装饰以稍加"写意"的花草。所以，这样一座表面装饰花里胡哨的碑，其文字镌刻艺术如何，恐怕就没人再去计较了，以至于连碑文的内容，也没人注意保护了，致使我们今天辨认得如此困难。

菩萨庙重修碑

解题：

清代乾隆十年（1745）夏。碑方首抹角失座。联首高 147 厘米，宽 65 厘米，厚 20 厘米。碑首线刻云纹。青石质。额双钩题"永志千秋"，首题"重修□□□□殿记"，年款"大清乾隆十年夏□□□浣日榖旦"。陈世焕撰，山右刘所尤保录文。碑已断裂为五块。现位于大华山镇陈庄子村。

录文：

重修□□□□殿记┘

□庄北口河之秋□之县□□里庄观音菩萨庙不知何人始于何时相传□

□我□朝┘□□□□惜□□□□□成之远日以□□□僧

人照德□□□于此欲更新之谋口檀越□□善┘□□□□□心人予

施拾聚材鸠二焕□新焉□窃里之□□观音菩萨□非所谓大慈大悲救┘

□□难等□人□不□父母不畏翁姑不畏乡里不畏□□□独不能

不畏菩萨意菩萨之□慈大悲□□救难而谓其□□□□慈悲□救之恐

不□□□因□□畏□□□不生菩萨心即不能生其┘善□未必不以

咸其恶心则若人之及免于犯狱而不至受□□□□即谓光□菩萨之慈悲

救之亦⌐也□□则前世□报□□之庙也不可谓□无因而□□之常□是庙也尤□□之始无量缘□复□之⌐继□不能□□之□更□十□□□车而□□□当知不便日朽而月□雕交而刻镂□□知不复⌐栋朽而栋庙甚至□□之□相或□□而野处丈六□□□头焦而须烂今日之举其无乃造孽⌐□□而□□更新之初意也乎□□□□□□□乘文以记□直□自铭其功而已为知其为此一方⌐□□之□□□□□□无穷□□次乎善□□□平□镏积珠惜□齿牙而不肯□□□一⌐旦拾于菩萨□盈子□□欢□□所各□而不□□□为乐善□□□□□□□□之记也于是□书⌐

时大清乾隆十年夏□□□浣日毂旦邑人陈世焕撰山右刘所尤保录文何邦王是民住持照德立

注释：（略）

按语：（略）

南山村圆寂老祖道增和尚墓碑

解题：

　　清代乾隆十九年（1754）二月。碑方首抹角失座。联首高 128 厘米，宽 47 厘米，厚 17 厘米。青石质。碑首双钩阴刻如意云纹。额题"万古流芳"，年款"大清乾隆拾九年二月初七日"。该碑于 2008 年 4 月南独乐河镇南山村六队上甸子场院挖场房地基时出土，现存于南山村六队上甸子原场院。

录文：

石匠李明才⌐

圆寂老祖道增和尚孝徒兴锐、兴善（并列刻）孝孙隆和尚（和尚二字分刻于隆字左右）增（曾？原文如此）孙传芳、传律（并列刻）法慧眼智普存⌐ 法义眼补普福⌐ 法变眼明普承⌐ 法心眼静普现⌐ 觉□⌐

大清乾隆拾九年二月初七日眼明造立

注释：（略）

按语：（略）

起建积善庵碑

解题：

　　清代乾隆三十四年（1769）九月。碑方首抹角失座，通高 138 厘米，宽 60 厘米，厚 19 厘米。青石质，碑首线刻云纹，边框为缠枝莲纹。额双钩题"永垂不朽"，首题"乾隆叁拾叁年岁次甲子仲春起建积善庵碑记"，年款"乾隆三十四年菊月穀旦"。碑文 17 行，满行 30 字，楷书。现存于平谷镇东鹿角村积善庵。

录文：

乾隆叁拾叁年岁次甲子仲春起建积善庵碑记⏌

庵名积善，其来久矣；村曰鹿角，更甚古矣。但此庵之创建，不知始于何朝；旧殿三楹，⏌ 几经重修，又不知首于何氏。从记本朝雍正初年，合村攒化重修殿宇自□⏌ 于跃龙 四 年迄今四拾余年，风雨损坏，殿宇倾颓。余等心甚伤□，欲将此□⏌ 之□□□率 十 余 亩 所□□赖历年积放，意在重修。不料⏌ 神佛有灵，口中□感。有西高村白衣庵住持□□照鉴禅师，所举本村□住持僧⏌ 涌泉□捐银八两，先定砖 瓦 口。禅师照鉴请愿捐小数钱一百□□□□□□□□⏌ 合村鼓舞按地亩捐资每亩小数钱一百文重修此庵。于是兴工勤作，余□其□□⏌ 此不合规模。共

议后展丈余，东移□□，复创大殿三间，新□两道，□钱粮浩大□□↵
合村所捐之资已经费尽，砖瓦人工，无钱可偿。余等心甚劳之。于是□
请□↵中会首二十余人如意加捐，钱粮犹缺，余三人自拨小数钱三十余千，
偿补已□↵惟缺□□，只得募化京中当商李福□慨愿捐小数钱一百五
十千，以为□□↵之费。工成至此，余想前人创建此庵并无碑记，重修之
人不知姓氏名谁矣。□□↵斯时新起大殿三楹，建立□钱粮若此，犹不
留记，亦同于前人耳。因此建立此碑，↵相传不朽云。
本村庠生□□□，↵住持僧源□，↵石工王成□□↵
乾隆三十四年菊月毂旦立

注释：

跃龙四年：雍正四年（丙午，1726）。跃龙，与"潜龙"对称理解，
是指皇帝登基，而潜龙是指真龙天子未登基之前。故文中说"迄今四拾余
年"。该碑立碑时间乾隆三十四年（己丑，1769），雍正四年到乾隆三十四
年，相距43年。

小数钱：与"整数钱"对比理解，大约是指那些零散的不够一定数量的
捐款。

按语：

文中多处提到"小数钱"，总的看来此数虽小，亦能成大事啊！如"捐
资每亩小数钱一百文重修此庵""余三人自拨小数钱三十余千""募化京中
当商李福□慨愿捐小数钱一百五十千，以为□□之费"。文中似乎所有
"大钱"都没直说，或系文字剥蚀不清。"本村□住持僧涌泉□捐银八两，
先定砖瓦□"这是唯一一处见到"两"的钱数。大概修复之前的大殿三楹，

覆盖新建的大殿三楹，所需费用如此。再加上其他慨捐的"小数钱"，已将"大事"搞定。读其他修缮创建类碑文，往往动辄几百上千两的消耗，是不是根据实际需要，我们大概一目了然。

肆圣坐落碑

解题：

清代光绪三年（1877）四月。碑方首抹角失座。通高 139 厘米，宽 57 厘米，厚 19 厘米。青石质。碑首为线刻云纹，边框为缠枝莲纹。额双钩题"万古流芳"，首题"肆圣坐落记"，年款"大清光绪三年四月"。碑文 13 行，满行 27 个字。碑面左下小字刻人名。现存于平谷镇东鹿角村积善庵。

录文：

肆圣坐落记┘

首一段，坐落花子角南北畛亩，计□□亩南北至横头，东西至于姓，每年┘□租三吊九百文。贰段，坐落向东南长身南北畛，计中地叁亩柒分，南┘北至横头，东西至于姓，西至崔姓，每年纳租二吊三百肆十文。三段，坐落┘总叁盖南北畛相连两段，计中□地肆亩□分，□┘至西边，至顶头，东边至道，东西至于姓，每□共纳租□□六百叁十文。四段，坐落┘庄南□道西南北畛，计中□□亩五分，南北至顶头，西至于姓，东至道，┘每年纳租壹吊伍佰文。五段，坐落西巷南北畛，计中地叁亩伍分，南至┘横头，北至顶头□，西至于姓，每年纳租二吊一百文。┘

首事人崔玉福、崔□安、马瑞元、于景堂、于振元、何贤、于景元、马瑞

彬、崔玉廷、于殿□、崔文奎、于亭、何有亭仝表⌐

大清光绪三年四月

注释：（略）

按语：（略）

训饬士子谕旨碑

解题：

清代乾隆四十五年（1780）一月。卧碑式，失座。碑高90厘米，宽178厘米，厚20厘米。青石质。四框卷草纹线刻图案。首行"乾隆四十四年九月□□□日内阁抄出大学士臣于"，年款"乾隆四十五年正月吉旦"。碑文34行，满行24字，碑残断不缺文。现存于上宅文化陈列馆。

录文：

乾隆四十四年九月□□□日，内阁抄出大学士臣于↵敏中等谨↵奏：臣等遵↵旨，恭查雍正五年↵世宗宪皇帝↵训饬士子谕旨一道，敬刊于热河↵文庙。至国子监，亦应敬谨刊刻，请交工部照例办理。其各↵直省学宫，应行一体敬刊之处，请交各督抚查照各该↵省现在刊刻。↵钦依卧碑↵训饬士子文体例，酌量敬谨妥办。谨↵奏。乾隆四十四年九月二十九日奉↵旨："知道了，钦此。"↵雍正五年三月二十四日礼部奏，会试举人叩荷↵特恩，合词陈谢。奉上谕：朕视天下万民皆为一体，况读书乡荐之人，异日俱可作↵朕股肱耳目。是以朕心待之，寔有一体联属之意，爱养培↵护，即如自厚其身。此皆出于中心之自然，并非欲邀天下↵士子之感颂也。今举子等以会试叩荷特恩、合词陈谢，是↵尚不能深悉朕一体相关之意，而存上下彼此之形迹矣。↵朕待天下惟有一诚，而崇儒重道之心尤为笃切。但所崇↵者皆真儒，所重者皆正道。若徒尚虚文，邀取名誉，致贻世⏋道人心之害，朕不忍为也。尔等读书之人，实<u>四民</u>之所观⏋瞻，风俗之所维系，果能诵法圣贤，躬修实践，宅心正直，行⏋己端方，则通籍于朝，必能为国家<u>宣猷树绩</u>，膺栋梁之选。⏋即退处乡间，亦必能教孝劝忠，为众人之<u>坊表</u>。故士习既⏋端，而人心尚有不正，风俗尚有不淳者，无是理也。尔等既⏋感朕恩，即当仰体朕心，恪遵朕训，争自濯磨。或出或处，皆⏋端人正士，为国家所倚赖。如此方为实心报效，不在感恩⏋奏谢之仪文也。钦此。⏋

乾隆四十五年正月吉旦⏋

平谷县知县臣朱克阅、教谕臣翟绪祖、训导臣顾景敬刊

注释：

于敏中：于敏中（1714—1780），字叔子，一字重棠，号耐圃，江苏金坛人。山西学政于汉翔之孙，宣平知县于树范之子。清朝重臣，出身簪缨世家。乾隆二年（1737）丁巳科状元，官至文华殿大学士兼军机大臣，在乾隆朝为汉臣首揆执政最久者。在北京史上他有不可磨灭的功劳，乾隆三十九年（1774），奉皇命对于之前朱彝尊所编辑的北京史料巨著《日下旧闻》一书，再加以增补、考证、按语，使之形成了 160 卷的规模，较原书 42 卷增加了约三倍。书中包括了"国朝宫室""京城总记""皇城""城市""官署""国朝苑囿""郊坰""京畿""户版""风俗""物产""边障""存疑""杂缀"等。

乡荐：指"举乡荐"，就是进行乡试，考中之后称"举人"。国子监的"监生"亦需先中举才能联考进士的。

四民：在先秦的时候有所谓四民制度，指的是四种公民，分别是士（文化人）、农、工、商。除四大公民外，还有大量的"贱民"，称为"贱籍"阶层。但碑文这里就是泛指各个阶层的人士。

宣猷树绩：在古代常常"宣猷树绩、光宗耀祖"并称，一个为国，一个为家。此四字主要是指为国争光、为国贡献之意。宣，发挥；猷，计谋；绩，业绩。

坊表：形容，做大家的榜样之意。坊，牌坊；表，碑表、墓表。为有道

德品行之人所建所立的带有旌表性质的牌坊和墓碑。

按语：

实际这是雍正皇帝在劝导"士子"们"不忘初心"的一篇文章，是长辈对晚辈、是上级对下级、也是过来人对后来人的一篇发自肺腑的劝诫文。其中谈到了对培养人才与"报恩"的认识，纠正士子们一贯不正确的做法，故亦曰"训饬士子文"，因为其父皇圣祖于康熙四十一年（1702）时即御制《训饬士子文》，后于四十六年（1707）颁行天下，立碑太学等处。但是那一篇《训饬文》，真真正正地可以称为"训饬文"，主要是针对士子们的舞弊、没有师道尊严、品学不端、不勤学上进等不良作风予以的"训斥"，而此篇则不如说是"劝诫文"。因为满篇的"语重心长"啊！皇帝爱才如子，并非图报，只希望士子们能崇儒重道，为大家做榜样，将来成为国家栋梁之材，为国家所依赖。

实际上这是在乾隆四十五年（1780）在平谷县学镌刻的一道当时的大学士于敏中的奏折及皇帝的回复批文。而文章的重点又是于敏中所抄录的前朝世宗皇帝雍正五年（1727）的一篇《训饬士子文》。当时已刊热河避暑山庄了，这次上报的目的就是想"至国子监，亦应敬谨刊刻，请交工部照例办理。其各直省学宫，应行一体敬刊之处，请交各督抚查照各该省现在刊刻"。乾隆皇帝仅仅回复曰"知道了，钦此"。似乎并没有诏告天下。看样子他是非常理解其父皇的意图，并没有将此大张旗鼓地各处刊刻。在对士子们的态度上，他们父子俩是比较接近的。乾隆九年（1744）高宗皇帝在视察了北京贡院，就近到翰林院，赐大学士等宴之后赋诗四韵，其中就有"莫教冰鉴负初心"之语。

另外在各地孔庙学校等地刊刻此类"训饬文"是有要求的，即"卧碑式"。据《明史》记载，明洪武十五年（1382）谕礼部，颁全国学校学规禁例，镌立卧碑，置明伦堂之左。其不遵者，以违制论。之后于明万历年（1573—1620）、清顺治（1644—1661）等年间，朝廷也都一再强调把皇帝的训饬文以卧碑的形式刊刻，此后成为定制。

艾际春墓碑

解题：

清代乾隆四十九年（1784）三月。碑已佚，仅存拓片。原碑方首抹角，首部线刻云纹，碑身左、右、下刻缠枝纹。年款"乾隆肆拾玖年叁月贰拾柒日"。碑文3行，满行22字，楷书。

录文：

皇清例赠宜人显 妣 陈氏太君⌐ 例授奉政大夫显考艾公讳际春、字景明府君之墓⌐

乾隆肆拾玖年叁月贰拾柒日孝男秀、馨等仝立

注释：（略）

按语：（略）

乾隆五十年残碑

解题：

清代乾隆五十年（1785）十月。碑失首座，仅余左半。残高 138 厘米，残宽 46 厘米，厚 20 厘米。青石质。首行"▱向善曰施财助资予之志也▱"，年款"大清乾隆五十年岁次乙巳孟冬月建丁亥壬辰吉日"。刘济美撰文并书丹。另有一方碑首，疑与此一套，高 55 厘米，宽 73 厘米，厚 24 厘米。青石质，线刻云纹。额题"功德垂后"。现存于金海湖镇东上营村委会。

录文：

▱向善曰施财助资，予之志也。▱⌐人，以补不及，而营集善士莫不慕义⌐▱也，其奏绩何速也。既竣，欲以众善之诚，问⌐▱而前，捄之陕陕，不介而孚，岂非感之最⌐▱应度之薨薨不约而同。谓非应之甚捷乎？否则未必不⌐▱作指日观成则亦难矣。兹将倾之庙，得把总而扶之；创修之殿，得李子⌐▱之致，而至时至事起者也。爰书数语以注。今兹嘉善奋兴图功速成之美，且以⌐▱有为之鉴，因是为序。⌐
马兰镇右营分汛、将军关把总加三级王玺，⌐山西汾阳会首商人独德睿、（独德）聪、李宽、闫永盛、魏正德，⌐平谷县南独乐邑人庠生刘济美撰书，本集揝理监造刘琨，⌐本营百总张永吉施橡五十三对⌐

大清乾隆五十年岁次乙巳孟冬月建丁亥壬辰吉日立

注释：

捄之陾陾：捄，用工具盛土；陾陾，形容多的样子。语出《诗经·大雅·绵》："捄之陾陾，度之薨薨，筑之登登，削屡冯冯。"形容建造房屋时热热闹闹的场面。

不介而孚：形容非常顺利，工程进行得很快，不用凭借什么工具，人们齐心协力、众志成城。

按语：（略）

重修观音庵碑

解题：

　　清代乾隆六十年（1795）五月。碑方首圭角失座。联首高 170 厘米，宽 65 厘米，厚 19 厘米。青石质。碑首饰云纹，四框饰缠枝菊纹。额双钩篆"兴隆庵记"，首题"观音庵重修碑记"，年款"大清乾隆陆拾年仲夏月"，徐道存撰文并书丹。碑文 14 行，满行 45 字。现存于马昌营镇毛官营村委会。

录文：

观音庵重修碑记┘

畿东三邑境内村名毛官营，营有观音庵。庵之建也，始于有明嘉靖年间建立。迨我┘皇清定鼎以来，于康熙年间重修一次。夫有毛官营，即有兴隆庵，庵与营而并建，则人之倚庇大士，┘而┘大士之护卫斯民也，固已久矣。且予闻之，┘大士之身随处而现，大士之心无往而非慈。凡今之人而尊崇┘大士者，岂徒沾沾斯营云尔哉！而斯营之尊崇者，其诚有独至者焉。于何见之？于庙貌之辉煌见之。盖营虽属┘两村，均亦倚庇┘大士而赖其护卫也欤！故合两村忠信之人，为一庵修造之举，附近聚集输诚而愿助者更数数焉。俄而鸠工，┘俄而聚材，彻底重新，不数月而告竣焉。住持僧性德问记于予，询其领袖善事者，乃本村之张文显之力。┘致僧不能遍观而尽识也，即记一人以倡众人，既与众人而共成此事，则必与众人共受┘大士之慈航普

渡，而<u>甘露湛深</u>，亦与斯庵并及于无穷也。是为碑记。⏎

会首张文显重修⏎

大清乾隆陆拾年仲夏月望后敬立，沟水居士徐道存篆文书丹，住持性德募化

注释：

畿东三邑：联系清朝东路厅的设置和管辖，以及地理上的位置关系，应该是平谷、蓟州和三河。蓟州在平谷之偏东南，三河在平谷之东南。三地皆在京城之东。

倚庇：倚靠神的庇护之意。

数数：言其多也。

慈航普渡：形容观世音菩萨慈悲度人的一句常用语。观音以慈悲为怀，济度以广众为目的。

甘露湛深：此词形容观世音菩萨给予人们的恩惠很多、很深、很甜。甘露，观音手执净瓶中的仙水，她常常向人间披洒甘露。湛深，很浓、很深。

按语：

碑文"畿东三邑境内村名毛官营，营有观音庵。庵之建也，始于有明嘉靖年间（1522—1566）建立。迨我皇清定鼎以来，于康熙年间（1662—1722）重修一次。夫有毛官营，即有兴隆庵，庵与营而并建"。几乎把所要叙述的内容交代了大半，村名由来，可上溯至明代，兴隆庵、观音庵、毛官营三名并重，三事密不可分。那么，毛官营之所以叫"毛官营"，又是不是与明代的营哨卫所制度有关系呢？是否其最初只是一个明代的军事行政性的社会组织呢？需要研究。

据说这次修缮营建活动参与的人很多，不能一一列出，"询其领袖善事者，乃本村之张文显之力"。张文显是会首，肯定也是出资最多、出力最多的人，所以立碑大书其名。

"沟水居士徐道存篆文书丹，住持性德募化。"由此我们可以看出，在当时，至少在当地，佛教徒、道教徒之间是非常融洽的，以至于互相帮助，相辅相成。

落款为"沟水居士徐道存篆文书丹"，其"篆文"可能是"撰文"之误，但也有可能是说撰文、书丹、篆额均为徐道存所为。

马成墓碑

解题：

清代嘉庆元年（1796）八月。碑方首圭角失座。联首高 197 厘米，宽 77 厘米，厚 15 厘米。青石质。上款"嘉庆元年仲秋吉旦"。保存完整。1982 年 5 月，第二次文物普查时发现，现位于上宅文化陈列馆。

录文：

嘉庆元年仲秋吉旦↵
东汉全椒侯马讳成之墓↵
知平谷县事青阳陈其名立

注释：

全椒：今亦名"全椒"，在安徽省东部，今安徽全椒县城北椒陵山。东汉建武二十七年（51），"全椒"为侯国，属九江郡。建初四年（79），全椒侯国改属下邳国。建安十一年（206），国除，复为全椒县。

青阳：古时亦名"鄣郡"，在今安徽省皖南地区，中国佛教四大名山之一的"九华山"雄踞其中。

按语：

东汉建武二十七年（51），光武帝刘秀封云台二十八将之一的扬武将军行大司空事马成为全椒侯，因此置全椒侯国。20多年后的建初四年（79），徙封马成之孙马香为棘陵侯，于是全椒侯国除。

马成（？—56），字君迁，南阳郡棘阳（今河南新野）人。原是王莽新政的一个县吏，投奔刘秀后，久经沙场，参与消灭王郎、刘永、李宪、隗嚣、公孙述等割据势力，帮助刘秀建立了东汉政权，是东汉中兴名将之一。刘秀称帝后，任其为扬武将军，建武七年（31）封平舒侯，后改封全椒侯。后来汉明帝永平年间（58—75），明帝刘庄追忆当年随其父皇打天下的功臣宿将，命画工绘制二十八位功臣的画像，悬挂于洛阳的云台，马成名列第二十二位。但是，东汉全椒侯马成与平谷本地有何渊源，不得而知。是死后埋于此地？此碑所立之墓，是真墓，是假墓，是疑冢，还是衣冠冢？均不得而知了。

从其落款看"知平谷县事青阳陈其名"，可知在清代嘉庆元年（1796）时，平谷县的知县是个青阳县籍叫陈其名的人。

重修安固万寿寺碑

解题：

　　清代嘉庆六年（1801）三月。碑高 165 厘米，宽 80 厘米，厚 25 厘米。青石质。边框为草叶纹。首题"重修安固万寿寺碑记"，年款"大清嘉庆六年岁次重光（辛）作噩（酉）律中姑洗（三）月"，张兆凤撰文，郝云章篆额，路修道书丹。碑文 19 行，满行 52 字。现存于夏各庄镇安固村。

录文：

重修安固万寿寺碑记⏎

邑东八里强有村曰安固村，东数武外有寺曰万寿，古刹也。地势<u>高平如掌</u>，<u>规圆如璧</u>，侧横大岭，斜带沟流，前望冈峦，罗列静 □ ，□□⏎背俯，阡陌纵横。俗尘迥隔，乃<u>修因</u>之胜境，实荐福之明区。旧载入《<u>盘山志</u>》中，以备名庵之数，新志阙焉，盖其慎也。虽然稽七十二 □□⏎名，已难询故迹；于故老挹<u>五峰三盘之秀</u>，实同分灵气于灵山。盖密迩招提、佛号经声，要自相为应和云。寺建于元至正初年，历胜国⏎迄⏎本朝，续修者难可殚述。顾第因往基复旧制，以期无所失坠而已。至于庄严分日月之华，丹碧焕云霞之彩，<u>使王舍城之宫阙白玉同辉</u>，⏎给孤独之园林黄金并灿，则犹有待也。<u>洎</u>宝师继之，乃大振厥绪焉。师本村人，俗姓何氏，法宝其释名也。貌谨饬，寡言笑，清修苦行，恂⏎恂有老成风。任事后，锐意兴修。旧者新之，缺者补之，狭小者扩大之。自乾隆四十三年起，积至嘉庆六年，统计重修如来大殿三楹、东⏋伽蓝配殿三间、西祖师配殿三间、正二山门一座、南客堂三间、东西禅堂九间、东配楼三间、群房四十余间。内外培松柏树三百余株，⏋前后置香火地三顷五十余亩。噫嘻！何功之伟也！殆地气有灵，与众善协心与（欤）！抑亦地以人灵，众随志应，经理不懈而至然与（欤）？岁在辛⏋酉初正，谒余请记。余惟人之立事，在乎志笃而力勤。愚公移山、精卫填海，惟其笃也，惟其勤也。诚笃且勤，推以理家，则可以新堂构；推⏋以治国，则可以焕经猷。否则功怠为山，情甘弃井，优游岁月，百无一成。今宝师一介孤僧，廿载定力，哀十方之善缘，拓三宝之福地，俾⏋兹寺壮丽甲一邑，与盘之绀宇精蓝相辉映，非经理不懈之明效欤！且其愿力尚不啻此，自时厥后，方将增修廊宇、添设配楼，使东西⏋二院规橅相称。师固志笃而力勤者，当不徒托诸空言也。直拭目俟之耳！是为记。⏋

邑举人张兆凤撰文⏋

三河县举人郝云章篆额⏋

邑庠生路修道书丹⏋

时⏋大清嘉庆六年岁次重光作噩律中姑洗月上浣穀辰　主持僧人法宝、法玉，侄演轮、演相、演珠（璨）、演微，孙普□、普庆、普智、普化，石匠木匠穆文兴、王宗舜、吴国卿

注释：

高平如掌：形容地势的样子，由于地处高山之上的平坦之处，中部略凹，四周隆起，故云。

规圆如璧：形容地势的样子，由于局部区域呈近圆形，故名。璧，古代片状圆形的玉质礼器。

修因：佛教讲究"因果"，故修行亦可谓之"修因"。

荐福：指神佛赐福。

《盘山志》：清代僧人智朴纂集，10卷，《补遗》4卷。清康熙三十年

（1691）刻版印行。内容分为：名胜、人物、建置、物产、游幸、文部、诗部、杂缀等。书中收入了魏、晋、唐、辽、金、明至清康熙年间的大量史料。清乾隆时续修《盘山志》，是在此志的基础上扩充增补而成。20 世纪 90 年代，中国书店又出版了点校整理本。

挹五峰三盘之秀：是说上面提到的那些"故老"们总是拿一些盘山的景致"晒一晒"。挹，舀，形容拿出来数说的样子。五峰，盘山上的五个山峰，即挂月峰、紫盖峰、自来峰、九华峰、舞剑峰；三盘，即"三盘之胜"，上盘松胜、中盘石胜、下盘水胜。

使王舍城之宫阙白玉同辉，给孤独之园林黄金并灿：这是形容安固万寿寺修缮后理想化了的状态，可以与佛经记载的古印度两处佛教圣地媲美了。意思是修缮完了的万寿寺的石栏板等可以与憍萨罗国的王舍卫城宫殿上的汉白玉石雕媲美，还可以与祇树给孤独园的黄金墁地相辉映。

洎：自，自从。

初正：新春，春节，阴历的正月初一日，相当于"新正"。古代也有将一个时辰（两个小时）分为"初""正"两部分，或"初""正""末"三部分的。

愚公移山：这是一个人们耳熟能详的寓言，出自先秦史书《列子·汤问》。

精卫填海：这也是一个带有励志性的寓言故事，出自《山海经·北山经》。原文："发鸠之山，其上多柘木。有鸟焉，其状如乌，文首，白喙，赤足，名曰'精卫'，其鸣自詨。是炎帝之少女。"其所描写的鸟形象像乌鸦，头上有花纹，嘴白色，红爪子；它的特点是，其鸣自叫，鸣叫的时候常常叫出"精卫"二字，所以人们就管它叫"精卫"了。而且它就是炎帝的小闺女死后的化身，它的励志点就在于"常衔西山之木石，以堙于东海"，精卫虽小，志气不小。

按语：

安固村今属夏各庄镇，与大岭后村、贤王庄村同乡。"东数武外有寺曰万寿，古刹也"。按理说，"数武"应该就是几个三尺远，古以"六尺为步，半步为武"，但此处只是强调不远之意，并非实指。

寺建于元至正（1341—1370）初年，历胜国（明代，1368—1644）迄本朝（清代，1644—1911），续修者难可殚述。这是撰文人可知的这次嘉庆六年（1801）重修之前的情况。

在前文描述了很多理想的场景之后，马上转入正题。"泊宝师继之，乃大振厥绪焉。"这位住持僧是一个励志的典型；"师本村人，俗姓何氏，法宝其释名也。貌谨饬，寡言笑，清修苦行，恂恂有老成风。"就是这样一位"老成"的"苦行"僧，能当此大任吗？"任事后，锐意兴修。旧者新之，缺者补之，狭小者扩大之。自乾隆四十三年（1778）起，积至嘉庆六年，统计重修如来大殿三楹、东伽蓝配殿三间、西祖师配殿三间、正二山门一座、南客堂三间、东西禅堂九间、东配楼三间、群房四十余间。内外培松柏树三百余株，前后置香火地三顷五十余亩。"故作者由衷地惊叹道："噫嘻！何功之伟也！"在分析成功的时候，作者用了两个历史典故"愚公移山"和"精卫填海"："今宝师一介孤僧，廿载定力，哀十方之善缘，拓三宝之福地，俾兹寺壮丽甲一邑，与盘之绀宇精蓝相辉映。"

重修朝阳洞记碑

解题：

清代嘉庆九年（1804）九月。碑方首抹角失座，青石质。联首高 125 厘米，宽 58 厘米，厚 22 厘米。碑首刻二龙戏珠图案，两框饰以缠枝菊。额双钩题"万古流芳"，首行"盖闻山不在高有仙则名仙者一方之默佑也而其所居之室则为"，年款"大清嘉庆九年岁次甲子季秋月下旬穀旦日"，王云骞撰，陈万宝题。碑文 14 行，满行 26 字，楷书。碑阴，碑首线刻云纹，四框饰以缠枝莲。额题"碑阴题名"。该碑立于黄松峪乡朝阳洞外。

录文：

（碑阳）

盖闻<u>山不在高，有仙则名</u>。仙者，一方之默佑也，而其所居之室则为⏌ 洞 。

窃 ▢ 此洞建自天顺七年，名为朝阳洞。至万历二十四年重修，盖⏌ ▢ 百

年 于兹矣。风雨摧残，难饰壮丽。游此地者 无 不叹西蔽之无屏⏌ 也。 ▢

僧有意重修，未获抒志。于岁次癸亥年春，邀施主以相商，施主⏌ 莫不欣然

乐从。故择良匠选梓材，不数月而洞室以成焉。因以塑观⏌ 音之圣体，罗汉

亦见其休光；复童子之遗踪，韦驮亦形其辉耀。佛像⏌ 增新，墙垣生色。离

乡村其未远，祈祷有灵；去山谷而匪遥，鉴观有赫。⏌ 而况庙之前后有松果

为之苍苍，庙之左右有山水为之茫茫。所以⏌ 人爱盘桓，客瞻凭眺。捻

（纵）非胜景名区，亦可谓此地之巨观矣。僧于落┘成之后求撰牌（碑）文，以表扬众善之功德，千载不没云。是以为记。┘

原籍平谷县廪膳生王云骞撰┘

本庄庠生陈万宝沐手敬心题┘

住持僧淮普┘

大清嘉庆九年岁次甲子季秋月下旬穀旦日合会立　石匠崔全

（碑阴）

山东济南府德平县人氏穆岱山┘密云县巨德纯王成相王大用于务本尚元┘平谷县永兴号郭大治郭大通隆兴号牛志贤胡士魁┘贾鉴耿守谦张斌胡士芳胡士伦胡士道┘马怀贤庐文桢丁勤董得祥董门陈氏┘蓟州黑豆峪谭耀陈宋文┘陈杰高亮郭端郭正沈克纪高仕进┘王大悦杨基培张春赵典陈万廐高仕┘李升李惠□门田氏陈门朱氏陈门张氏郭门丁氏┘杨门张氏杨门满氏翟门王氏任门陈氏┘丁门孙氏陈门贾氏

合会众善人等开列于右

注释：

山不在高，有仙则名：原文出自唐朝文学家刘禹锡的名篇《陋室铭》。原作："山不在高，有仙则名；水不在深，有龙则灵。斯是陋室，惟吾德馨。"

癸亥：根据上下文义，应该是嘉庆八年（1803）岁次癸亥的那一年，次年即立此碑之年。

梓材：建筑用优质的木料。语出《尚书·周书》："若作室家，既勤垣墉，惟其涂塈茨；若作梓材，既勤朴斫，惟其涂丹腹。"梓树，落叶乔木的一种，可作建筑用材。

按语：

朝阳洞，在中国的名胜古迹、寺庙遗迹中，可以说是一个太常见的名称了。不论仙佛，在山洞里修行，恐怕谁都知道"山南水北曰阳"的道理，所以都会选择朝阳的洞穴。另外，即便是一处洞穴的景致，也没有人在"背阴洞"里大做文章的。所以满天下的"朝阳洞"。如建于明朝的四川安岳"朝阳仙境"之朝阳洞、贵州贵阳市的朝阳洞，另外全国各地也都有朝阳洞的存在，如北京、河北、浙江、湖北、甘肃等。

重修报国寺碑

解题：

清代嘉庆十二年（1807）。碑方首抹角失座。联首高 126 厘米，宽 54 厘米，厚 13 厘米。碑首浮雕云纹图案。额双钩题"重修碑记"，首题"重修报国寺碑记"，年款"大清嘉庆拾二年仲夏吉旦"。碑文 9 行，满行 31 字。碑阴，额题"万古流芳"，额题"重修古刹报国寺碑记"。保存完整。现位于上宅文化陈列馆。

录文：

（碑阳）

重修报国寺碑记　盖闻⌐佛教之盛，至汉明帝教启兴也。开阐一乘，引迷而超圣。是去极乐之因，万行皆□⌐□为先，万种法门而修因，第□治世安□僧众皆以道德而建立寺院。至⌐大明弘治八年，住持僧人重修一次；于至⌐万历十年，住持僧人能信重修一次。至今焚修传流。于⌐大清嘉庆十一年，住持道人来凤见古刹年深日久、风雨损坏、金身摧朽、四壁凋零，诚心□⌐十方贵官、长者、善信、贤良喜舍资财，重修⌐大殿圣像、耳房。俱各见新功之日，勒碑刻铭。⌐
大清嘉庆拾二年仲夏吉旦，住持道来凤
（碑阴）

重修古刹报国寺碑记

注释：

汉明帝：刘庄（28—75），东汉第二个皇帝，光武帝刘秀第四子。在位18年，年号永平。卒谥孝明皇帝，庙号显宗。这位皇帝与佛教传入中国很有关系，据说一次夜卧，他梦见了头顶放光的大金人，未等开口，金人凌空向西方飞去。次日朝中以问群臣。博士傅毅解释说："臣闻西方有神，传名为佛，佛有佛经，即有佛教。从前武帝元狩年间，骠骑将军霍去病出击匈奴，曾缴获休屠王供奉的金人12座，安置在甘泉宫中，焚香致礼。久经战乱，那12座金人早已不知去向。今天陛下所梦见的，也许就是佛的幻影呢！"就是从那时开始，佛教逐渐传入中国。

极乐之因：佛教最讲因果，有因必有果，有果可溯因。佛教徒所矻矻修行、苦苦追求的无非就是一个"果"——最终往生极乐世界。

万种法门：是指佛法有八万四千法门，只是简称而已，语出《贤劫经》。简言之就是修行的种种方法。

按语：

寺庙的历史，碑文中叙述很清楚，可惜没有创建的记载，只有修复的记录。"至大明弘治八年（1495），住持僧人重修一次；于至万历十年（1582），住持僧人 能 信 重修一次"，此次的修缮是嘉庆十一年（1806）。如此算来，就其所能追溯到的时间，已经超过三百年了。

请注意，碑文叙述募化资金与落款者均为"住持道来凤"，一座佛寺，又是以道士做住持的，说明佛道融合。

兴隆庵捐施田财碑

解题：

清代嘉庆十二年（1807）七月。碑方首抹角失座。联首高 167 厘米，宽 64 厘米，厚 19 厘米。青石质。首部线刻海水云龙纹。额题隶书起阳刻"功德不朽"，首题"捐施田财碑记"，年款"大清嘉庆十二年岁次丁卯律中夷则月上浣"，邑廪生李清撰文、篆额并书丹。碑文 16 行，满行 35 字，楷书。碑阴，额题"永远香火"。现存于平谷镇北台头村兴隆庵。

录文：

（碑阳）

捐施田财碑记┘

邑城西八里许有村落曰北台头，谓之北者别乎南而名之也。村有梵宇曰兴隆，为村人祈┘福善地，创建已久。其间殿宇整洁，佛像森严，颇壮观瞻。虽曰僧人募缘之功，而亦众善姓颂┘助之力，然未有乐善好施如凤仪公者。公厢白旗满洲三甲喇朱隆阿佐领下人，现充笔帖┘式。世宦相承，清白传家。考厥祖伯兴公，盛京兵部侍郎。暨厥父廷毓公，湖北荆州府知府。捐┘财施田，以为鹿舍鸡园长斋绣佛之供者，不可殚述。凤仪公性本倜傥，而皈依三宝之念尤┘殷。缘公先有地一顷六十二亩，质于此庵，获平准钱二千贯。厥后即易典为售，按地实值四┘千贯而核计旧质之数外，其应余二千贯，亦不入于已囊，慨然舍为此庵朝夕香烟之资。吁！┘欲火贪泉，孰知觉

路；金绳宝筏，谁是信心？自浮屠污浊佛教，而席丰履厚者不甘以一丝一⏋
粒予空门，为业恶盈孽之阶。遂疑杖头挂袋、篮里盛梅，我佛四大皆空，不
屑屑于人间供奉。⏋而释衲竟无以自立，致兰若精舍半属零落，亦可慨矣！
今凤仪是举，虽非祇（祇）园之金；而一念⏋之普，出于自然。后之人有能
起而益之者，则辟支之果宁不可共证耶？况为善获福，又理之⏋所必然者。
余不敏，爰撮其事以为好善者劝。故志诸石于不忘云。⏋
赐进士出身、知平谷县事鹤阳冯晋锡、⏋邑廪生李清撰篆并书丹⏋
大清嘉庆十二年岁次丁卯律中夷则月上浣穀辰，住持僧惠传、惠林，徒圣
学，石匠叶发

注释：

厢白旗满洲三甲喇：厢白旗，亦作"镶白旗"，在今内蒙古锡林郭勒盟
南部。清代"八旗"之一，属于"下五旗"；"满洲"这个名称从 17 世纪开
始被用来称呼满洲民族的居住地，满洲作为民族称呼，指满洲族。甲喇，清
代满族的社会组织。

朱隆阿佐领：朱隆阿，佟佳氏，扈尔汉的后代第十三世，十二世他恩哈
生二子，长艾辛，次即朱隆阿。他又生了四个儿子，长色克丹、次依拉气、
三宁文气、四依克坦。佐领，清代职官名称，满文"牛录章京"的汉译名
称。清代各佐领所辖壮丁数在各个时期不同。皇太极时（1627—1643）每佐
领壮丁约略 200 人，康熙（1662—1722）时一百三四十人，嘉庆时（1796—
1820）则以 150 人为率。

笔帖式：又作"笔帖黑"。为满语音译，指清代官府中低级文书官员、
执掌部院衙门的文书档案的官员，主要职责是抄写、翻译满汉文。笔帖式升
迁较为容易，速度较快，被称为"八旗出身之路"。

盛京：盛京是清朝（后金）在 1625—1644 年的都城，即今辽宁省沈
阳市。

鹿舍鸡园长斋绣佛之供：鹿舍鸡园，即鹿苑鸡舍。长斋绣佛，同"长斋
礼佛"。长斋，戒荤，终年吃素。吃长斋于佛像之前，形容修行信佛的样子。

杖头挂袋、篮里盛梅：形容人们的凡俗生活，杖头上挂着钱袋子，篮子里盛着下酒杨梅。"挂袋"一词，出于《世说新语》："阮宣子常步行，以百钱挂杖头。至酒店，便独酣畅。虽当世贵盛，不肯诣也。"

释衲：佛教徒们，指已出家的。释，释迦牟尼之简，代指佛教；衲，衲子，代指和尚。

辟支之果：指像辟支佛那样的因果。辟支，辟支迦佛陀的略称。泛指过去曾经种下因缘，进而出生在无佛之世，因性好寂静，或行头陀，无师友教导，而以智慧独自悟道，通说为观察十二因缘，进而得到证悟而解脱生死、证果之人。

律中夷则月：古代指农历七月。古人以十二律吕谐十二月，音律指从低到高依次为：黄钟、大吕、太簇、夹钟、姑洗、仲吕、蕤宾、林钟、夷则、南吕、无射、应钟。按"正月以太簇为宫"的原则，自"太簇"以后第七位系"夷则"，则为七月了。

按语：

北台头村坐落于平谷镇，紧挨下纸寨村、太平街村，风景秀丽，人勤物丰。但只从这个村的名称上，就可以想象得出它是一个有故事的村庄。首先，它既然叫作"北台头村"，那么就一定会有"南台头村"吧，非然也。其次，从"台头"两字，我们很可能会联想"抬头"两字，进而联想起"抬头见喜""龙抬头"等吉祥话。但苦于没有实据，不便瞎猜。但另有一个叫"北台头"村的来历故事，似乎可以加深对本村名的理解吧，那就是河北省衡水市武强县街关镇的北台头村。相传明太祖朱元璋当年参加义军重伤败走于村南，前无去路，后有追兵。于是找了个沙土坑，将自己埋了进去，机智地躲过了追兵。朱元璋在土里憋得够厉害，一只蚯蚓恰好钻了个洞，使得朱元璋得以活命。追兵走后，朱从土里出来，见此蚯蚓抬起头来往北边看了看，又往南边看了看，朱元璋认为这是天意。待其登基之后，便赐北边的村子为"北抬头"，南边的村子为"南抬头"。后又雅化为"北台头"和"南台头"。

"村有梵宇曰兴隆"，意思是村中有一座佛寺叫"兴隆"，但是庙、是寺、是庵，没有明说。但是后文却有"质于此庵""慨然舍为此庵朝夕香烟之资"等语，再加上后一条碑文"我乡兴隆庵菩萨庙地方宽敞"，可知此庙应为"庵"。

由"自浮屠污浊佛教，而席丰履厚者不甘以一丝一粒予空门，为业恶盈孽之阶"看来作者似乎找到了佛教逐渐衰败的原因了，而且他还认为"浮屠"并不代表"佛教"，是"浮屠"污浊了佛教。其所说"浮屠"，我想应该是指那些"佞佛""淫祀"，违背了佛教的基本宗旨，而妄生贪念、将佛教搞歪了的那些人和事。在这种风气的影响下，人们"遂疑杖头挂袋、篮里盛梅，我佛四大皆空，不屑屑于人间供奉"。和尚高僧们远离尘嚣，不可能像常人那样，根本都不用考虑生活细节吃穿用度的事了。但实际上那些出家人也是凡夫俗子。"而释衲竟无以自立，致兰若精舍半属零落，亦可慨矣！"没人帮助他们，他们主持的寺院也就零落了，好可惜呀。"今凤仪是举，虽非祇（祇）园之金；而一念之普，出于自然。"今捐资功德人凤仪公，虽然没有做到"黄金墁地祇树给孤独园"那么大规模豪华的布施，但纯出于人一念之美的自然本性。

"然未有乐善好施如凤仪公者。公厢白旗满洲三甲喇朱隆阿佐领下人，现充笔帖式。世宦相承，清白传家。考厥祖伯兴公，盛京兵部侍郎。暨厥父廷毓公，湖北荆州府知府。""凤仪公性本倜傥，而皈依三宝之念尤殷。""今凤仪是举"等等，三次提到和介绍功德主"凤仪公"，其中不仅交代了其祖父"伯兴公"、其父"廷毓公"，还交代了他的上级"朱隆阿"，但就是没有全面交代他到底姓甚名谁，不能不说是个缺憾。

保管庙产学田碑

解题：

　　民国二十一年（1932）七月。碑方首抹角失座。联首高 177 厘米，宽 66 厘米，厚 20 厘米。青石质。首部线刻海水江崖云龙纹。额篆"万古流芳"，首题"保管庙产学田碑记"，年款"中华民国二十一年夏历七月"，王允成撰文、篆额并书丹，于君达刊。碑文 13 行，满行 29 字，楷书。碑阴，额题"香远益清"。扑地，无法知其阴面内容。碑已断为两截。现存于平谷镇北台头村兴隆庵。

录文：

（碑阳）

保管庙产学田碑记⏎

碑以纪事实由来久矣，我乡兴隆庵菩萨庙地方宽敞，殿宇巍煌，惟原有碑⏎碣不知何时消毁，创造年人无从稽考，殊多遗憾。迨清光绪十七年辛卯，合⏎乡集款重修，庙貌又新，佛灵益盛。立有"普济众生"匾额一方，铸钟一口，于今⏎共鉴。现本庙尚有香火地壹佰拾壹亩，民国十八年十月间，经僧人庆洗呈⏎ 请 捐助本乡初级小学校伍拾伍亩，每年纳现租大洋贰百元以为振兴的⏎ 款。其余伍拾六亩，留作僧人用度。业蒙县政府教育局批准备案，令行⏎学董、乡长副遵照办理。而今而后，永不许僧人擅自当卖，违者得追缴地亩，⏎ 迨令出庙。兹将地段畛落规缕清析，分别镌后，以资将来考据云。」

平谷县北台头乡民大会公建」

乡长王允成撰篆并书丹」

向阳户耳山于君达敬刊」

中华民国二十一年夏历七月良辰

注释:

大洋:清代、民国时期国家发行的货币银元的别称,属于机制货币,从西方漂洋过海传来,故曰"洋"。有若干种版面,如鹰洋、一条龙、袁大头、孙小头等。由于还发行过一种"小洋"的银币,故对称。小洋一枚面值十角,十角小洋等于一枚大洋(一元)。

当卖:典当或出售。

觇缕清析:罗列、标写清楚。

按语:

碑首题"保管庙产学田碑记",按理说"庙产"与"学田"似乎关系不大,但在民国时期关系可就大了。据《北京市志稿·释教·民国·序》记:"自清运告终,民国成立,各地兴办学校,多以寺院改为校舍,没收庙产,于是佛教徒乃有中华民国佛教总会之创设。"其实清末就早有这个倾向了,门头沟玉皇庙就有一通光绪年立的"改庙建学碑",堪称滥觞。至于本条本地本庙,"民国十八年(1929)十月间,经僧人庆洗呈 请 捐助本乡初级小学校伍拾伍亩,每年纳现租大洋贰百元以为振兴的款。其余伍拾六亩,留作僧人用度。业蒙县政府教育局批准备案,令行学董、乡长副遵照办理。而今而后,永不许僧人擅自当卖,违者得追缴地亩,迫令出庙。"字里行间可以看出,僧人庆洗即便是不愿意,也须"呈请捐助",而且县政府教育局已经"批准备案"了的,命令相关行政领导"遵照办理",告诫僧人不许"擅自当卖"。的确是有了当时强硬的行政命令,才把那些现成的相对来讲宽敞的院宇拿来办学，节约了不少国家的经费。一直到 20 世纪 90 年代，我们在京乡下做石刻调查时也发现，很多的小学原来就是庙址。

这座"兴隆庵菩萨庙地方宽敞，殿宇巍煌，惟原有碑碣不知何时消毁，创造年人无从稽考，殊多遗憾。迨清光绪十七年（1891）辛卯，合乡集款重修，庙貌又新，佛灵益盛。立有'普济众生'匾额一方，铸钟一口，于今共鉴"。可见，125 年前的嘉庆十二年（1807）"兴隆庵捐施田财碑"，立此碑时是没有见到的，但可以推见，继上次立碑之后，庙里又陆续添置了一些庙产，如"匾"和"钟"。可是田产却少了一些，上碑"缘公先有地一顷六十二亩，质于此庵"，此碑"现本庙尚有香火地壹佰拾壹亩"，少了 52 亩，半顷地多。

碑末落款处"平谷县北台头乡民大会公建"，说明今天的"平谷区平谷镇北台头村村民委员会"在民国二十一年（1932），曾经作为一个乡的行政机构存在过，但是当时此乡的具体行政区划如何，是否与今天的平谷镇吻合，尚需考证。

贾氏祖茔全图碑

解题：

清代嘉庆十三年（1808）四月。碑首座缺失，青石质。残高 120 厘米，宽 69 厘米，厚 17 厘米。额双钩题"贾氏祖茔全图碑绘记"，首题"大清嘉庆十三年岁次戊辰孟夏（四月）初吉"。碑阴记文，碑文 13 行，满行 30 字。现存于上宅文化陈列馆。

录文：

（碑阳：以图为主）

（碑阴）

贾氏为平谷旧族，其始居县北五里之齐各庄，未详何代也。既居其地，即葬其⌐所，族人谓之老茔。后乃别营葬地于清沟河之南，距齐各庄仅里许，谓之中茔，⌐亦曰南茔。分三门，曰东门，曰中门，曰西门，各自为昭穆。不数传，而西门子⌐孙迁葬其支祖于清沟河之北，谓之北茔，此吾放光庄贾氏之所由别族而处⌐也。统三茔计之，不下二十余世。三十年为一世，盖六七百年矣。而老茔、南茔葬⌐者某祖、某妣、某名、某氏，俱不可考。北茔自"大"字祖以下，至"友"字辈可知者，凡六⌐世。其"大"字祖以上，约七八世。不可考者，犹之老茔、南茔也。噫！岂非碑志无征以⌐及此哉？名伸侍庭训久，每闻吾父言未尝不深疚于心。既遵命以二百金增置⌐北茔祭田，又虑坟墓□□□知于今者，仍将湮没于后，爰治石为碑，绘成全图，

⌐命工鐫之其□□□□□□征者，仅图其冢；其有可征者，皆谨书其名而叙次⌐之。使夫世世□□□□□□焉，不至忘其祖以忘其族人也，则甚幸矣夫！⌐

赐同进士出身、□□□□□□□部司务厅司务、前国子监率性堂学正加一级╱名伸谨╱

注释：

茔：坟地的又一种称呼。对于掩埋死人的场所，"坟地"，是最简单直接的称呼，文语一些的称呼是"茔地"，王爷一类级别的称"园寝"，帝王的称"陵寝"，考古学叫"墓葬"。

昭穆：左右排列。此即古代陵寝的"昭穆制度"，坟冢的布局，始祖居中，其前左为其子，其前右为其孙，故形成左右为父子、前后为爷孙的格局。

按语：

碑阳为贾氏祖茔全图。上款"大清嘉庆十三年岁次戊辰孟夏初吉"，下款"敕封征仕郎、国子监学正、加一级、岁贡生、候选儒学训导、裔孙国杰率合族人等立石"。中间一侧及以上雕刻"大"字祖（大贵父）同时及以上共9世30座不可考老茔的位置，中间以大字祖（大贵）为始祖以下各支五世子孙部分人的辈分排名，并显示出彼此间的宗支关系。

碑阴碑文末"赐同进士出身、□□□□□□□部司务厅司务、前国子监率性堂学正加一级╱名伸谨╱"，此人应即贾名伸，也就是下一条碑文碑主的孙子。有平谷学者对他有所研究，发表在《平谷报》上，择要介绍一下：

1. 贾名伸是清代平谷县唯一的进士，钦点国子监学正，后升户部司务。

2. 21 年求取功名路：11 岁读书，14 岁考秀才，18 岁中乾隆己亥（1779）科副榜 13 名，25 岁乡试第 52 名举人，嘉庆元年（1796）会试第 131 名，殿试三甲 25 名，时年 25 岁。

3. 促兴平谷人文，扶助乡亲。

4. 上书平谷知县，助六条续入县志。

5. 贾名伸老宅在平谷区王辛庄镇放光村。

的确，平谷自产的进士不多，但是清代也不只有贾名伸一人，比如在本书"墓志"部分的李毓琛撰写的"清诰封通奉大夫盐运使衔候补知府东河捕河通判查（筠）声庭墓志铭"记述其祖查彬，为"乾隆癸卯（1783）举人、甲辰（1784）进士"，查氏，祖籍江右，迁徙北平，后为平谷人。明代有王镗、倪光荐、工部郎中王文琮之子王一俸等，再早者尚有金代的巨构、金恺的二儿子金纯等。

皇清敕赠征仕郎贾君墓表

解题：

清代嘉庆十三年（1808）四月。碑方首抹角失座。联首高 159 厘米，宽 65 厘米，厚 19 厘米。青石质。碑首浮雕云纹。额篆"皇清敕赠征仕郎贾君墓表"，首行"君平谷人光村先生之父户部司务名伸之祖也少推择为吏考满当得官弃去幕游于秦楚间晚"，年款"大清嘉庆十三年岁次戊辰孟夏初吉"。元和陈鹤撰文并书丹。碑文 18 行，满行 38 字，楷书。现存于上宅文化陈列馆。

录文：

君平谷人，光村先生之父，户部司务名伸之祖也。少推择为吏，考满当得官，弃去。幕游于秦楚间，晚⏎ 而归家，年八十卒。卒后三十七年，而名伸成进士，官国子监学正，得⏎ 驰赠如其官阶征仕郎。君之为吏也，吏所习多欺罔以取财，君独不肯。有富人为盗所连染，众知其冤，莫⏎ 敢白。君慨然曰："富人有罪，不以富故贷无罪，故可以富故故人之哉？"力言于官，官察之，果冤事得解。⏎ 终身未尝因以为利。其幕游也，居停主人信之，家事皆听君而行，二十年未尝有私。晚岁家居益严⏎ 毅，以礼法自持，乡之人 皆 从而化之，虽妇女无敢倚门而嬉者。贾氏居平谷久，族葬之 □ 可二十余⏎ 世。顾谱谍散佚，莫能考其名字、世系。祖大贵父，应第并处士。君讳珺，字尔锡。配高氏，继徐氏，俱⏎ 赠孺人。子三人：长曰国卿，诸生；次曰国召，┘赐九品顶带（戴）；又次曰国杰，优行岁贡生。┘封国子监学正，即光邨先生也。孙五人，曾孙六人，元孙五人。鹤观两汉之世士君子，多为功曹、游徼啬 夫 ┘之属，以成其名。其后或至卿相，未尝以吏为卑也。明初三途并用，有起家吏员至仕郎、尚书者，其它┘荐举尤伙。后乃专用进士，说者叹其积重难返，而吏亦益自弃，舞法营私，靡所不至。故尝谓，恐 今日┘而欲复两汉、明初之制，非申之以数十年之教化不可。不然其不为营竞之教者鲜矣。若君之矙然┘不淬，庶乎其可以希乎古之为吏者乎！君再传而名伸得食禄于┘朝，居常汲汲欲显扬其先人，纠族属为谱谍，详记其族葬之冢，俾后人毋忘封树，可谓贤矣！鹤既应名┘伸之请，因并书之，俾镌之于石。┘

大清嘉庆十三年岁次戊辰孟夏初吉┘

赐进士出身、诰授奉直大夫、工部虞衡司额外主事加一级纪录三次年愚再侄元和陈鹤撰并书

注释：

推择为吏：意思是推举选拔人才为官，这是古代的一种推荐选官制度。

幕游：碑文中是指碑主贾光村之父、贾名伸之祖贾珺，离乡背井以幕友的身份游走于各地。幕友，亦作"幕客""幕宾"等，相当于私塾先生。被当官的聘为私人秘书，则往往称"幕僚"，俗称"师爷"。碑文中所说的"幕游"很可能两种情况（塾师与师爷）都有，毕竟他是从年轻时出游，"晚而归家"的。

貤赠：谓将本人和妻室的封诰呈请朝廷，要求同时也移赠给先人。"貤"有"移"意。

征仕郎：古代官阶名称。清代从七品的文官，可授征仕郎之官阶，并可封赠其父母及妻室，给敕命二轴。

居停主人：碑主贾珺在幕游数十年期间，肯定不只是为一个主人做事，故其曾经的每一位主人都是"居停主人"。居停，寄居，寄寓。

谱谍：即"谱牒"，古代记述氏族世系的书籍，如宗谱、族谱、家谱

一类。

年愚再侄：是指撰书人"陈鹤"对于碑主的称呼。传统上对于亲家的祖父母，叫作姻再侄，亲家的父亲叫姻侄。年家，科举同年登科者两家之间的互称。由此我们可知，陈鹤的祖父与碑主贾珺曾经是亲家关系，而陈鹤与碑主的孙子贾名伸又是同科（嘉庆元年丙辰科，1796）进士的关系。

陈鹤：字鹤龄，元和人。操行修洁，亦精史学。嘉庆元年（1796）进士，以主事分工部。熟于明代事，辑《明纪》六十卷。未成，卒。后八卷其孙克家续成之。

按语：

上一条"大清嘉庆十三年岁次戊辰孟夏初吉"，这一条"大清嘉庆十三年岁次戊辰孟夏初吉"，同时立；上条根据残损碑文可知系贾名伸所撰立，本条系贾名伸同年陈鹤撰书；上一碑缘于缕清了贾家的祖坟，此一碑重新编纂了贾家的族谱，并为其祖父立碑。由于碑表剥蚀的原因，前一碑不能明确地看出书丹人名，但从字体上看，似乎为一人笔迹，故可推知亦为陈鹤所书。

碑文在叙述贾珺的生平身世时，实际是以"君之为吏也"作为典型来溢美其行的，同时夹杂以对古代官制与吏治的讨论："明初三途并用，有起家吏员至仕郎、尚书者，其他荐举尤伙。后乃专用进士，说者叹其积重难返，而吏亦益自弃，舛法营私，靡所不至。"陈鹤作为清代的一个官员，对于明代官场的腐败试做了根究。明初尚且三途（学校、科举、举荐）并用，后来则专用进士一途。所以造成了吏治混乱的状况。考不上举人、进士的就当不了官，于是很多低级官吏认为前途暗淡，于是玩忽职守、贪图小利、营私舞弊，无法根治了。"故尝谓，恐今日而欲复两汉、明初之制，非申之以数十年之教化不可。不然其不为营竞之教者鲜矣。若君之矍然不滓，庶乎其可以希乎古之为吏者乎！"所以他也提出了解决之法，意欲恢复"两汉、明初之制"，即"三途并用"。他还推断出这种改革是需要数十年的工夫的，不然世风依然如此，除非你是个不食人间烟火之人。有了如此的祖父，才能有如彼之孙辈，贾名伸就是这样一个身体力行之人。

重建龙泉庵古刹碑铭

解题：

清代道光元年（1821）七月。碑方首圭角失座。联首高 171 厘米，宽 61 厘米，厚 18 厘米。青石质。碑首线刻双龙戏珠图案，边框卷草纹。额题"药王圣祖"，首题"重建龙泉庵古刹碑铭"，年款"大清道光元年夷则月拾伍日"，高风撰文。碑文 14 行，满行 43 字，楷书。现存于熊儿寨乡熊儿寨村委会。

录文：

重建龙泉庵古刹碑铭↵

且自混沌初开，乾坤始奠而后，古先民受土营建。其间之寺院庵观，实予人以莫可胜数矣。粤稽大明永乐年间，↵熊儿寨旧有↵古佛文殊普贤□菩萨庙宇一所，内供药王圣像。传至大清，约计已历数百余年。今熊儿寨众庶视为不恭，□兼↵□残无已□□□之洪慈浩荡，其等级应不在诸佛以下矣。共□□整重修于佛殿之前，新建↵药王正殿三间，以崇隆其善事。两阖□诸人，各愿施工输金，分猷效力，□寓予来之隐。不日告其成功，于是庙貌巍然□矣，↵圣像俨然尊矣，分位昭然定矣。且迥□□栋东西两楹，彩色辉煌，而龙泉庵又焕然改观矣。虽非蓬莱之仙境，亦↵堪为还往之式凭。仰瞻色相，式玉式金，研穷妙法，匪浅匪深，弗忘世间之苦难；普济愚民，博施两 字 之慈悲善↵ 念。 尚 恐 人钦至德，不睹不闻，静居神龛之内。孰知变通广大，举四大部洲，皆收拾于↵ 圣祖之一心。众生自惟，皇降 □ 以来，愚昧者固多，觉冥然之布泽，施仁青囊济世，未始以殚尤褊地，不惠我斯民也。是↵ 以群伦康泰，永享升平之福；品物咸亨，得无疾痛之 □ 儿。 仕 斯净者，与夫居此土者，莫不忻然感动，皆欲↵ 报罔极之深恩。效由其事，刻铭于石。请文于余，余即叙其梗概，庶几使后世流传，永垂勿替也。是为记。↵

古坛渔阳庠生高风敬志↵

大清道光元年夷则月拾伍日造

注释：

粤稽：发语词，无实意，系"粤若稽古"之简，语出《尚书·尧典》。亦可以理解为"搜集古历史"之意。稽，查考、搜寻。

药王圣像：孙思邈（581—682），世称孙真人，后世尊之为药王。有传其活到140岁。在我国民间药王的信仰甚为普遍。因各地民俗的不同，故信奉的药王也不止一个，其他著名的尚有春秋时期的扁鹊，汉代的邡彤，三国时期的华佗，唐代的韦慈藏、韦善俊、韦古道（韦老师）等。

青囊济世：形容古代郎中靠中医的本领来救济生病之人。

按语：

药王庙，对于平民百姓来讲，有时比佛菩萨庙更接地气。常常驻庙的老道或和尚，颇懂医道，望闻问切，开方抓药，针灸按摩。身体不适、有小病小灾之人，进得道场，首先就被宗教气氛熏陶了，再听师父们讲佛理、道统，以及医术等，略出小钱，抓点小药，回家之后，病已半愈了。它比单纯的医院、药房似乎更让人感到轻松一些。昌平区有一座药王庙，其中一通碑，记得很清楚。正面镌刻行书大字四字"道法自然"，孙思邈题；碑阴以丝栏相隔刻《海上方》100篇，碑两侧面刻对联一首，行书"世上本无必死病，人间多有大还丹"，文化味十足。

重修龙泉庵碑

解题：

清代光绪十五年（1889）十二月。碑方首抹角失座。联首高 174 厘米，宽 61 厘米，厚 18 厘米。青石质。碑首线刻双龙戏珠图案，边框草叶纹。额双钩题"重修庙宇"，首题"重修龙泉庵碑记"，年款"大清光绪拾伍年岁次乙丑嘉平月朔日榖旦"。李□绪撰。碑文 13 行，满行 35 字，楷书。现存于熊儿寨乡熊儿寨村委会院内。

录文：

重修龙泉庵碑记┛

且天地平成以来，<u>画野分州</u>，王事允治。建□□都六府□修此庵，民之道非□人力，以为之□┛获诸神所默佑也。我大清国之初，好□最尚，于是整理庵观寺院，莫可胜数矣。熊儿寨┛旧有佛殿三层，文殊、普贤以及观音菩萨殿宇。明世靖□二代，岁修□□□药王□廊。┛本朝道光元年新建。乃因代远年湮，遂致垣裂□倾者。佛□残□□，乡村众庶视为不恭。┛因而输金劝工，各愿分猷效力。咸寓子来之隐，不日告竣成功，以表万古之流芳。当是时，庙貌┛耸秀，神明□翼。但见衣冠新鲜，威灵显赫矣。乃至九□祠、两耳房、东西禅堂，或仍旧□□式┛廊即刻竹苞松茂、鸟革翚飞，更觉蔚然可观、巍然壮丽矣！□□□圣祖静坐龛中，妙□于无↵外群黎赖以生□青□善以济世，虽默默无言自有明明之□□□□深有感斯通祥普箸↵德□广□风雨甘和，灾难攸除。凡任斯事者，与夫居此土者，尽乐升平之福于斯□也。亿姓□↵麻众心捧悦一乡举动，万善同归，所赖诸君子慷慨不惜财□□不□□以□□不成焉。↵
古渔阳平谷县文生员李□绪撰↵
大清光绪拾伍年岁次乙丑嘉平月朔日穀旦

注释：

画野分州：《汉书·地理志》载"昔在黄帝……方制万里，画野分州，得百里之国万区"。这是中国古代最早的行政区划，后来大禹统治天下，划天下为九州。《尚书·禹贡》记载分别是冀、兖、青、徐、扬、荆、豫、梁、雍九个州。是根据山形水势来划定区域的。

按语：

镌刻文字属于瘦硬一派，书丹及镌刻人有一定的赵氏之风。

张氏祖碑

解题：

清代（1644—1911）。碑通高 184 厘米，宽 70 厘米，厚 14 厘米。汉白玉石质。额双钩题"百世不易"。碑文楷书。原立于峪口果园张氏祖坟，现存于上宅文化陈列馆。

录文：

太高高祖张应节子世龙子名弼子炳子承基子儒之序⏎
九品职衔张永富补立

注释：（略）

按语：（略）

张儒墓碑

解题：

　　清代道光十二年（1832）四月。碑方首抹角失座。联首高 127 厘米，宽 53.3 厘米，厚 15.5 厘米。青石质。碑首线刻海水、江崖、云纹，四框线刻缠枝莲纹。额题"亘古常昭"，年款"大清道光十二年岁次辛卯（十一年，1831）四月乙酉"。碑文楷书。碑阴，碑首雕刻云纹，四框饰以缠枝花卉。额题"张氏佳城"，首题"张氏佳城记"。原立于峪口果园张氏祖坟，现位于上宅文化陈列馆。

录文：

（碑阳）

皇清待赠显考登仕郎张公讳儒⌐ 妣孺人张母陈氏之墓

大清道光十二年岁次辛卯四月乙酉奉祀男永富长⌐ 次孙九品职衔宽⌐ 宏暨曾孙得禄⌐ 得寿立石

（碑阴）

张氏佳城记⌐

余先世太高高祖考张公讳应节，自通州所属平家滩庄⌐ 迁于三河邑北峪□□镇，安居立业。传及二世高高祖考讳⌐ 世龙，传及三世高祖考讳弼，四世曾祖考讳炳，五世⌐ 祖考讳承基。至六□世□□□先考讳儒后，方迁于韩家屯

□，↲聚庐而处。以上□世咸有木辂不一，想亦由我祖□积德↲之厚焉。犹可忆者，先考抚余幼而读书，长而应事。不幸至↲二十九岁，先考六旬有四，遂于是年寿终，至今已二十二↲年矣。然余一人知之，而后世之子孙恐未必晓之□晰也。遂↲勒诸贞珉以记之云。↲

男永富谨记

注释：

佳城：古代用以比喻墓地。古代陵寝坟茔的建设，死如生时，有围墙、宝城、茔门、墓门、玄宫等，就像一座城池。

木辂：亦即"田路"，清代皇家车乘名称，"五辂"之一。在这里似乎是指做官等级与身份的意思。

按语：

我们注意碑文叙述世系的方法，是追述前七代，而非人们常说的十八辈，也即前九代、后九代，共计十八代，而是像北魏时期经常说的"亡过七世父母"。当然也不排除根本就查不出七世以前祖宗为谁了。立碑撰文人张永富的七世祖张应节，他采用了"太高高祖考"的称呼，而非人们常说的"烈祖"；第六世祖张世龙，他采用了"高高祖考"的称呼，而非人们常说的"天祖"；到了第五代张君弼，就与人们习惯的称呼合流了，也即"高祖考"；再后曾祖考张炳，祖考张承基，考张儒。

在其谱系讲清的同时，籍贯也交代了。始祖张应节从"通州所属平家滩庄迁于三河邑北峪□镇"，查今天地理，"平家滩"淮南有，"北峪口"山西有此村名。再到其父张儒时，又迁址于"韩家屯"。但是这个"韩家屯"，河北、山东今仍在，平谷似乎已经没有了。

文云"不幸至二十九岁，先考六旬有四，遂于是年寿终，至今已二十二年矣"。由此可以推知张儒的生卒年。其所说"至今"的"今",就是立碑的"大清道光十二年岁次辛卯",问题又出来了,"辛卯"应是道光十一年,一般说古人有可能把年份记错了,但不可能把干支搞错,姑且认定是辛卯十一年(1831)吧。那么二十二年前,也就是嘉庆十四年己巳(1809),时张儒63周岁、张永富28周岁,倒推的话,张儒,乾隆十一年(丙寅,1746)生人,嘉庆十四年卒;张永富,乾隆四十六年辛丑(1781)生人。

此碑字体及镌刻手法,较上碑更加瘦硬,接近瘦金体。

张应节墓碑

解题：

　　清代道光十二年（1832）五月。碑方首圭角失座。联首高 179 厘米，宽 71 厘米；碑身宽 69 厘米，厚 18 厘米。青石质。额题"历久弥新"，首题"大清道光十二年五月吉日奉祀补立"。碑面以丝栏分作三行镌刻。原立于峪口果园张氏祖坟，现位于上宅文化陈列馆。

录文：

大清道光十二年五月吉日奉祀补立⏎
皇清待赠、太高高祖考登仕郎张公讳应节、妣孺人张门孙氏之墓⏎
系七世孙九品职衔张永富率八世孙九品职衔宽、宏暨九世孙得禄、得寿补立

注释：（略）

按语：

　　以上二碑均为张氏家族第七世孙张永富所刻立，在他的努力下，缕清了他之前六代的基本情况同时立下了两通碑，一通是"张氏祖碑"，简单罗列

了以前六祖的名讳；另一通是他父亲张儒的墓碑，同时在墓碑的背面镌刻《张氏佳城记》，记述了张氏的渊源。此一碑是专门为始祖张应节所立，而且是补立。

张永富墓碑

解题：

清代同治七年（1868）三月。碑方首圭角失座。联首高 162 厘米，宽 68.5 厘米，厚 26 厘米。青石质。额题"鸿燕翼子"，双钩行书，首题"大清同治七年三月十二日奉祀"。碑文楷书，以丝栏分为三行。今断为两截。原立于峪口果园张氏祖坟，现位于上宅文化陈列馆。

录文：

大清同治七年三月十二日奉祀⏐
皇清待赠登仕郎张公讳永富、孺人尹氏金氏之灵墓⏐
系八世孙九品职衔宽、宏率九世孙九品职衔得禄、得寿、得爵、得位、得联
暨十世孙震、霖、忠、□、端补立

注释：（略）

按语：

碑面磨平，分中、左、右镌刻三条栏框，框内镌字。
张氏家族墓碑里年代最晚的一通，也是以上三通碑立碑人的墓碑，而且

也是其后代（儿张宽、张宏携儿孙）"补立"的。然而这个"补立"似乎有些费解。当初他们的父亲为他们一二百年前的祖宗立碑时，确系"补立"，到他这儿了，为什么还做"补立"呢？也就是说，立碑的时候距父亲去世应该是有一段时间了的。上两条按语，我们计算 1809 年，张永富 28 岁，此立碑时为同治七年（1868），如果这年是其卒年，则应为 87 岁，也合情理。但由于有"补立"字样，说明张永富没有活到 87 岁。

另外，我们通过后两条碑刻的内容，还缕出了张永富后人的脉络。即张永富的儿子张宽、张宏，作为张氏第八代传人；孙子张得禄、张得寿、张得爵、张得位、张得联，这是张氏的第九代；以及张氏的第十代张震、张霖、张忠、张□、张端。

重修朝阳寺碑

解题：

清代道光十八年（1838）八月。碑螭首龟趺，座系补配。联首高176厘米，宽64厘米，厚18厘米。花岗岩石质。四框饰云龙纹。额篆"重修朝阳寺记"，年款"大清道光十八年岁次戊戌仲秋上浣穀旦"。碑文17行，满行36字，楷书。马延年撰文，刘丕显书丹，马驯篆额。碑阴楷书。保存完整。现位于上宅文化陈列馆。

录文：

平谷县东南距城十里许有夏各庄者，后据▢▢，前对赤屏，西临沟水，东挹盘峰，乃形势最胜⌐之墟也。旧有古庙三间名朝阳寺，不知创自何年，由来久矣。前院空阔，后殿倾颓。自嘉庆十九⌐年，僧成珠邀请众善各输资财，建修弥勒大殿三楹，厥功已经告竣。至道光拾七年，其徒灵文⌐同庄中众善观前殿雄威，后殿残晦，中心实属不安。于是大众谪（商）议，又输财助力，鸠工督材，谨⌐呼踊跃，辐辏于来，不啻驱鬼工役神力。正殿、禅室、周围垣墙，重皆修整。合庙圣像，一体庄严；门⌐朗辉辉，金碧交光。以视从前，梵宫宝刹巍峨宣赫焕然改观矣！系道光十七季秋成具议，十八⌐年兴工，秋中告成。其功非细，何成之速也？非天意人心默相孚契乎？自具议之后，屡获祯祥，孰⌐谓神道查冥而不可信乎？事叟峻（竣），僧人乞为碑记，<u>几忘谫陋</u>，略述始终，以垂不朽云。但予于西方┘之文，素未涉其<u>涯涘</u>，性嗜禅静，亦曾翻阅释典。敬以为铭。曰：┘金轮普照，光耀下临；惟兹最上，无人不钦。大 包 三界，小入微尘；无终无始，┘亘古至今。虽历亿劫，朗然如新；生自周昭，来自汉明。至唐最胜，崇惟大清；┘矧我庸众，敢不钦承。丹楹刻桷，奋力经营；翚 飞鸟 革，展也大成。朝夕讽诵，┘暮鼓晨钟；惟乞默佑，各秉处诚。国恩家庆，五谷丰登；四方平定，万国咸宁。┘

恩赐乡饮 酒 官马延年撰文┘

丙戌岁贡生刘丕显书丹┘

国学肄业生马驯篆额┘

大清道光十八年岁次戊戌仲秋上浣穀旦立，住持僧灵文募化

（碑阴）

经┘理┘众┘善┘人┘等┘（以下题名 12 列，略）（末行）以上共捐钱二千八百一十三吊四钱，共花费使钱三千四百一十三吊。┘

注释：

祯祥：吉祥，幸福，有异常的好天象。在中国古代国家出现朱雀谓之"祯"，国家出现凤凰谓之"祥"。

杳冥：此处指大自然或自然界的某些现象奥秘莫测。

几忘谫陋：几乎忘了我的无能（来承当写碑文的事）。谫陋，简陋、浅陋，粗略。

涯涘：原指水岸边界，引申为抽象的边际，如学术、知识等。

按语：

今天平谷区的夏各庄，早已发展成了夏各庄镇了，南与蓟县接壤，北与平谷城区仅有一水之隔。按碑文记载，"后据 □ □ ，前对赤屏，西临沟水，

东挹盘峰",正符合所谓"前有照、后有靠，左青龙、右白虎"的风水。而且"左青龙"不是山，是真水（沟河），故云"乃形势最胜之墟也"，不无感叹之意。"墟"，村落，曾经有人住过但今已荒废的村落。前句说这里的风水如此的好，后句形容它是"墟"，内中暗含意欲振兴之意，至少是这座古庙朝阳寺。

碑文在简述寺庙的沿革，"不知创自何年，由来久矣"。肯定是很古老的了。当时"前院空阔，后殿倾颓"。后来"自嘉庆十九年（1814），僧成珠邀请众善各输资财，建修弥勒大殿三楹，厥功已经告峻""至道光拾七年（1837），其徒灵文"等，"输财助力，鸠工督材"，"正殿、禅室、周围垣墙，重皆修整"。此次工程的起讫时间，"系道光十七年（1837）季秋成具议，十八年（1838）兴工，秋中（是指秋季之中，中秋节，农历八月十五）告成"。

重修朝阳寺建立学校碑

解题：

　　民国二十六年（1937）四月。碑螭首龟趺，座系补配。联首高 220 厘米，宽 77 厘米，厚 21 厘米。青石质。四框饰云龙纹。额双钩题"万古流芳"，年款"中华民国岁次丁丑二十六年夏立四月吉日"。碑文 18 行，满行 37 字。李凤仪撰文，张浩然书丹。碑阴额题"碑阴题名"，首行"谨将本村重修朝阳寺建立学校仓房全村公摊共出花费大洋一百九十九正今将助工姓名开列于左"。现位于上宅文化陈列馆。

录文：

（碑阳）

　　爰夏各庄在平谷治东南，属第二区，距城十里。赤屏屹立于前，黄河环绕于后，西临沟水发源之⏋泉，东挹盘峰耸峦之秀，形势最胜之乡也。旧有古庙名朝阳寺者，自古迄今历有年，重修已非⏋一次。建立虽称完善，岁久失修，墙垣殿角亦有倾圮渗漏之处，又在寺内设立学校。初则校室尚可足用，⏋自村中风气大开，学生日增一日，校舍不免有人满之虞。⏋乡长、副等遂邀请村会人员，详加讨论，均愿⏋添置校舍，广培人材，以期后世⏋文人迭起、光耀乡间，并寺中墙垣殿宇重皆修理。不数月而鸟革翚飞，⏋奂轮并美，仰观庙祀，焕然一新。其成功可谓速矣。迩来五谷丰登，文风日盛，孰不谓群策群力之功欤？⏋兹承监修诸君属为碑记，予不揣简陋，略撰始末，永垂不朽，敬以为铭。曰：⏎ <u>《传》曰：太上立德，其次立功，其次立言，此之谓三不朽。</u>然言莫深于文，凡有建树，皆有言以纪其实，俟观⏎ 风者有所考征焉。至于议论精深，铸辞古茂，愿其余事志碑文。⏎

<u>前贡员元</u>李凤仪撰文⏎

张浩然书丹、马如树书丹⏎

经理人乡长、副刘际安、田作云、于淮⏎

中华民国岁次丁丑二十六年夏历四月吉日立

（碑阴）

谨将本村重修朝阳寺、建立学校仓房全村公摊共出花费大洋一百九十九正，今将助工姓名开列于左：⏎ 经理张举、李玉成、赵满庭、李春海、李新华、于润波、李连枝、田万有、马浔珍、马□泽、王仲五、张□善、刘瑞新、王谟、⏎ 张玉衍、刘瑞礼、王有良、李来海、张凤鸣、李祝青、李得三、李福天、王绪五、马休全、马景瑞、周福、张□允、刘瑞迎、刘瑞、⏎ 张好忠、刘克中、田云龙、李凤祥、赵满堂、李全华、于润深、马景明、张于芬、马荣、杨玉青、于福文、刘祥、刘允、刘怀安、⏎ 张树春、刘瑞安、田雨、刘富云、李翠华、李春林、李宪章、王仲全、李廷印、马连有、张俊□、马荣奇、靳荣顺、刘喜、王有顺、⏎ 李宝有、王仲臣、刘助才、李春雨、李兆吉、李龙贞、张勤、李满、张得纯、周恒、马景和、王仲太、高义、王兴、王占、⏎ 张书绪、王得、秦明、王爱臣、李兆祥、李生春、于振宗、李俊、张信堂、李连青、秦廷、田远三、张杰、王振廷、王喜、⏎ 马亨。助工：张世休、李茂、李树元、李春山、李凤华、李树秀、井得瑞、马体元、秦恺、马义元、刘福廷、□□堂、王平、⏎ 李奎儒、马庆元、史绪方、张□仪、于文元、李奎品、王福文、李桂林、靳有、秦兰、马如来、于俊、刘喜廷、王凤岐、王□栋、⏎ 李瑞吉、马春融、李春青、李宗元、李自化、于耀林、刘慎修、李奎华、张永春、张玉荣、张玉芳、张□

敏、张显明、王有□、梁子宜、↵李奎俊、于泰宗、田庆足、刘瑞青、李春华、于耀庭、李宝珍、李春□、田平、张荣先、马玉、张好古、刘计宽、刘甫安、姜现龙、↵马尚林、张亭瑞、刘玉福、张怀春、李树林、李廷旺、张文、王义文、田万林、马琨山、周世杰、刘玉岗、刘恩、王仲奎、王学文、↵马润、张得、于福元、张福、李增华、王中、王有民、李景顺、张书纯、王琢、秦印、张好喜、张富、刘廷福、王唐、↵马隆、李伯东、李荣祥、李有枝、李福增、秦仕林、王有林、王洽民、张奎堂、马尚福、李旺、刘助银、马思明、王金贵、梁文贵、↵张元、李春华、张好学、刘福麘、李春印、李瑞春、李荣春、马昱周、田荷金、马春生、马荣祥、张富春、张林、王和、梁秀明、↵张继堂、马合元、张玉宽、张如、李广茂、王培元、田庆成、王景文、张奎、张得凤、□印、张斌、靳旺、王福、王有恩、↵张达、张如休张浔堂、马春登、李春芳、李甫贞、张凤江、田作林、马廷恺、秦朝卿、王仲有、刘满廷、刘永生、王配廷、王永林、↵田作兴、张丕绪、田作然、李春田、王世孝、于临池、张润、田恺、王奇、马□、秦恒、张春廷、于满、王得广、石作魁、↵王国政、常树青、张凤林、张凤奇、李作春、王振富、李卓棣、田作□、马羽翔、张凤阁、马如庆、张雅清、张闲、梁秀廷、张凤舞、↵李春元、李宝长、李树品、刘瑞吉、李印青、李得富、李如春、田庆祥、马相、马尚兴、秦平、刘克尹、刘助金、王瑞、田奎、↵田朝顺。↵

中华民国二十六年孟夏月中旬吉日敬刊□□住持僧隆俊

注释：

乡长、副等：乡长、副乡长等。

鸟革翚飞：古代常用来形容刚修缮完宫殿的样子。革，鸟张翅的样子；

287

翚，羽毛五彩的野鸡。如同鸟儿张开双翼，野鸡展翅飞翔一般。

"《传》曰"句：语出《左传·襄公二十四年》。"太上有立德，其次有立功，其次有立言，虽久不废，此之谓不朽。"此即后来所说的"三不朽"，或"三立"。说的是人所做出的事业，首先要树立"德业"，其次考虑"立功"，最后才是"留名于后"的事。

贡员：科举时代指乡贡考试合格的，清代专指会试考中的。由贡员经过殿试录取者方为进士。

按语：

同样描写朝阳寺的形胜，语气上稍有不同。"赤屏屹立于前，黄河环绕于后，西临沟水发源之泉，东挹盘峰耸峦之秀，形势最胜之乡也。"同时可以确定上一碑"后据 ☐☐"之缺文似应以"黄河"二字为宜。且此已将"乃形势最胜之墟也"易为"形势最胜之乡也"，以"乡"替换了"墟"字，至少在撰文人眼里的感觉是不同的，由原来一个百废待兴的墟落，发展成一个需要锦上添花的京东大镇了。

二碑同样是讲朝阳寺的碑，然而内容则改变了。上一碑是修缮扩建朝阳寺，此一碑虽是修缮庙宇，却是为了学校使用。民国时期，北京许多古建筑在政府的干预下，纷纷改庙建学或腾庙建学。

之前的改庙建学活动，发生在前几年，可见前条民国二十一年（1932）王允成撰保管庙产学田碑碑文。

上一条道光十八年（1838）"朝阳寺重修碑"，总共动用银两，其碑阴明确记载"以上共捐钱二千八百一十三吊四钱，共花费使钱三千四百一十三吊"。这次总花销"大洋一百九十九"，可以说是少得多，却是动用了大量的人力，"全村公摊"。碑阴还镌刻了全村数百个人名。

重修蒋公祠并庄南观音庵碑

解题：

清代咸丰元年（1851）十一月。碑方首抹角失座。联首高 167 厘米，宽 67.5 厘米，厚 20 厘米。青石质。碑首饰鹤鹿同春吉祥图案，四框饰缠枝莲纹。额双钩篆"名垂千古"，首题"重修蒋公祠并庄南观音庵碑记"，年款"咸丰元年仲冬穀旦"。贾玉琢撰文、书丹、篆额，朱震、张永库刻字勒碑。碑文 17 行，满行 29 字，楷书。碑面右部碑文，左部小字偏下刻，再分上、下部：上刻田亩四至，下镌功德人名及书撰人名等款。碑于上部横通断。现存于上宅文化陈列馆。

录文：

重修蒋公祠并庄南观音庵碑记┘

闻之行善为作福之基，彰名为表德之道。是村建立南北二祠由来久矣，北建┘释迦、关帝、药王圣像，南建观音大士圣像。祠庙左右，<u>砺山带河</u>。日远年沿（湮），任┘摽（飘）摇于风雨；上栋下宇，<u>莫涂塈其垣墉</u>。阖庄善士思欲妆金修葺，叹一木难支，┘知众擎易举。因与住持戒僧向绅士商（商）民虔诚募化。幸感圣神默助，竟致远┘迩善士或投少花而满佛钵，或寄滴水<u>以入恒河</u>；积丝成锦，集腋成裘。遂得鸠┘工庀材，妆金彩画。得令南北二庙宝相巍峨，殿宇辉煌，足壮观瞻也。功程告竣，┘只得撰文勒石，使众善人等功德永垂不朽云。┘（上部）万亨□四亩，南至荒、北至堦、东至王、

西志张□，┘门置香地二段，西至道、东至赵、南至龚刘、北至干河。┘
（下部）刻字勒碑人朱震、张永库。┘首善人：┘陈瑞、龚永和、李希贤、
龚达显、张□□、┘龚德山、龚良福、龚永利、韩成杰、祁廷栋、┘龚德
发、刘太文、韩万亨、孙富常。┘
住持戒衲僧理顺┘
平邑贡生贾玉琢撰文书丹撰（篆）额┘
咸丰元年仲冬榖旦敬立

注释：

砺山带河：原本是形容地理位置的成语，即黄河像条飘带，泰山像个磨
刀石，说明地理位置险要。砺，磨刀石；山，泰山；河，黄河。在碑文中只
是以此词形容地理位置重要而已。

莫涂塈其垣墉：形容房屋破烂不堪，墙壁等处也未加涂抹防雨防风美观
的设施。此句为化用《尚书·梓材》语，原作"既勤垣墉，惟其涂塈茨"。
塈，涂抹屋顶、墙面等处；垣，普通的墙；墉，高大的墙，如城墙等。

投少花而满佛钵：这是借用《佛说乐璎珞庄严方便经》佛陀乞食，遇美
女投花满钵之典，意思是捐助不在多少。

寄滴水以入恒河：形容积少成多之意。恒河，是古印度的一条圣水，佛
教徒为其赋予了许多宗教内涵，同时恒河流域也是印度文明发祥地之一。

按语：

最关键的一点，此碑首题"重修蒋公祠并庄南观音庵碑记"，但通读全
碑，竟没有"蒋公祠"与"观音庵"关系的任何描述，且丝毫未提及此
三字。

重修侯府辛庄菩萨庙碑

解题：

　　清代咸丰五年（1855）三月。碑方首圭角。联首高 137 厘米，宽 60 厘米，厚 19 厘米。青石质。碑首饰云龙纹，四框为线刻回纹。额双钩题"普渡庵志"，首题"重修侯府辛庄菩萨庙碑文"，年款"大清咸丰五年姑洗月"。朱□震刊字，马云图撰文并书丹。碑文 17 行，满行 30 字，楷书。现存于上宅文化陈列馆。

录文：

（碑阳）

重修侯府辛庄菩萨庙碑文↵

自古神灵之□宅，恒资山川精英之气以结之；庙貌之威严，亦必有乡村好↵善之人以成之。今怀柔县境银洞里侯府辛庄，势近山河，地接龙脉，与丫髻、栲↵栳二山脉络迤逦连接。村前旧有菩萨庙，溯朔由来，此庙原系前明建立。第↵规模久远，体格缺残，又剡后有观音大士殿，阁前无药王圣祖祠堂。识↵者视之曰："溢乎老龙之气也！"惟幸神圣默展威灵，感动本村信士，以引外乡↵善人，捐资财以制瓦砾，募米粮以备百工。值咸丰三年、岁在癸丑暮春之初，鸠↵王（工）庀材，新建药王照殿、东西客堂，以及内外殿宇墙垣，俱焕然一新。金妆↵照耀，彩画精严，星峰合法，局紧机圆。经营数月，大壮其观。工告竣，卜吉于秋菊⏎月上浣开光献戏，以答神祇。斯时也，善男信女进步拈香，虔心瞻礼。见其⏎法像重辉，祠宇耸秀，不雕不饰，<u>以妥以侑</u>。四方来观之，无不心悦而乐施，趋前⏎而恐后，凡此皆由神灵以致人心向善、胜事共成者也！夫功既成，可以质⏎神明。而名不立，何以对善士？是以众议勒碑以刻铭，将众善芳名大书特书于⏎其左，捴（纵）代远年遥，斯可以永垂不朽耳。⏎

大清咸丰五年姑洗月 吉 旦 立⏎

洵阳马云图撰文书丹⏎

刊字人朱震⏎

住持道刘德全

注释：

溯朔由来：追溯原来，追述原始。溯，逆流而上。

又矧后有：递进式语法，况且后面还有。矧，况且。

星峰合法：形容风水好。"星峰"即"水星峰"，风水上指那些曲折如蛇、波浪起伏的山形。

局紧机圆：形容建筑布局紧凑合理。局，屋室；机，机巧。

菊月上浣：九月上旬。菊月，农历九月的别称；上浣，上旬。古人将一月均分作三段，即上浣、中浣、下浣。

以妥以侑：形容神灵看到了重修的庙宇，完全可以尽情享受人们供奉的香火了。以，介词，因此；妥，符合神意；侑，得以配享。

姑洗月：即农历三月的别称。古人将十二律配十二月，以十二律名一一对应十二月。

按语：（略）

双峰圣水洞刻石

解题：

清代咸丰六年（1856）。横式刻石长 88 厘米，高 45 厘米，厚 20 厘米，青石质。额题"双峰圣水洞"，横书。年款"大清咸丰陆年"。碑文 15 行，满行 9 个字。现位于山东庄镇鱼子山村双峰圣水洞遗址处。

录文：

双⏋ 峰⏋ 圣⏋ 水⏋ 洞⏋
《易》曰积善之家必有余⏋ 庆，德报有明征矣。鱼子⏋ 山北旧有老君堂，重修⏋ 之余，谨将施主芳名勒⏋ 诸贞珉示久远。⏋ 施主王莲峰施黄岩根、⏋ 西瓮圈地二处；⏋ 施主王景塘施山厂一⏋ 处，坐落三道沟，上下⏋ 相连，东至边墙，西至⏋ 庙，南至大岭，北至石⏋ 沼下。⏋
山主史廷职⏋
住持道程元煦⏋
大清咸丰陆年公立

注释：

"《易》曰"句：原文出自《易经·文言·坤卦》。"积善之家，必有余庆；积不善之家，必有余殃。"意义非常明显，劝人向善，诫人作恶。

德报有明征：意思是善有善报，有非常多灵验的例子。

老君：民间对"老子"的神化称呼，也是"太上老君"的简称。道教认为他是道教的教祖，他还有许多称呼，如"太清道德天尊""太上道祖""开皇末劫天尊""道德天尊""降生天尊""混元上帝""师宝天尊"。老子（约前571—约前471），姓李名耳，字伯阳，谥聃，曾做过周朝的"守藏史之官"。

勒诸贞珉：意指刻碑。勒，勾勒，摹勒上石，把软笔书法勾勒到碑材上；珉，美石，经过精选的石材。

按语：（略）

重修老君堂捐资碑

解题：

清代咸丰年间（1851—1861）。碑方首方趺。碑高 96 厘米，宽 63 厘米，厚 18 厘米。青石质。首题"兹因 密 云 □ □ □ 修老君堂 □ □ □ □ 开列于后 □ □"。年款"大清咸丰 □ □ 年／日 □"。现存于山东庄镇鱼子山村双峰圣水洞遗址处。

录文：

兹因 密 云县 □ □ □ 修老君堂 □ □ □ □ 开列于后 □ □┘

□ 万春号、万盛号、福兴帽局，以上各捐陆吊；恒春隆拾贰吊，永顺隆拾伍吊。┘ □ 通靴铺、万顺帽局、永信张记、必兴煤铺、裕丰和记，以上各钱叁吊。┘ □ 福昌壹佰伍拾吊，平谷陈英贰吊，郭君在、郭君启、郭成绪，以上各捐壹吊。┘ 郭铮、郭熙昌、郭 殿卿，以上各捐贰吊；蓟州谭沂贰吊，东辛庄王盛亭、王重华、王文林各捐 □ □┘。平谷 □ 益号拾吊，隆兴号捌吊，同仁号陆吊，同义仁伍吊，三盛公叁吊。┘ □ 王有岗陆吊，尉天恭玖吊，尉述玖吊，王君伍吊贰，李国兴壹吊，王达伍吊贰，┘ 王来肆吊陆，王凤贰吊柒，巨宝壹吊陆，王春塘叁吊叁，王连塘伍吊陆，王朝臣叁吊叁。

⅃ 王常贰吊，王臣叁吊伍，王有仁壹吊□，王辅叁吊柒，王杰叁吊壹，于开富叁吊壹，⅃ 陈善叁吊壹，尹魁叁吊柒，张胡义壹吊贰，尹亮贰吊，尹学叁吊伍，尉天保贰吊玖，⅃ 尉通贰吊壹，王之宽叁吊叁，王举拾吊，王德财叁吊壹，王永塘贰吊壹，王朝仓捌佰文，⅃ 王朝选贰吊伍，王朝文柒吊肆，尉天位伍吊，尉进壹吊贰，李国安肆吊贰，李国泰拾壹吊，⅃ 王朝辅伍吊，薛万银壹吊陆，王朝起壹吊肆，尹有杰贰吊壹，李广质壹吊贰，李广山贰吊，⅃ 周良才伍吊陆，王兴本贰吊柒，王有魁贰吊玖，王有富陆吊，王有恒壹吊陆，王有岗贰吊伍，⅃ 王有生叁吊，李科名叁吊伍，王景塘捌吊，王胡氏贰吊玖，巨习仲壹吊肆，□天龙贰吊□，⅃ 史庭和拾贰吊，李科会叁吊壹，王新塘拾贰吊，李国民拾贰吊，王有贵贰吊柒，□大景壹吊贰，⅃ 王良肆吊贰，周山贰吊柒，尉适壹吊，王大宏壹吊，巨习路贰吊伍，□□门叁吊捌，⅃ 马良福壹吊肆，巨起贰吊肆，□□尉道拾玖吊，尉蓬伍吊柒，□□史庭职壹吊肆，巨广贰吊玖，⅃ 尹廷生贰吊，□□王南□伍吊，尉□拾玖吊，□□王□□吊壹，□南王有春贰吊伍，□□□王莲峰柒吊，⅃ 尉尉迎叁吊吊壹。大清咸丰□□年／日□。

注释：（略）

按语：

这是一通仅有功德人名铺号的石碑。人名中有用"塘"字者多人，如"王春塘""王连塘""王永塘""王景塘""王新塘"，不知是历史原因，还是地理原因，抑或是民俗原因。这几位姓"王"的名字中最后一字均为"塘"字，他们肯定是同村，是不是同辈，是否有亲戚关系，就不得而知了。

另外，还有多位姓"巨"者，平谷东高村出土的"巨构"墓志，志主系金人，可见"巨"姓在平谷时间久远。

为阻开山以遗后人重建碑

解题：

清代光绪二十四年（1898）四月。碑方首抹角失座。联首高 165 厘米，宽 63 厘米，厚 19 厘米。青石质。额双钩题"万古流芳"，首题"重建碑文为阻开山以遗后人"，年款"大清光绪二十四年清和下浣穀旦"。朱景旸识，撰文并书丹。碑文 15 行，满行 36 字。原位于中王辛庄镇中胡家务村南公路东侧，现存于上宅文化陈列馆。

录文：

重建碑文为阻开山以遗后人┛

且夫厚民之生者，夫岂可缓可轻之事？而必勒碑以记者，乃为至长至久之谋。兹有中胡家务、┛东胡家务、上营、熊儿营、大北关、小北关数村之北 约 三里许。远近不同，东至双山顶 □ 平，西有┛西灰峪，南至麻峪嘴前坡，北至楼堆。山梁迤逦而来，荒山数处，谓之为私而不敢也，谓之为 公 □┛而亦不得。古语云： □ 水者以水为利，靠山者以山为生。此荒山数处，虽有未垦之田数十 □ ，乃┛养牲者借以牧畜；食力者赖以采薪，历有年所矣。然而村中之贫者校（较）富者为甚多，而贫者之┛倚此山比富者为尤要。倘任其辟草莱而任土地，一时富者犹犆而贫者几无养命之原，永断┛生活之路。适以养人者害人也，而君 子 岂忍为此哉？以故光绪初年 □□

残碑之已废，起⏎ 肥己之私心，开垦此山，曾经文<u>县尊堂</u>☐批驳在案，确有明征矣。迳☐又有视此山为奇货⏎ 可居，假种桑之名而不顾数村之生养者，具禀请示，而县尊出谕帖云：此山☐窒碍难行，不⏎ 得准其开垦！而其事遂渐以寝息。可知此山所生之柴草，是代代国家育养穷民，所系匪⏎ 轻也。后之开山，倘有效尤、接踵而起者，亦当致警于前，而早退其☐☐矣。是以数村绅耆，历代⏎ 远年湮，不知屡经堂断，故嘱予作文立碑以记之，以垂永远不朽云。⏎

撰文并书丹朱景旸识⏎
大清光绪二十四年清和下浣穀旦公建

注释：

富者犹舸：富者尚可，富裕的家庭可以过活。舸，可。
县尊堂：就是县长。

按语：

这实际是一通告示碑，属于"禁碑"一类，被禁的是"开荒"，碑刻中有"禁矿"碑、有"禁茶"碑、有"禁扰"碑等，此碑可以称为"禁垦"碑。利用县政府的名义，发了一个长期的广告，告诉大家及后人，"中胡家务、东胡家务、上营、熊儿营、大北关、小北关数村之北约三里许。远近不同，东至双山顶☐平，西有西灰峪，南至麻峪嘴前坡，北至楼堆。山梁迤逦而来，荒山数处"。此地既不属公又不属私，属于大家的公共用地，属于那些比较贫穷的拾荒者、放牧者、樵采者的土地，给他们一条自食其力的生路，故政府做主，不允许任何人开采占为己有。以前曾有一碑，今已毁坏，再立一碑，通告大家。

重修石桥碑

解题：

清代光绪二十六年（1900）四月。碑方首抹角失座。联首高 115 厘米，宽 58 厘米，厚 17 厘米。青石质。首刻祥云纹饰，碑身四框饰以缠枝莲。额双钩题"万古流芳"，首题"重修石桥记"，年款"⬜大清光绪二十六年岁次庚子孟夏四月⬜日⬜穀旦"。李桢撰文并书丹，石匠杜怀忠。碑文 16 行，满行 23 字，楷书。碑刻断为两截。碑原立于山东庄镇桥头营村石桥边，现存于山东庄镇桥头营村委会。

录文：

重修石桥记↵

盖闻舟之造也为梁，固为通津之始，杠之成也渡人，亦⬜立↵ 意之公。矧当闻里之桥梁，尤为往来之要路。兹因桥头营庄↵ 东旧有石桥一座，众皆视之，石矡梁倾，驰驱渐觉不易。若同↵ 深厉浅揭，步履更致维艰。故伏思重修此桥，工程虽系非大，↵ 而独立实属难成，经理等何可袖视也！所以约同↵ 府⬜⬜住持路明远出为募修，始则邀同城关绅商，继则托赖四乡↵⬜ ⬜⬜⬜信，协力同心。富厚者固捐资以助，不给者亦勉力乐成。兴↵⬜ ⬜⬜⬜修补，共襄胜事。今工程告竣，行人过客谁不思平平坦坦，↵⬜

□□□□于利济也耶!

庠生李桢撰并书

经理监生路文、周正、周永亮、张永瑞、李廷

大 清光绪二十六年岁次庚子孟夏四月□日 毂旦

住持□明立、石□秦文、石匠杜怀忠

注释:

梁:最初是指山梁、过梁、秤杆之类的横亘、横用的长形物等,作为"桥梁"形式的前身,它是指可以横绝水面的任何一物,如石板、木桩、土埝等。

杠:作为"桥梁"的雏形,是指在河水中摆放的"跳礅儿",如木墩、石礅等,也写作"矼",亦名"徒矼"。

石罅梁倾:形容石桥已经快要垮塌了。既有裂缝,又有歪斜的情况。罅,裂缝、缝隙;梁,指石桥的结构。

深厉浅揭:在此形容工程敷衍应付。打算蹚过深水,只是像蹚过小河一样仅仅撩起了衣服,那是不行的。

按语:

"盖闻舟之造也为梁,固为通津之始,杠之成也渡人,亦□立意之公。"这是撰文人对于桥梁的看法,"舟"是济渡行人的,将其连缀一起不再滑行,助人渡河,这也是"梁"。所以说它是让人过河的开端。那么过小河沟呢?人们发明了"徒矼",这两种过河的形式,体现了发明者的公益之心。石桥,关乎人的安全,不能马虎,要从根本上加以修缮稳固,这样才对得起投资者和使用者。

平谷东韩家庄创修新井碑

解题：

清代光绪三十三年（1907）四月。碑方首抹角失座。联首高 105 厘米，宽 45 厘米，厚 26 厘米。青石质。额题"万古流芳"，首题"平谷东韩家庄创修新井碑志"，年款"大清光绪三十三年岁在强 圉 协洽清和月上浣榖旦"。碑文 13 行，满行 33 个字，分大小字镌刻。碑现立于金海湖镇韩庄村，碑身下半截埋于地下。

录文：

平谷东韩家庄创修新井碑志↲

粤自耕田 而 食凿井而饮，原民之力。所以然者，民非水火不生活也。兹因街西井水↲ 枯 □，公同商酌意 欲 创造新井购地。妥议买得张学曾同侄立 □、立朝东街↲ □ 地一处，东西长两丈四尺，南北一丈九尺。槐树地居在外，作价库钱一伯（百）吊。↲ 是我合村挖井公产，六丈及泉，井养不穷，信非虚矣。于二月初 □ 起手，三月下浣。↲ 统计工料数，工完告竣。□ □ □ □ □ 余，立碑以垂永久。恩贡生候选教谕路连桂撰文。↲ 经理人张 □ 圣、张立朝、李子安、訾万禄、李敦易、↲ 石子 □、蔡 □ 松、李永伦、李敏修、蔡占山、↲ 蔡瑞峰、蔡生岗、张立 兴、韩占一、李大 □、↲ 蔡茂林、韩景伊、张学诗、蔡常山、⌐张省三、蔡显良、韩景伯、李永一、⌐蔡生山、李朝珍、蔡碧山、蔡翠峰、⌐穿井、商永林，⌐石匠李九旺。⌐

大清光绪三十三年岁在强 圉 协洽清和月上浣穀旦立石

注释：

恩贡生：科举时代，挑选府、州、县生员（秀才）中成绩或资格优异者，升入京师的国子监读书，称为贡生。凡遇皇室或国家庆典如皇帝登基，据府、州、县学岁贡常例，除岁贡外，加选一次作为恩贡。清特许"先贤"后裔入监者，亦称恩贡。贡生尚有岁贡、优贡、拔贡、附贡、增贡、麟贡等名义。

岁在强 圉 协洽：即"岁在丁未年"。古代纪年的一种说法，以"强圉"为天干的"丁"，以"协洽"代表地支的"未"。

清和月：古代农历四月的别称。

按语：

凿井之于生活，碑文开始讲得很明白，"粤自耕田 而 食凿井而饮，原民之力。所以然者，民非水火不生活也"。百姓们生活中最关键的两件事：一个水，一个火。要吃粮食、要种田，水火是前提。

联系文中"妥议买得张学曾同侄立 □ 、立朝东街 □ 地一处"，后文"经理人：张 □ 圣、张立朝"，于是前后两处看不清的字就解决了，是"张立圣"与"张立朝"。

性孝安廉碑

解题：

清代宣统年（1909—1911）四月。碑已佚，仅存录文。据田野记录记述，碑高178厘米，宽65厘米，厚19厘米。青石质。碑首高浮雕菊、花卉，碑身边框饰缠枝纹。额题"性孝安廉"，年款"大清宣统岁在□□清和月"。楼凤工桐撰记，宋孔、刘庭训书丹。该碑原位于东高村镇平三公路东侧。

录文：

（碑阳）

当思百行以孝为先，事以廉为本，是孝廉甚重，而求其实有者不易得也。今有┘国学纪公印璞甫蓝田，孝、廉兼全者也。将见孝根于心，其生色也，眉□之地，耳目┘之闲，无不见其孝焉。几父所欲与者，必记述之；父所重念者，必深厚之。至若所欲┘饮食者，必毕器以盛。稽古<u>沈得四之舐目复明</u>，陈□之割股剖肝，亦可继青史┘而并注。又见廉本于仁，施不望报，<u>诺不留宿</u>，好善乐施者也。况庚戌年间，深夜携┘衣食以救。至龙王、菩萨二庙，见圣像多有残缺塌倒者，其心难安，急行反面，┘俱实禀明，不忍隐讳也。缘父常欲作善，履步多艰。公乃秉心处诚，重修庙宇，又塑┘金身，使两庙内外一新。恭敬之心一载若一朝也，以思其人一句有余。先意承┘观

（欢？）实足焉，非常之孝廉焉。夫孝廉之士，每出于积善之家，兹则父善子孝，闻声相⏎感。于是继父善匾□碑之后，又恭悬八额、敬立三碣，孝廉相感不（？）所矣哉！⏎

楼凤工桐撰记，宋孔刘庭训书丹，大清宣统岁在□□清和月

注释：

沈得四之舐目复明：文中所说的"沈得四"，不知何许人也。但可知儿以舌舐母瞎眼使其复明的例子，历史上还有"舜王舐继母之目复明"，唐朝时期刁昌的儿子僧护为其母舐目复明，等等。提倡孝道，甚至"孝"能感天动地。

陈□之割股剖肝：文中所说的"陈□之"，不知何许人也。"割股"最早见《庄子·盗跖》有"介子推至忠也，自割其股以食文公"。隋代也有晋陵人陈杲仁割股疗亲的记载。

诺不留宿：答应人的事，不会拖到第二天再办理。

按语：

"孝"与"廉"实际是两回事。"孝"指孝敬父母、老人；"廉"指为官清廉，不贪污腐败。把两字连起来，则是汉代察举制的科目之一。孝廉科就是察举孝子廉吏，汉惠帝、吕后都曾有诏举孝悌力田之举；汉武帝确立了独尊儒术的基本政策，选拔统治人才特别重视人的品德。根据儒家的思想，强调人立身以孝为本，任官从政以廉为方，因此，察举孝廉被确定为选拔人才的最重要的科目，成为汉代察举制度最有代表性的典型科目。汉代举孝廉定为岁举，即各郡每年按规定人数举荐人才，送至朝廷，岁举成为汉代选拔官吏和任用升迁的清流正途。

明清时期，"孝廉"是对考中"举人"的别呼，特别是指那些尚未入仕的举人，亦称"孝廉公"。

但在本碑文中，作者特意在"孝廉"二字上下了功夫。开篇即大讲儒道，"百行以孝为先，事以廉为本，是孝廉甚重"。然而现实却不很理想，"而求其实有者不易得也"，这才引出碑主"纪公"的。"国学纪公印璞甫蓝田，孝、廉兼全者也"，因此，此碑实际就是记载着"纪印璞"种种"孝廉"事迹的墓碑。又因百善孝为先，所以此碑主要谈"纪公"之"孝"。又由此可知，这位纪公孝廉考中举人后，尚未为官。

儒家讲究孝道，也讲究推己及人，所以孝廉公把这份孝心也推广到佛教"事业"上了，出资重修"龙王庙""菩萨庙"。然而之所以能修此二庙，还是缘于"孝道"，因为这是他父亲一直想办而未能办的事。

外务部左侍郎徐寿朋墓碑

解题：

清民之际（1911 年前后）。碑方首失座，碑残。高 174 厘米，宽 75 厘米，厚 19 厘米。线刻云纹图案，有"日""月"二字，已残下段。1993 年 6 月于太平街建楼施工时发现，现为平谷石刻博物馆收藏。

录文：

大清外务部左侍╱

注释：（略）

按语：（略）

创立独乐镇记碑

解题：

　　民国十年（1921）八月。碑方首抹角失座。联首高 139 厘米，宽 57 厘米，厚 13.5 厘米。青石质。碑首浅浮雕云纹。额双钩篆"创立独乐镇记"，首题"创立独乐镇记"，年款"中华民国十年八月"。何师富篆额，王兆元撰文，刘庆元书丹。碑文 19 行，满行 34 字，楷书。现存于上宅文化陈列馆。

录文：

创立独乐镇记↵

洳河为平邑之巨流，其上游名独乐河。河傍有庄，固名独乐。距县治二十里，居东北境之↵中，盖吾邑之巨庄也。曩在清代，是庄绅民屡请设立集市，惜其时官府龃龉，终未准行。民↵国六年，邑长李公巡阅东隅，经过是庄。观其<u>街衢</u>整齐，地当孔道，应开集镇，以便商民。斯↵时余与徐君<u>适膺此区</u>，区董李公委以筹设是庄集镇。未几，李公去任。余恐事寝息，遂详↵陈立镇之利益，并拟设置办法数条，请县署以促进行，复经邑长光公嘉许施行。此为独↵乐镇设立之始□□□。几经波折，竭力维□，卒底于成。虽时局纷扰，频岁<u>荐饥</u>，不无阻碍↵其发展。然商铺旅舍逐渐增多，交易往来规模已□□□属创举，亦非昕夕所能为功也。↵迨夫年歌（歉？）大有物产丰、民力裕，是镇商业自必蒸蒸日上而成繁盛之区，于国税、民生两↵

有裨益。若李公者，仿日中为市之制，成通商惠工之功，其伟绩荣名可与斯镇并传不朽。」《京兆地理志》载，由庄□镇可见河流之发达，□□想之辞，犹未知经营缔造者之苦衷也。」呜呼！光阴荏苒，人事变迁。当筹设是镇之初，在民国贰年秋月。俯仰之间，寒暑五易。李公」由平调任永清，且卒于籍矣。徐君亦于民国八年逝世矣。余今之塞北从事□行，辞卸此」区之责矣，不有纪述，则创立斯镇之颠末久必□湮，故镌于贞珉，用昭来叶，兼以志感云。」李公，牟平人，名树珽；光公，桐城人，名进琨；徐君，邑人，名树本。中华民国十年八月立。」

四等嘉禾勋章、平谷县知事渤海何师富篆」

五等账务奖章、第二区区董邑人王兆元撰」

京兆地方自治讲习所教员邑人刘庆元书」

赞襄人南独乐河校董乔景云、清贡生乔钟善、前村长郭元芳、村长张启心

注释：

曩：以往，从前，过去，昔。

官府龃龉：指没有得到官府的批准，大家意见不统一。龃龉，上下牙齿不齐、错位。

街衢：四通八达的道路，宽敞的街道。街，多指两边有店铺的城市道路；衢，也是道路。如果细分的话，有四达谓之衢、五达谓之康、六达谓之庄、九达谓之逵等说法。

适膺此区：恰好在这区为官。膺，担任。适，正好，恰好。适膺，正好为官，类似荣膺，有当选之意。

荐饥：粮食连年歉收，连年闹灾荒。荐，推荐，呈现，降临。饥，饥馑；饥，谷不熟，粮食歉收；饥，饭不熟，饿。

日中为市之制：传说上古时期最简单方便的交易规定，太阳当头正午时分，大家都到集市上进行交易。据说，尧舜之时，人和人和平相处，"日中为市""竖木为吏""画地为狱"。

《京兆地理志》：此书号称"北京人文地理第一书"，民国时人林传甲总纂，1917 年开始编写。"京兆"汉代用作京城行政区划的称呼，此即指北京。它是 20 世纪前 20 年间北京地区"国情调研"的记录，作为当政者全方位治理京兆地区、制订工作计划与长远规划的资料来源与依据，又是当时学术界研究地理学的资料索引，也是教育界教授地理知识的新一版教科书。作为《大中华地理志》的第一篇，亦可以独立成书。

嘉禾勋章：这是在民国二年（1913）由政府制定颁发的一种奖励纪念章。画心为茁壮的麦穗——嘉禾，谓之"嘉禾勋章"。但又分为九等十级，图案、配授略有不同，主要是授予那些有勋劳于国家或有功绩于学问、事业的人。

按语：

民国时期，由于历史与客观现实的原因，"独乐河镇"成立，即便是现在"南独乐河镇"也是京东一大镇，地理位置相当重要。位于平谷区的东部，地处天津盘山的北麓，东邻京东大溶洞、石林峡、金海湖、黄崖关，南邻蓟县。它是向东通往蓟县、河北兴隆的门户。

按碑文说，此镇的创立也是经过不懈的努力才得以完成的，远在清代，就因为官僚们的意见不一致没能实现。后来民国六年（1917），区董李公筹划建立，又因离任此事搁浅。终于在民国十年（1921）建立起来了，于是立碑纪事。

在顺义区有一方施粥善会碑，其文字内容与创办意义与此有些相似，不过时间略早，为同治九年（1870）。碑文记述了"京东第一大镇杨各庄"，"亦古北来往通衢"。流民较多，"当年乞丐沿门叫化，铺户各给一文，尚易支应。厥后络绎不绝，几至不胜其扰"。于是在众绅士的商议下，铺户按户出资，建立粥厂。这样，乞丐有了吃饭的地方，铺户也免于干扰。所以，通过此二碑，可知大家的事须大家办，但须有领头人，须得政府支持。

中山先生遗训碑

解题：

民国十七年（1928）八月。碑方首圭角失座。联首高 152 厘米，宽 75 厘米，厚 9 厘米。汉白玉石质。年款"中华民国十七年八月"。碑文楷书，保存完好，分大小字镌刻，上下款小字，正文大字。现位于上宅文化陈列馆。

录文：

（碑阳）

中华民国十七年八月⏎

革命尚未成功，⏎ 同志仍须努力！⏎

县长王冕琳刊

（碑阴）

平谷县合邑绅商军民人等仝立

注释：（略）

按语：

据新订《平谷县志》记载，民国十七年（1928）八月，平谷县军民召开庆祝国民革命军庆祝北伐成功大会，立碑纪念。此碑原立于平谷旧城县衙内。

但事实上，孙总理的遗训"革命尚未成功，同志仍须努力"源于其《国父遗嘱》，该《遗嘱》原分三篇，即"国事篇""家事篇"和"俄帝篇"。其前两篇写于"中华民国十四年二月二十四日"。国事篇"笔记者：汪精卫；证明者：宋子文、邵元冲、戴恩赛、孙科、吴敬恒、何香凝、孔祥熙、戴季陶、邹鲁"。原文："余致力国民革命，凡四十年，其目的在求中国之自由平等。积四十年之经验，深知欲达到此目的，必须唤起民众及联合世界上以平等待我之民族，共同奋斗。现在革命尚未成功，凡我同志，务须依照余所著《建国方略》《建国大纲》《三民主义》及第一次全国代表大会宣言，继续努力，以求贯彻。最近主张开国民会议及废除不平等条约，尤须于最短期间，促其实现，是所至嘱。"

所以，我们可以理解当时县长王冕琳立此碑的用意，虽然北伐取得胜利，但孙总理的遗嘱中所提还远没有完成。

重修常兴寺后殿碑

解题：

　　民国二十五年（1936）三月。碑方首圭角失座。联首高 168 厘米，宽 57 厘米，厚 24 厘米。青石质。碑首剔地雕麒麟、松树、寿山石等图案。边框卷草纹。额双钩题"万古流芳"，首题"重修常兴寺后殿碑记"，年款"中华民国二十五年季春"。杜蔚林撰文，韩佐相丹书，别鹤云勒刻。碑文 14 行，满行 32 字，楷书。现存于大兴庄镇西柏店村原中学院内。

录文：

重修常兴寺后殿碑记┙

常兴寺系建于<u>辽清宁三年</u>，有六面石碣可考。按之史鉴，辽清宁三年即宋仁宗至┙和二年，至今已千余载。坍塌只余基址。民国建元初年，神灵显应，合会重修，当□碑┙载已详。重修后，以<u>夏历三月望日</u>为庙会之期，香火盛旺，商贾云集，有巨观焉。惟前┙拟修殿三层，以复远年之旧，奈因<u>财绌</u>未能全修。近有崔君相五提倡重修，随邀杜┙文阁、陈宝盛、赵显魁、王俊廷、住持果祥，四出募化。不数日，集资六百余金，修盖后殿┙五楹，中塑古佛，右药王、左财神。未及一月，工程告竣。成功之速，乃崔君提倡之力，亦┙赖四方乐善好施之<u>襄助</u>。且此寺古杨数围，参天并列。东有群峰环拱，西接清水涟┙漪，南连柏店村墟，北枕高冈流水。虽不比<u>灵隐、金、焦等寺</u>之胜地名区，而临此寺以┙四顾，恒觉雅景宜人，可比之蓬莱仙境云。

谨将施资助善各芳名勒石以志之。┘

清时廪膳生杜蔚林撰文┘

大学毕业生韩佐相丹书┘

石匠别鹤云勒刻┘

中华民国二十五年季春之吉，西柏店、韩家屯、三府庄、管家庄、东柏店、周家庄、陈粮屯、大兴庄、客家庄、中桥庄、梁家庄、西石桥、唐家庄、蔡坨庄、吉卧庄、东石桥、埝坨庄┘合会公立

注释：

辽清宁三年：1057 年，丁酉。为辽道宗耶律洪基（1032—1101）登基（1055）后第三年。相当于北宋仁宗赵祯（1010—1063）登基（1023）后第九次改元的嘉祐二年（丁酉）。

夏历三月望日：实际就是指旧历（农历）三月的第一天。

财绌：资金紧张，经费短缺。绌，不足。

襄助：帮助，佑助，辅佐。襄，帮助。

灵隐、金、焦等寺：这是指灵隐寺、金山寺和焦山等佛教圣地。灵隐寺，又名云林寺，位于浙江省杭州市，背靠北高峰，面朝飞来峰，始建于东晋。金山寺，在江苏省镇江市，始建于东晋。其特点是依山布局，山寺相融，山借水势。传统戏剧《白蛇传》中的水漫金山即是这里。焦山，今已辟为风景区，在江苏省镇江市。它是一座四面环水的岛屿，因东汉焦光隐居于此而得名。原有定慧寺，宋代闻名。

按语：

"按之史鉴，辽清宁三年即宋仁宗至和二年"。时间换算有误，至和（乙未）二年（1055）应该是辽清宁元年。

"有六面石碣可考"，这显然是指一件经幢上面的题记所载。一般辽金的经幢多做八面，但此云六面，很可能是一件元代的。

"此寺古杨数围，参天并列。东有群峰环拱，西接清水涟漪，南连柏店村墟，北枕高冈流水。虽不比灵隐、金、焦等寺之胜地名区，而临此寺以四顾，恒觉雅景宜人，可比之蓬莱仙境云。"这一段景致的描写，实际生动不浮夸，但它却不比现实，反比仙境。寺内寺外，东南西北，与谁相邻，什么场景，心情如何，都讲清楚了，都感受到了，所以才敢比仙境的。

鲁夫纪念碑

解题:

　　民国三十六年（1947）十一月。碑方首抹角失座。通高158厘米，宽58厘米，厚15厘米。青石质。碑首正面云龙纹。额隶双钩"革命楷范"。首题"纪念鲁夫同志碑文记"。年款"中华民国三十六年十一月二十八日"。碑文13行，满行29个字。该碑原立于大兴庄镇北埝头村西，现存于上宅文化陈列馆。

录文:

纪念鲁夫同志碑文记⌐

鲁夫同志系山东省夏津县张营村人，现年三十岁。自幼在本村，<u>初小</u>四年，⌐大李庄<u>高小</u>二年，<u>夏津县</u>县立简师三年。至一九三八年，自愿参加夏津县⌐抗日政府，转介绍到延安抗大学校。毕业后曾任民教助理、区长、区委组织⌐委员、区委书记、县委组织部长及县委书记等职。⌐鲁夫同志为民族革命经过十数年之久，曾跋山涉水，劳碌异常；与敌奋斗，⌐备尝辛苦。终于完成抗日工作，继为民主革命及群众解放事业，更能不眠⌐不休，夜以继日，负起革命责任。不幸于一九四七年十月十九日下午一时，⌐因工作繁忙，积劳病故。呜呼！革命尚未成功，乃竟长辞逝别！纯系革命之不⌐幸，亦平谷县群众之不幸也。但 我 们 要变悲恸为力量，更要振奋精神，继踏⌐鲁夫同志工作方向，完成革命任务，以慰地下之灵。故勒碑以记之。⌐

平谷县党 政 武民全体同志立 ┘

中华民国三十六年十一月二十八日撰

注释：

初小：中国自民国以来小学教育的体制，可以理解为低年级的小学，即一至四年级阶段。

高小：与"初小"对称，指小学高年级阶段的五、六年级。

夏津县：今仍存，属山东德州市辖，亦名银夏津。上古时属兖州，春秋时为齐晋会盟之要津。1911 年改属济西观察使管辖；1914 年改属山东东临道；1926 年改属山东德临道；1928 年直属山东省政府管辖；1936 年，改属山东省政府第四行政督察专员公署；1938 年，改属山东省政府第四行政区；1939 年，夏津县抗日民主政府成立，归属鲁西北三专属；1940 年，复设东临道，夏津归其管辖；1941 年，改属冀鲁豫边区政府。

简师：即"简易师范学校"的简称。民国时有"京兆师范学校"，后为解决小村小学教师的不足，于各地县成立"简师"。

按语：

按照碑文推断，鲁夫应该是出生在民国六年（1917），在张家营村上小学的时间，应该是民国十二年（1923）到民国十九年（1930）前后，而上简师的时间，就应该是此之后（1930 年以后）。那么此时的夏津县直属山东省政府管辖。

碑文记"至一九三八年，自愿参加夏津县抗日政府"。但是按史志记，"1939 年，夏津县抗日民主政府成立"，则此条应该被修改。

此篇碑文文白夹杂，字体杂乱无章。

东石桥墓碑

解题：

清代（1644—1911）。碑方首抹角失座。残高 150 厘米，宽 70 厘米，厚 20 厘米。青石质。碑文 2 行，满行 20 字，楷书。现位于大兴庄镇东石桥村委会。

录文：

内系正针艮山坤向，兼丑未三分、丁丑丁未分金，串▱⏎

外系丑山未向，兼艮坤三分、辛丑辛未分金，串缝针▱

注释：（略）

按语：（略）

功馥万代碑

解题：

清代（1644—1911）。碑方首抹角失座。联首高 173 厘米，宽 65 厘米，厚 24 厘米。青石质。边框饰草叶纹。额双钩题"功馥万代"，首行"中桥庄兴隆庄"。碑文 22 行，满行 25 个字。上下分五列题名。现位于大兴庄镇西柏店中学院内。

录文：

中桥庄、兴隆庄：⅃陈训施钱五十吊，⅃石昆施钱五十吊，⅃刘庆□施钱二十吊，⅃张廷栋施钱十八吊，⅃王俊施钱十四吊；⅃张仙庄：⅃李阴枫施钱一百吊；⅃杨各庄：⅃赵荫堂施钱一百吊；⅃三福庄：⅃孟瑞云施钱卅五吊，⅃孙天福施钱廿六吊，⅃高元儒施钱十五吊，⅃管家庄会施钱卅吊，⅃陈粮屯会施钱卅吊，⅃前芮营会施钱卅吊，⅃丙振宇施钱四十吊，⅃后芮营会施钱卅吊；⅃东柏甸：崔茂芳施钱十六吊，⅃崔茂珍施钱二十吊。⅃（以上第一列）辛集镇平谷县：⅃纪俭施钱卅五吊，⅃忠厚栈施钱卅四吊，⅃康利栋施钱二十吊，⅃河奎庄、利庄子：⅃甄庆施钱五十吊，⅃赵尚邦施钱五十吊；⅃西鹿角、陈粮屯：⅃刘珍施钱二十吊，⅃梁广施钱廿四吊；⅃许家务、莲花潭：⅃杨文峰施钱二十吊，⅃赵廷珍施钱五十吊；⅃杨家桥、驸马庄：⅃刘敬文施钱五十吊，⅃赵文元施钱五十吊，⅃苏子峪会施钱廿吊；┘西胡家务坨头庙：┘陈恒施钱二十吊，┘孟士明施钱二十吊；┘芮家营：┘郝万福施钱一百吊。┘（以上第二列）樊各庄、小营庄：┘卢起和施钱廿四吊，┘王宝仓施钱三十吊；┘鲁各庄、□官头：┘张廷英施钱廿四吊，┘张从祥施钱二十吊；┘北辛庄、东辛庄：┘洪锡三施钱十八吊，┘王谟施钱五十吊，┘王进施钱二十吊，┘金山庄会施钱卅吊；┘周村庄、南聂庄：┘王益章施钱二十吊，┘刘文清施钱二十吊；┘大曹庄、港庄子：┘刘汉臣施二十吊，杨存柱施钱三十吊；┘北京：┘王文全施钱七十吊，┘王松林施钱二十吊，┘宋□□施钱二十吊，┘李□□施钱二十吊。┘（以上第三列）（以下六列首行列各村名，再分六列列人名，中亦有村名，最后总交代钱数）唐家庄、埝头庄、中桥庄、兴隆庄、韩屯庄、梁庄子，┘唐兆瀛、唐彩、唐士奎、唐伦、唐士杰、唐□□、唐兆泽、唐宗太、唐修、唐兆顺、唐莆、唐致和、唐泰、唐士荣、唐德恩、唐德忠、唐树勋、王□尊、王顺、王福来、王永成、┘王奇仲、王李氏、王桂枝、王魁、王福贵、王贵廷、王俊、王文元、王恒、王成元、王奇云、王显科、王成茂、王显通、石永龄、陈绍然、陈兆发、陈兰、陈福顺、石伦、陈凤先、┘陈普、石宝盛、□营庄、马宝花、马宝华、王浩然、王隆、永祥号、蔡家坨、陈安、徐天芳、徐天庆、陈广岐、大兴庄、高万银、韩大相、张土元、杜鸿恩、无名氏、韩天相、张家瑞、┘张秀芳、王普泽、王恩泽、周家庄、周廷英、周景宜、周景恒、周景山、周景全、周景赐、周景稳、周景莲、三福庄：张根、魏永才、高元太、东柏店：崔成岳、崔广岳、崔茂成、崔茂云、┘张永和、崔凤、张喜、张德仁、胡殿举、张锡九、张树廷、张仓、张领、张存、张勋、尹于氏、张德连、张德新、陈永富、张明、┘张俊臣、张俊生、吉卧庄、王修德、王恩德、王惠德、刘天清、王允秩、张凤彩、王九生、东石桥：韩振荣、李祥云、西柏甸、周永奇、傅良汉。以上各名施钱拾吊。史寿山二十吊、┘李永顺二十吊、┘毛德厚二十吊、┘齐国彦二十吊。┘

注释：（略）

按语：

捐款排列不是依捐款数目大小而定。

刘好仁墓碑

解题：

清民之际（1911 年前后）。碑方首抹角失座。断为两截，碑首一段残高66 厘米，宽 64 厘米，厚 19.5 厘米；碑身一段残高 68 厘米，宽 62 厘米，厚19.5 厘米。青石质。碑阳，首部浅浮雕山石、牡丹、云纹，碑身边框饰回纹。额题"永垂不朽"。碑阴，首部浅浮雕云纹和草叶纹，碑身边框卷草纹，额双钩题"百世不易"。碑阴碑文 16 行，文字已残缺不全。现位于刘家店镇集贸市场。

录文：

（碑阳）

皇清登仕郎讳好仁刘公之墓⏌

（碑阴）

▨⏌ ▨其里▨姓字而不知其为谁者良可慨已我先考豫山公⏌ ▨之属有寅洞里万家庄者庄之东有⏌ ▨茔在▨地▨世相传由来久矣迄今百有余年并无错▨⏌ 奈因族繁人⏌ ▨▨众▨兆更立新茔又恐远弃⏌ 先▨不舍恫于九泉乎于是于⏌ ▨年欲为久后妇▨之处此▨父在世之经营未尝不尽善▨▨也迨▨九月开忽而▨▨垂危乃召余兄弟于床前▨切嘱曰我于生⏌

时享／礼□□自慰今而死已慎□远谋茔地□弃□⏋先□即于／之地
脱穴而□可也使我之阴灵□□高曾祖考之神灵当常相／⏋先□慰／志
非吾□也清□□□父之命不敢稍□□□于此并将历⏋来／塌陷之害
周围又有杨树七株族中或□穷乏者□伐□□⏋在可／此树长为⏋先茔
之／等遵我父之遗命而为此也敢谓继述云乎哉是为志。⏋
日男永和清福谨志

注释：（略）

按语：（略）

文林郎梁可斋墓碑

解题：

清代（1644—1911）。碑方首圭角失座。残长 196 厘米，宽 71 厘米，厚 21 厘米。青石质。碑首阴刻如意云纹，边框卷草纹。额篆"清白贻安"。碑文 2 行，满行 23 字，楷书。碑已断为两截。现存于大兴庄镇东石桥村委会。

录文：

皇清敕授文林郎、湖北宜昌府□东县知县可斋梁公┘（皇清敕）赠孺人刘太君之墓

注释：（略）

按语：（略）

闫宗仁并妻朱氏墓碑

解题：

清代（1644—1911）。碑方首抹角失座。联首高 100 厘米，宽 49 厘米，厚 16 厘米。汉白玉质。碑首及边框线刻花卉纹饰。额题"万古垂名"，碑文模糊不清。原位于南独乐河镇望马台村，现存于上宅文化陈列馆。

录文：

▱拾陆日建立石碣表传┘ 祖闫公讳宗仁廖氏┘ 朱氏┘ 神▯▱┘ 增孙闫起珍朱氏┘ 彩刘氏┘ 珠王氏┘ 玄孙闫岩┘ 崐┘ 峕┘ ▱

注释：（略）

按语：（略）

碑阴题名碑

解题：

清代（1644—1911）。碑方首圆角，须弥座仰覆莲。联首高 75 厘米，宽 50 厘米，厚 8 厘米。青石质。碑首剔地西番莲纹，边框饰缠枝纹。额题"碑阴题名"。保存完好。现位于上宅文化陈列馆。

录文：

崔□屠海李天衡王大纪王勋杨志⏎ 黄受杨□屠洪孙宗王大□黄孜李相⏎
叶景建杨□郭见张贵王大经付原徐文升⏎ 叶景通杨连张得山北关张思孙志
□田至□徐杰⏎ 张□将军杨祥于□□伯□谢怒金宦杨恩⏎ 杨通杨福于
□□□□宋俊王锐杨栾孟玉⏎ 顺天府阴阳官于斌于笑王浩李□芝王朝
相孟春⏎ 夏路章李宗议王□□□谢思李□臣王体元⏎ 内官盟太监于
通□□□□□□李文义闫锦⏎ 千户左纲杨志□王□孙□
刘□李文连张朝⏎ 王栾杨志玉□□□□□刘明□□□刘□⏎ 崔林
刘润王君刘忠刘叶陈其高本⏎ 张继宗王俊闫堂李□刘浩戚璋贾□需⏎ 杨
□糜奉闫栾景时纪陈友良戚戡陈奉祥⏎ 杨金糜杰闫□杨进张□杨敖高⏎
杨胜贾□竹石堂崔禄王深□□张升

注释：（略）

按语：（略）

马逢庆墓碑

解题：

　　明代（1368—1644）。碑方首抹角失座。联首高 155 厘米，宽 67 厘米，厚 12 厘米。青石质。阴刻海水江崖云纹图案。额双钩题"马逢庆佳城记"。碑文 8 行，满行 30 字。碑阴额题模糊。碑残横断，经修复完整。现位于上宅文化陈列馆。

录文：

（碑阳）

姒孺人王氏⏎

明故文林郎、广东廉州府推官积斋马公□□⏎

崇祯柒年孟夏吉旦孝男▱⏎

（碑阴）

▱胜地自胜国以来科第蝉联，金▱⏎ □□□□□□大都明山秀水实

▱衍斯故不□□马公祖□在县东之马家庄，今移之县⏎ ▱焉。是役也，

非敢信堪舆家地脉之说，以□□□亦以□□□□势必⏎ □之□越

数十世，而马公公讳逢庆，字子迁，积斋其别号也。公为▱⏎ ▱能永

□游□序□以学行□称，□□壮□□□□乡□筮莅晋▱□三载

□最□□津要因□□乐长□成□非乡绅士□走当道执词／┙ ／以
□焉位卑为□公论之曰／┙ ／上孰非可以自清乎！□□□□心焉耳□
是清修津身／

注释：（略）

按语：（略）

第二部分　墓志

明荣思贤妃圹志

解题：

　　明代天顺六年（1462）。仅存志底。长 65 厘米，宽 63 厘米，厚 13 厘米。首题"荣思贤妃圹志"。志主吴氏生于洪武三十年（1397）五月十六日，卒于天顺五年（1461）十二月十六日，葬于金山。1998 年出土于西山北靠金山之墓。志残断，缺左下方，今存上宅文化陈列馆。

录文：

荣 思 贤妃圹志┙

妃姓吴氏，世为镇江府丹徒县人。父彦名，母神氏。┙妃生而婉静，以永乐十年八月二日选召入掖庭，┙时年十六，得侍┙宣宗皇帝于青宫。宣德三年生郕戾王。后进封贤妃，┙承顺┙太皇太后及┙圣烈慈寿皇太后，以敬慎闻。景泰中，尝僭加太后号，今┙上复位之初，仍号贤妃。生以洪武三十年五月十六日，┙而薨于天顺五年十二月十六日，享年六十有五，┙妃于今┙上为庶母。薨之日，┙上追念┙先帝，甚哀悼之。为辍朝治丧，以礼 谥 曰 "思"。┙圣烈慈寿皇太后、┙中宫、┙皇太子及亲王皆致 奠 。择以天顺六 年 ／┙葬于金山之 原 。呜呼！出自名／┙皇家柔明以治，性祇和以保，身／┙荣死哀，无遗憾矣！是月／

注释：

丹徒县：历史县名，其地在今江苏省镇江市丹徒区，2002 年撤县为区。明清之际的丹徒县有里保 110 个之多，至民国时行政区划有 18 个市乡，乡镇 170 个左右。

神氏："神"为我国比较少见的姓氏之一，百家姓中没有此姓，但是在《丹徒县志》中有记载，说明"神"姓也是"地方特产"。"神农氏裔榆罔失帝位，子孙遂以神为氏"。

掖庭：古代通常指宫廷中嫔妃所居之处。在营建皇室宫城时，以一条南北中轴线为准，向东西两侧延伸其余宫殿区域。子午线上，除建有君王上朝议政的朝堂，还有帝后的寝宫。而在帝后寝宫的东西两侧的宫区和帝后寝宫相辅相成，又像两腋般护卫着帝后的寝宫，因此这两片宫区被统称为掖庭。

青宫：此指太子所居的东宫。因为在古代五行"东方属木，色尚青，季为春"，道教认为主宰东方的神为青帝，以喻太子所居。文中"宣宗"指宣德皇帝朱瞻基（1398—1435），作为仁宗朱高炽（1378—1425）的长子封太子，故云。

郕戾王：这是明英宗朱祁镇给其同父异母的代宗皇帝朱祁钰的一个谥号，多少有些贬损怨恨之意，不承认其为皇帝的身份。一直到后来宪宗成化皇帝才为其上谥号"恭仁康定景皇帝"，南明时上庙号代宗，谥号"符天建道恭仁康定隆文布武显德崇孝景皇帝"。

太皇太后：此应指英宗之父宣宗时期的太后，也即仁宗朱高炽（1378—1425）的正宫张氏，被封"诚孝恭肃明德弘仁顺天启圣昭皇后"，对于英宗来讲就是太皇太后，正统七年（1442）卒。

圣烈慈寿皇太后：此应指宣宗的正宫胡善祥，被封"恭让诚顺康穆静慈章皇后"。对于宣宗的儿皇帝英宗来讲，胡氏就是皇太后，正统八年（1443）卒。

中宫：古代天文学家划分星空的区域称之为"宫"，"中宫"就是"紫微垣"。在人间、在皇宫就是指皇后的宫室，在文章中则借代"皇后"本人。

皇太子及亲王：此时的皇太子就是后来的明宪宗朱见深（1447—1487），作为明英宗的长子，他是当然的继承者。亲王，是指英宗的子侄们封为亲王爵者。此仅举诸子为例，如德庄王朱见潾、秀怀王朱见澍、崇简王朱见泽、吉简王朱见浚、忻穆王朱见治、徽庄王朱见沛等。

按语：

思妃一生简述，思妃姓吴，父亲吴彦名，母亲姓神。生于洪武三十年（1397），永乐十年（1412）被选进宫，嫁给宣宗朱瞻基（1398—1435）。宣德三年（1428）时，为其生下郕戾王（朱祁钰），晋封为贤妃。景泰时（1450—1457），曾因儿皇帝代宗故加号为"太后"，英宗复辟之后又恢复为"贤妃"称号。天顺五年（1461）去世，谥曰"思"，并于次年礼葬于金山陵寝。

圹志似乎多用于公主帝妃，特点就是简单明了，以不多的语言叙述女性志主的一生，文末一般没有志铭。并非惜墨如金，恐为制度所限。但此志虽文字不多，但信息量不小。比如：

"侍宣宗皇帝于青宫"，这是思妃十六岁嫁给当时做太子的朱瞻基（即后来的宣宗）的客观描述。思妃出嫁正是其进宫时的永乐十年（1412），因为朱高炽是明成祖朱棣（1360—1424）的长子立太子，即位不到一年驾崩，其长孙朱瞻基即位，是为宣宗。故可知朱瞻基在太子（东宫、青宫）位上时间亦仅一年。如不了解这段历史，此处此句费解，太子身份难明。

"景泰中（1450—1457），尝僭加太后号，今上复位之初，仍号贤妃。"通过其用词"僭"与"仍"，似乎能看出发生在两位兄弟皇帝身上的矛盾与故事。志主吴氏，作为朱祁钰的生母，当然儿子做了皇帝（代宗，景泰皇帝）一定要加封其母的，于是就将"贤妃"改为"皇太后"。一直到了英宗"夺门之变"复辟（景泰八年、天顺元年，1457）成功，废掉了其同父异母弟的帝号，赐其谥号为"戾"，史称"郕戾王"。其庶母、朱祁钰生母"太后"的封号同时被废，仍号"贤妃"了。

"今上"指的是"天顺皇帝"明英宗（1427—1464），虽然他才活了不到三十八年，但是经历不凡。作为明宣宗的长子，在宣德十年（1435）七八岁时登上了帝位，改年号为正统。至十四年（1449），也先进犯，御驾亲征蒙古，留皇弟郕王朱祁钰监国。结果发生了震惊中外的"土木堡之变"，英宗被俘，瓦剌咄咄逼人。郕王在大臣的提议拥戴下立为帝，改元"景泰"，遥尊英宗为太上皇。后来于谦等人组织了"北京保卫战"，击退了瓦剌，京城得守。景泰元年（1450），也先无条件释放了英宗。但是代宗贪恋皇位，将英宗软禁于南宫，八年不得出入。直至八年（1457），石亨等人趁代宗病重、未立太子之机，发动了"夺门之变"，迎英宗复辟。改元天顺，遂下诏指斥朱祁钰"不孝、不悌、不仁、不义，秽德彰闻，神人共愤"。赐以恶谥为"戾"。迁及朱祁钰生母吴氏，废后为妃。

另外，"择以天顺六 年 （1462） ／ 葬于金山之 原 "，也就是今海淀区金山陵寝，符合明代后妃的陵寝制度。这在 20 世纪末的考古发掘中得到了证实。1998 年 9 月 26 日《北京晚报》发表《西山发现明代妃子太子墓葬》一文中有所披露。其中妃子墓就是此贤妃之墓，"位于（西山）管理处院内西南角，北靠金山，西南有安河流经，东南与玉泉山相望"。

辽故盖造军绳墨都知兼采斫务
使太原王府君（仲福）墓志铭

解题：

　　盖残长 23 厘米，宽 53 厘米。盝顶式，四面线刻兽首人身十二生肖像，盖下左右两角各线刻宝相花一朵，盖文篆书，仅可见"郡""君""铭"三字。志长 53 厘米，宽 53 厘米，厚 5 厘米。志文 24 行，满行 22 字，楷书。墓主人辽应历十七年（967）三月二日迁祔。1993 年 6 月，东高村镇大旺务村出土，2003 年丢失。

录文：

（盖文）

▨郡⌐　▨君⌐　▨铭

（志文）

故盖造军绳墨都知兼采斫务使太原王府君墓志铭并序⌐

府君讳仲福，燕人也。其先出自<u>姬姓</u>，周灵王子晋以正谏被黜，时人⌐ 号为<u>王家</u>，子孙因命氏焉。后升仙于缑岭，今琅琊、太原皆⌐ 其胤也。烈祖讳海清，任蓟州录事参军；烈考讳文偉，任卢⌐ 龙军衙队军使；烈妣李氏。府君生禀粹和之灵，长擅奇巧⌐ 之事。长兴中，遇幽州都督北平王重开碣馆，载峻金台。闻其⌐ 度木之能，授以抡材之用，擢补充盖造军绳墨都知兼采斫⌐ 务使。府君乃明目当职，强力奉公，无弃木之心，有从绳之⌐ 义。求栋梁于幽岨，构台榭于严城。人士骇其异能，匠者推为⌐师长。无何，膏盲有疾，药饵无征。去唐清泰元年前正月二十⌐八日，寝疾于家奄然长逝，享年六十。寻厝于府城东，从其权也。⌐夫人齐氏，周太公之令胤也。齐眉起誉，誓耳全贞。去辽应历⌐九年十二月十三日，遇疾终于蓟州渔阳县界高村之私第也，⌐享年七十有三。寻厝于本贯。有男三人：长曰廷珪，充蓟州衙⌐内军使；次曰廷芝，充盖造军都指挥使；次曰廷美，未仕。有女一⌐人，适陇西董氏。孙男三人：长曰守荣，已婚；次曰守赟，才冠；次⌐曰九哥，方童。孙女三人：长曰婆孙，次曰不怜，次曰喜孙，并未笄。⌐诸孤等念劬劳义重，固宅增营。去辽应历十七年三月⌐二日，迁祔于蓟州北渔阳县界高村管，礼也。次子廷芝⌐以久仕和门，早与时理，虽知深藏为妙，实虑谷变忘⌐名，爰求贞珉，固兹刊勒。铭曰：⌐奇艺府君，贞善夫人；奇艺有度，贞善无伦。⌐生兮齐体，殁兮同尘；卜之此地，祔之安神。⌐宅窀既毕，刊勒仍新；陵迁谷变，万古千春。

注释：

姬姓：为中华上古八大姓之一，最早实际是人文初祖"黄帝"的姓。黄帝因长居姬水之滨，故以"姬"为姓。原本周朝王室以及它分封的属国如吴、鲁、卫、燕等国姓，姬姓又衍生出许多，如周、吴、郑、王等。在《百家姓》中，百分之八十都是由姬姓衍生出来的。

王家："其先出自姬姓，周灵王子晋以正谏被黜，时人号为王家，子孙因命氏焉。后升仙于维岭，今琅琊、太原皆其胤也。"实际上碑文中的这段话就是对王姓起源的一种解说。《列仙传》里有一段"吹箫引凤"的记载，其主人公是"王子乔"，也就是周灵王太子晋。据说周灵王太子晋沦为庶人，周围百姓敬其为王室贵族，于是称之为"王"。

去唐清泰：就是"距唐清泰"之意。"清泰"是我国历史上五代十国时期后唐（923—936）末帝李从珂（885—936）的年号，一共三年（934—936）。

厝：可以理解为临时安葬，暂埋以待改葬。故其后云"从其权也"，只是权宜之计。

按语：

"盖造军绳墨都知兼采斫务使"这一大串的官职，虽然暂时还找不到职官典籍的记载，但从其先后排列顺序来看，还是能看出一些端倪的。盖造军，说明辽代当时有那么一支建筑技术型的部队编制；绳墨都知，说明其所司范围，肯定是与木工行相关，估计属于大木作系列的；采斫务使，可以说是"绳墨都知"所兼及管辖范围的工作，比如采伐树木、采购建材之类的。辽代注重手工斫造之事，奚族后来被辽征服同化，传说"奚王造车"，由于"奚族"的加入，契丹族的智慧和手艺相信会增加新的内容。

此碑文记王府君"擅奇巧之事"，大兴区曾出土一通"大都路宛平县永安乡魏家庄故奉训大夫高公神道碑"。该碑记，高信，字诚之，大都宛平县永安乡高家里人。元初，世祖置"异样局"，择天下之能工巧匠以管理"异样纹绣""绫锦织染"事宜。高信则善"人之形容妍媸，飞鸟之形，走兽之状，方寸巨细之真"。中统二年（1261）圣旨召擢高信呈造火浣龙须布仙裳，藕丝罗畏兀《摩利支天经》，金相法神二尊，《般若心经》，没缝袄、撮毛币，西番金字经、上有御宝一十一颗及栴檀殿铺座四筵、十样锦嵌粘金素仁王寺绣幡百尺等佛事用物。因工艺精湛，至元十年（1273）任忠翊校尉异样局使。至元十四年（1277），任忠显校尉异样局副总管。至元十八年（1281），元世祖"考其自历岁月之远，精勤之甚"，钦授奉训大夫同知异样局总管府事。金代、元代的王、高两公均擅奇巧，均以此封官。所不同者，高公详细，王公简略。

此志东高村镇大旺务村出土，志记"遇疾终于蓟州渔阳县界高村"，两相吻合，古今变化不大。只能说，原来的"高村"又分东、西，进而扩大为镇了。

古代丧葬制度中的"暂厝"制度，在墓志、墓碑、墓表、墓碣一类的行文中，我们常常会看到"迁窆""暂厝""合祔"一类的词儿，都表示将死者埋葬，但又各有不同。其中"暂厝"或"全厝""厝"，主要强调的是临时性。之所以临时，可能会有几个原因：1. 由于某种原因，过了"头七"还不能马上下葬，暂时停灵于庙宇之中；2. 来不及置办墓地，暂时浅埋为葬；3. 家里尚有其他成员，应与之合葬，待其死后合葬，故不深埋而"葬"。

金漆水郡夫人耶律氏墓志铭

解题：

残长 94 厘米，宽 99 厘米，厚 20 厘米。盖文 3 行，满行 4 字，篆书。志文 37 行，满行 40 字左右，楷书。"刘长言撰"，"法世泽书"，"□□篆盖"，徐庚作状。志、盖均断为两块，中部残缺。墓主人天眷二年（1139）冬十二月丙子卒，皇统元年（1141）十二月乙酉葬。1984 年 8 月黄松峪乡黑豆峪村出土，现位于上宅文化陈列馆。

录文：

（盖文）

大金漆水⏋郡夫人耶⏋律氏墓铭

（志文）

大金漆水郡夫人耶律氏墓志铭⏋

承直郎、行台右司刘长言撰⏋

从仕郎、滨州司法世泽书⏋

儒林郎、前知济南□□篆盖⏋

皇统元年十二月乙酉，金紫光禄大夫、同知留守事萧公，命子谦卜葬其⏋

正室故漆水郡夫人耶律氏，于蓟州渔阳县□乐山之原，礼也。前期以门人

徐庚所状┘夫人家世，封寿治行之实，抵汴京请铭于行□郎中刘长言，将
勒诸圹石，用图不朽。先是，┘金紫公尹济南，长言家山东，以所闻公之耆
□积累深厚，内助之美，所从来久。且夫人之┘葬法应得铭，顾如鄙文渶
涩弗振，惧无以称∕乃据而论次。谨按，夫人耶律氏，┘曾门而上，累叶
通显，号为世家。祖父蓄德□以隐□，而父更历藩翰，至平州节度使。┘
母曰兰陵郡夫人萧氏，名讳具载别文。夫□淑灵，长益明悟，柔懿贞顺，
奉亲笃孝。女工之┘事，不待姆诲，皆过绝人。及归夫家，以所事父□之
尊章而能祗敬夙夜，勤劳匪懈，膳服温清，┘先意从事，岁时伏腊、烝尝宾
燕，率循仪法，肃□中表称效之，平居以礼承上，以仁接下，乐善┘周急，
无间疏戚，视人穷厄如己，致之至诚，恻□颜色，拯援调护，辍衣□食，
无所吝啬。雅不妒┘忌，尤恶奢靡，皆得之自然，非如它人强勉为□。金
紫公初受┘命治齐，与夫人谋，以属累众大不可偕行，□有限不足分赡，
念有负郭之田，独可竭力以┘殖恒产。于是夫人留居，颛董家事。环堵之
□风雨，然而规摹严整。其起居应接，皆有常度。┘服用简约而均节，区
处必中条理。自亲戚故旧□臧获僮隶，怀戴恩遇，感激劝向，事罔不治。
讫┘无一人辄异言者，盖金紫公仕县小官登□心┘公家闺门之政，唯夫人
是任。内外两得，协□物论归美，时鲜俪焉。夫人少好学问，饮□┘典
教，藏书万卷，部居分别各有伦次。每旦起□诵佛经，日旰方食。已而杂
阅诸书，涉猎传记。┘或时评议古今得失，切当事理，闻者叹息，玩□得
所趣入。无何被疾，迨属纩，神情不乱。以天┘眷二年冬十二月丙子薨于
寝，寿六十有五，□躬履全德，来嫔右族，飨封受祉，安荣终身，惠┘爱
浃于乡党，风猷蔼于士论。故殁之日，远近□彻行路。其贤智所立，不出
壶阃，而动人如此，┘可不谓难能也哉！子男二人：谦蚤服义训，今□将

军知滨州军州事，黏汉未仕；谦娶刘氏，故┘节度使昉之女。孙男三人：建孙、公孙、昌孙，孙□尚幼。公孙幼而敏慧，夫人钟爱，殆为己┘子，维金紫志义许┘国，遽失宜家之助。而明威干蛊襄事，方衔陟□，匪著遗范，何以慰其夫子？既备叙之，乃复系┘为铭诗，以伸敬仰之意，告后之人。其辞曰：┘有来夫人，高明令淑；嫔于庆门，膺此多福。┘兰陵侃侃，位以德隆；繇有伙助，致我匪躬。┘温柔懿恭，内禀纯固；夫人之德，睟然天赋。┘文约简正，既利孔时；夫人之言，可复不欺。┘周旋中礼，俨其庄静；夫人之容，孰敢弗敬？┘上承下字，翼家之兴；夫人之功，展也其成。┘漆水之封，夫贵受祉；上寿不究，胡尼之止？┘有郁新阡，纳幽斯瘴；猗嗟夫人，后则不亡。耿著刊。

注释：

行台：魏晋（220—420）至金代（1115—1234）时期，尚书台（省）临时在外设置的分支机构谓之"行台"，就好比皇帝出行的临时驻在所称"行在"一样。"台"指在中央的尚书省，出征时于其驻在之地设立临时性机构称为行台，又称"行尚书台"或"行台省"。

金紫光禄大夫：文官，古代职官名。宋代为正二品阶，君主近臣。无定员，常为加官及褒赠之官，加金章紫绶者则称"金紫光禄大夫"。金仿宋制，无大区别。

藩翰：古代以"藩翰"比喻捍卫王室的重臣。"藩"，篱笆墙，也借指藩国；翰，长而坚硬的羽毛，作"羽翼遮蔽"讲。故堪称"藩翰"者，即指能够捍卫王室的大臣。

岁时伏腊、烝尝宾燕：这是指由志主夫妇即金紫光禄大夫萧公与耶律氏组成的大家庭一年四季中所发生的与礼仪相关的事情。岁时，一年四季；伏腊，伏日与腊日；烝尝，指秋冬二祭；宾燕，宴享宾客。

按语：

"耶律"，实际是辽朝的国姓，也是金代的大姓，事实上后来的刘姓也有一大部分是辽金"耶律氏"的汉化姓氏，就像"石抹氏"的汉化姓为"萧"一样。耶律氏，源于契丹鲜卑分支的宇文部支，出自唐朝末年契丹迭剌部耶律家族，属于以家族名称为氏者。

该志撰文人"承直郎、行台右司 刘 长言"，本书"房山区部分"收录的金贞元元年（1153）《大金故慧聚寺严行大德闲公塔铭并序》，其撰文人亦为"刘长言"，官衔为"银青光禄大夫、翰林学士承旨"。今有学者研究，并引金人元好问《中州集》卷九之"刘右相长言"有如下记载："长言字宣叔，东平人。宋相莘老之孙，而学易先生斯立之犹子也。父迹。年三十五，终于仪真令。工诗能文，有《南荣集》传东州，今独予家有之。宣叔正隆（1156—1161）宰相。"其"宋相莘老"即北宋名相刘挚，有《刘忠肃集》40 卷行世。故前一幢、此一志，虽然都是刘长言撰文，但 1141 年与 1153 年，刘尚未进位宰相。

"命子谦卜葬其正室故漆水郡夫人耶律氏，于蓟州渔阳县 □ 乐山之原，礼也。"此所谓"礼也"，不仅是指志主萧公责令其子萧谦为死去的母亲选择一块好墓地，并安葬其中为"礼"，实际上也是指没有其他变故之意，如"暂厝""权厝"等。

"前期以门人徐庚所状夫人家世"，此中"状"字系关键词。然而大部分志文中提及此类事时，常说"所为状"。在传统的著录墓志类的书中，往往对于志文的撰文、书丹、篆盖、镌刻者有所交代，但独缺"作状者"。其实作状者也是一位了不起的文人，只不过不一定是个当时著名的大文人而已。换句话说，如果志主家人没能请得到更大的文人的话，极有可能此作状者就是撰文人。作状者常常是与志主关系密切的文人，志主家人会把他写的"状"转请另外有名头的文人改写，而最终落上"大文人"的"大名"。而实际上极有可能，此大文人未必识得志主。

金故达撒山行军谋克字
谨萧公（资茂）墓志铭

解题：

　　志长 82 厘米，宽 82 厘米，厚 14 厘米。志文 20 行，满行 21 字，楷书。下部志文漫漶。"骁骑尉耶律□撰并书"。该志残，盖佚。墓主人"大定廿五年（1185）／日"葬。1984 年 8 月出土于北京平谷区黄松峪乡黑豆峪村，现位于上宅文化陈列馆。

录文：

（志文）

金故达撒山行军谋克字谨萧公墓志铭并序⏎

□□德将军、尚书、礼部员外郎兼翰林修撰、同知⏎制诰、国史院编修官、骁骑尉耶律□撰并书⏎

公讳资茂，姓萧氏，奚五帐族人也。皇曾祖讳勖，辽西⏎京留守；皇祖讳公建，仕圣朝，以京□□□□□⏎管致仕，累官金紫光禄大夫；皇考讳谦，以□□□⏎度使致仕，累官荣禄大夫。妣刘氏，封□□□□□人⏎弟三人，公最长。体貌魁伟，特□有才□□□□□□□⏎氏谢世，弟妹皆幼，公抚字书心▢⌐ 朝廷以金紫府君有功，授▢▨⌐ 公平廉慎，人赖其德。正隆间，海陵▨⌐ 以公领行军谋克。五年，盗据东▨⌐ 致讨。公与弟资义、资安偕行，既▨⌐ 舟坏，与资义同溺而卒，无子。资安▨⌐ 权厝于容城之三台乡，以大定廿五年▨⌐ 日，葬于渔阳醴泉乡先茔。铭曰：⌐ 聪明友爱，惟公之▢；⌐ 人怀其惠，惟公之▢。⌐ 龟玉之毁，抑天之▢；⌐ 盘山蓊蔚，神之所栖。

注释：

行军谋克：金朝军政合一的社会基层组织编制单位及其主官名称。大体上每谋克辖 300 户，7—10 谋克为一猛安。后来又改为每 25 人为一谋克，4 谋克为一猛安，每谋克有蒲辇一人、旗鼓司火头 5 人，其任战者仅 18 人，不足成队伍，仅存其名而已。谋克亦为这一级编制单位的统领官名称，相当于元、明的百户一职。普通军官是常备军和签军的长官，称为行军谋克、猛安、万户都统、监军等。

同知：宋代枢密院不设枢密使及副使时，其主官称知枢密院事，佐官则称同知枢密院事，或简称知院、同知院。金代仿宋之制，变化不大。

奚：中国古代北方少数民族名称，历史比较悠久，甚至可以追溯到商代，甲骨文中都有"奚"字。秦汉时期被称作"库莫奚"，属东胡系，即靠近匈奴东部各族统称，南北朝时属于"宇文部"的别支。在辽代，奚与契丹成为辽国并列的国族，大多数人姓石抹，后被赐汉姓"萧"。

辽西京：西京，辽国都城，在今山西大同。原为唐云州，辽太宗时，后晋石敬瑭割云州与辽国，升为节度使州，成为辽国重要军事重镇。重熙十三年（1044），升为西京，府名大同。其城仿照长安城的形制修建，方圆二十里，建有敌楼、栅橹。城门东为迎春门，南为朝阳门，西为定西门，北为拱极门。城北有北魏时建造的宫城，但辽国没有在此建宫城。辽代当时建立了五座都城，号称"五京"。具体讲就是：上京，在今内蒙古巴林左旗；中京，在今内蒙古赤峰市宁城县天义镇；南京，又称燕京，析津府，在今北京；东京，在今辽宁辽阳；西京，今山西大同。

按语：（略）

巨君墓志

解题：

　　志残长 47 厘米，宽 34 厘米，厚 8.5 厘米。志文 26 行，满行 18 字，楷书。志文模糊不清。墓志残损缺角。墓主人皇统（1141—1149）□□十月二十四日生，泰和三年（1203）卒。现位于平谷区文物管理所。

录文：

（志文）

□军景州将╱┘ ╱郎尚书史祭╱┘ ╱先三代所未见。汉有巨武村，为荆州□╱┘ ╱散居□方图谋所不能记，已居常山□╱┘ ╱大族五代之乱，浮阳君挈┘ ╱韬□□□世有咸德□君之╱┘ ╱卅有一年进士第，禄仕五十年以正□大夫╱┘ ╱郎使致仕。有子八人，君其长也，讳□字□□□╱┘ ╱补官，历别贮院使将，陵河仓使，室□╱┘ ╱子显校尉，监妫川县酒。女曰娇娥，适╱┘ ╱浩君。幼有大度，不修小节，宴宾客，重亲戚，╱┘ ╱与人有恩，故人乐为之用。常疏广其门阀，╱┘ ╱或人怪其奢曰：有父祖世称也，╱┘ ╱步□荣显者耶，其立意宏远如此，故东皋里╱┘ ╱一□其园池亭树，控御江山，为京东之胜□，君之

□□ □实居其多方，将□尘缨于沧浪波栖迟，□仰以□□ □余年而天不与之寿，其命也夫！君之生也，以皇统□□ □十月二十四日，其终也以泰和三年十月十三日□□ □日丁酉附葬于先茔，礼也。陟与君有之□□ □知其详，乃泣而书之。□ 铭曰：□ □彼巨君，俨然人望，有威可畏，□□ □友以义，赤心四方，□□以□，□□ □人之盅，非□□□，□□□获，□□ □大□□□□ □泰和三年十□月初□日□□。

注释：（略）

按语：

　　自 1984 年巨构墓碑被发掘以来，这位金代的进士、平谷历史上的名人的"事迹"更加丰满。巨家坟被揭开，让我们得以欣赏到那些距今将近千年的随葬宝物，特别是出土的《巨君墓志》，与原本县志所记碑刻、《金史》相关的记载互相印证，使后人对"巨君"有了一个较为全面的了解。

　　《金史》记载："巨构，字子成，蓟州平谷人，幼笃学，年二十登进士第。由信都丞察廉为石城令，补尚书省令史，授振武军节度副使，改同提举解盐司事，以课增入为少府监丞，再迁知登闻检院，兼都水少监。大定二十三年（1183）六月壬子，有司奏：右司郎中段珪卒，上（世宗完颜雍）曰：'是人甚明正，可用者也，如知登闻检院巨构，每事但委顺而已。燕人自古忠直者鲜，辽人至则从辽，宋人至则从宋，本朝至则从本朝，其俗诡随，有自来矣。'二十五年（1185），除南京副留守，上谓宰臣曰：'巨构外淳质而内明悟，第乏刚鲠耳。佐贰之任贵能与长官辩证，恐此人不能尔。若任以长官，必有可称。'〔此段《宏简录》作'除构南京副留守。章宗为皇太孙（章宗完颜璟，1189 年继世宗即位；世宗完颜雍，系章宗祖父），上语之曰：

"佐贰之任，贵能与长官辨正，恐此人不能尔，若任以长官，必有可称。"〕章宗即位，擢横海军节度使，承安五年（1200）致仕，卒。构性宽厚寡言，所治以镇静称，性尤恬退，故人既贵不复往来，先遗以书则裁答寒温而已。大定中（1161—1189），诏与近臣同经营香山行宫及佛舍，其近臣私谓构曰：'公今之德人，我欲举奏，公行将大任矣。'构辞之。以廉慎守法在考功籍，始终无过云。"这段记载有一处值得注意，就是"诏与近臣同经营香山行宫及佛舍"，再次证明了北京的"香山"始建于金大定二十六年（1186）的说法。

1934 年《平谷县志》记载：县南八里，有（巨构）碑。巨构，大定时第进士，累迁横海军节度使。宽厚谨慎，所治以镇静称。世宗尝曰："巨构，外淳质而内明悟，鲜有及之者。"

1984 年巨构墓发掘简报记载：巨构墓东南 60 米处，发现一石椁木棺墓。墓为东向，墓内有一方墓志。清理出土陪葬品 50 余件，其中铜器 6 件，有铜镜、铜带环、铜带扣；瓷器 14 件，有黄釉瓷洗、双系弦纹白瓷罐、双系弦纹直腹罐、直腹折臂罐、双色磁盘、荷叶白瓷碗、酱釉蒜头壶、鸡腿瓶、双鱼瓷盘、白瓷罐等，并在瓷罐内发现稻谷颗粒物；玉器 9 件，有白玉环、玉佩、玉坠等；北宋淳化年间古钱币 34 枚；木盒 1 件。墓碑由于风化侵蚀，志文漫漶，只能辨识部分字迹。由墓碑可知墓主人生于金皇统□□十月二十四日，卒于金泰和三年（1203）。

综合前人研究的成果推断：巨构墓，俗称巨家坟，在东高村镇东高村西北，平三公路西侧原金属公司院内。过去认为墓主人应是巨构后裔，通过发掘证明志主即巨构本人。但也有人认为志主未必是巨构本人，或为其叔侄也未可知。至今，东高村、鱼子山等村仍有巨姓人家，即为金代巨氏之后。

明封奉议大夫南京刑部
郎中金公（恺）墓志

解题：

志、盖均长55厘米，宽55厘米，厚9厘米。盖文4行，满行4字，篆书。志文26行，满行27字，楷书。金绥撰文，朱锐篆，吴忱书。墓主人"永乐己卯"正月初二日生，成化己丑（五年，1469）实闰二月二十六日卒，十一月初十日葬。1982年10月从平谷镇太平街村一农民家中收集，现位于上宅文化陈列馆。

录文：

（盖文）

封奉议大⌐ 夫南京刑⌐ 部郎中金⌐ 公墓志

（志文）

封奉议大夫、南京刑部郎中金公墓志⌐

赐进士、奉议大夫、工部郎中朱锐篆额⌐

赐进士、奉训大夫、刑部员外郎吴忱书丹⌐

呜呼！考讳恺，字永善，世居松江上海县四十九保。永乐中，从先祖⌐ 廷玉公戍于营州中屯卫，遂家平谷。考生而刚介警敏，持身治家，⌐ 一于勤俭。通经史大意。童丱时，代先祖役，克卓立。先祖早弃。事祖⌐ 妣朱，虽身处戎旅，甘旨必亲执。后遣不肖与弟纯充邑庠生，督责⌐ 甚严。景泰庚午，俱叨领顺天府乡荐。不肖由太学任光禄署正，蒙⏋赐敕封考同己职，母安人。纯登甲戌进士，累官南京刑部郎中。未几，封⏋考奉议大夫、刑部郎中，母宜人。考每贻书戒不肖等曰："赖祖宗余⏋荫，尔曹幸有今日之荣者。荷⏋上所赐，不洁己尽职以效报称，宁不有愧于前人哉？"成化丙戌，不肖⏋改除河南布政司经历。己丑春，纯升四川顺庆府知府。率皆严训⏋所致也。夫考之自致荣盛若此，然尤布衣蔬食不改素处，与世之⏋子沾一命率凭籍声势者有间。今年春，以疾卒于正寝，实闰二月⏋二十六日也。为姻戚朋友者，皆走吊为之晓悦。悼惜曰："善人已矣！"⏋呜呼痛哉！考生永乐己卯正月初二日，享年七十有一。配秦、侧刘，⏋皆名处士女。子男五人：长即不肖，次纯、缙皆秦出也，次绅、纹刘所⏋出也。缙、纹理家业，绅今廪邑庠。女二：曰慧真、慧全，周昇、王钺其适⏋也。孙男六：曰澄、清、溥、汉、濂、漳。女孙七：曰慧聚，适王能，次慧秀、素真、⏋慧善、慧清、慧才、慧云，俱幼在室。今卜卒之是年十一月初十日，葬⏋于县城北之原。呜呼！不肖兄弟享官禄、被⏋褒典，良由考存心积德严训所致，第宦辙东西，远违膝下，病既不能⏋侍汤药，没又不能视棺殓，其抱终身之痛恨乌可纪极哉！今于葬⏋也，感之深。最其平生大概，以刻坚珉，置诸墓以示悠远焉。⏋
成化五年己丑冬十月下浣吉旦孤子绶泣血谨志

注释：

童卯时：幼年。唐杨炯《后周明威将军梁公神道碑》："卯岁腾芳，髫年超霭。"与其最接近的一个词"卯角"，就是形容儿童梳着两个鬊髻的样子，"卯"实际上是一个象形字。

不肖：不像，特指儿孙与其父祖在某些方面不像，如道德品行、长相、才能等。故一指不才、不贤，二指品行不好，没出息。

叨领顺天乡荐：唐宋时期指应试进士，因为是由州县荐举到府，故称"乡荐"。明清时期即指乡试中举。"领"即指获得了"举人"的资格；"叨领"系谦辞。

蒙赐敕封考同己职：古时有"父因子贵"之说，此即其一。由于志主之子"金绶"的富贵荣显，其死去的父亲获得了生前所未获得的阶衔等。文中是指金绶在景泰庚午（元年，1450）中举"由太学任光禄署正"之后，死去的父亲获封了"光禄署正"等。

有间：有所不同。间，不同，区别。

廪邑庠：邑庠，明清时称县学生为邑庠生，简称"邑庠"。廪，即廪生。全称"廪膳生员"，科考生员名目之一，指那些享受一定"助学金"的秀才。明代规定，府学四十人，州学三十人，县学二十人，每人月给廪米六斗。廪，仓廪，粮库。

其适也：他们就是她们所嫁的人。文中是指志主的两个女儿金慧真、金慧全分别嫁给了周昇和王钺。

按语：

文中"永乐中，从先祖廷玉公戍于营州中屯卫，遂家平谷"所说"营州中屯卫"，时属"大宁都司"。元明时期的"卫所"制度，一脉相承。即便是到了今天，也会有许多村名带"卫"的。大宁都司，是中国明代东北西部重要军事机构和防区，治所在大宁卫（今内蒙古自治区宁城县西）。洪武二十年（1387），置大宁都指挥使司。次年，改名北平行都指挥使司。管辖着今河北省长城以北，内蒙古自治区西拉木伦河以南等地，下辖22卫、3个千户所。其中就有营州左屯卫、营州右屯卫、营州中屯卫、营州前屯卫、营州后屯卫。所以，"营州中屯卫"是营州5个屯卫之一，也是全部22卫之一。其治所元朝时在龙山县，隶属大宁路，洪武年间废。洪武二十六年（1393）置卫，永乐元年（1403），迁平谷县。

"考生永乐己卯正月初二日，享年七十有一。"联系到志主金公的卒年"成化己丑"（五年，1469），我们逆推70年的话，应该是1399年，也即建文元年（己卯）。而整个永乐22年中并没有"己卯"年，"己卯"年在3年之前。像这种干支纪年搞错的情况并不鲜见。

关于"父因子贵""母因子贵"的现象，在古代封建社会常常出现。我们经常可以看到"额题""首题"或正文之前带有"封赠""恩赠""诰赠"

等字样的墓碑，被赠的官爵也是五花八门的，如各部的"尚书""侍郎"，朝中的"大学士""翰林学士"，爵位中的"上柱国""将军"等。其实，遇到此类情况，往往墓中的主人所享受的官爵衔等，其生时并未享有。就是因为其子做了高官，或升了高位，皇帝才恩准予以奉赠三代的。自然，父亲被赠，母亲也同样被赠为"夫人""孺人""安人"等。但这是大臣们的"父因子贵""母因子贵"，与皇家的继位、争夺皇位还是不同的。

明故奉政大夫工部郎中王公（文琮）配宋氏合葬墓志铭

解题：

　　志、盖均长 57 厘米，宽 57 厘米，厚 8 厘米。盖文 5 行，满行 4 字，篆书。志文 28 行，满行 32 字，楷书。李廷相撰，王杲书，李瑄篆。盖残右下角。墓主人弘治乙卯（八年，1495）七月二十五日卒，九月十一日葬。1991年 6 月大兴庄镇鲁各庄村出土。现为平谷石刻博物馆收藏。

录文：

（盖文）

明故奉政⌐ 大夫、工部⌐ 郎中王公⌐ 配宋氏合 ⌐ 葬墓志铭

（志文）

明故奉政大夫、工部郎中王公配宋氏合葬墓志铭⌐

赐进士及第、翰林、国史馆编修、经筵官、文林郎濮阳<u>李廷相</u>撰⌐

征仕郎、中书舍人豫章王杲书⌐

奉直大夫、工部员外郎、直内阁、前国史官同邑李瑄篆⌐

公讳文琮，字廷玺，私号愚庵，故人咸称为愚庵先生。世为北平三河人。⌐

国初征天下人材，而有司以王氏讳敬者闻。比至，⌐ 上试之良，<u>擢知获嘉</u>，即愚庵公之祖。祖母张，今兵科给事中<u>桧</u>之祖姑。父讳祥，有文⌐ 学名，<u>旁通阴阳术数书</u>，以愚庵公贵累赠奉训大夫、工部员外郎。母刘，累赠太⌐ 宜

355 ▮▯▯▯▯▯▯

人。公幼警敏，鞠于叔氏，老成谨畏，能斥外浮饰事。人曰：是王氏后。初获嘉君┘之殁也，圹中获芝草数茎，识者异之曰：王氏其有后乎！已而果然。公善楷书，尤┘精夷字。景泰改元，选入翰林。天顺戊寅，授鸿胪序班。成化丁亥，升中书舍人。而┘员外君、太宜人相继而世。辛卯服阕，戊戌升光禄署正，丁未升工部员外郎。弘┘治辛亥，以预修┘宪庙实录成，晋本部郎中，有白金、宝镪、袭衣之赐。公自筮仕比捐馆，终始罔解。而┘累朝眷赉，亦克称是。寿六十有九，卒于弘治乙卯七月二十五日。初配蔡、张，累赠宜┘人。继宋广平君之后，婉娈柔惠，称其为妇而剪制结缚之能，蒸馈燕飨之精，左┘右戒警之勤，亶有先世遗风焉。子一俸，少颖悟。比缀文，声称籍甚。弘治壬子，举┘于乡；壬戌，登进士第，擢知东阿。忠以报上，廉以励躬，信以孚下，勤以集功。甫四┘期而七旌之，母氏指授教诫之力寔多焉。正德丁卯，征入内。宋俄遇疾，戊辰七┘月八日卒于正寝。比属纩犹曰："吾儿勉之，吾愿毕矣！"寿七十有八。女一，归义勇┘千户张恺。孙男子六：梦龙，聘顺义杨佑女；梦麒，聘工科给事中段君豸女；梦麟，┘蚤卒；梦熊、梦罴、梦鸾皆幼。卜以九月十一日，祔葬于愚庵公之侧。俸持状衰麻┘叩余门，且泣且告曰："不肖孤前丧父弗及成，今且成，吾母不少延，维天降割不┘吊，维先生其铭诸！"嗟夫！愚庵公之行业在人，宋之矩矱在闺室，岂必铭而传也┘乎哉！铭曰：┘维王之先，曰有遗英；维┘国之初，以人材征。是为获嘉，而家以兴；维愚庵公，益骏厥声。维愚庵公之配，克相┘厥成；施于东阿，寔遄以闵我，铭之石纳诸幽扃。

注释：

李廷相：李廷相（1485—1544），字梦弼，山东濮州（今河南濮阳）人。明弘治十五年（1502）康海榜进士第三人，授翰林院编修。世传李廷相是宋朝文状元李迪的后人。正德年间，宦官刘瑾专权，李被改为兵部主事。直到刘瑾被诛才官复原职，升任春坊中允，充经筵讲官。武宗称赞他为真学士。历官南京吏部侍郎，与父亲李瓒同朝为官，人皆以为荣。官至户部尚书。

擢知获嘉：获嘉，古县名，在今河南省新乡市。擢知，被提升主管（某府、州、县）。

祖姑：祖父的姐妹，相当于今天所说的"姑奶奶"。

旁通阴阳术数：之所以叫"旁通"，说明它不是"正道"，既不是国家科举考试的内容，亦非儒家经典。阴阳术数，在今天看来，有些哲理、数学、物理、建筑等科学的内涵。但由于古人无法将其以科学的方法解释清楚，故多少有些故弄玄虚。阴阳术数之学大致包含以下几类内容：奇门遁甲、风水堪舆、周易预测、命理杂谈、麻衣神相、周公解梦、宫观灵签。

夷字：中国古代称东部的民族为东夷、九夷（古时称东夷有九种）。有所谓"东夷、南蛮、西戎、北狄"的说法。文中所说"夷字"，或许就是指日语。

服阕：阕，终了。服阕，守丧期满除服。一般来讲，守丧是有期限的。儿为父母守望三年，孙为祖父母守一年。关于"服阕""服除""除服"，从表面上看，可以理解为不用穿着"丧服""孝服"（即披麻戴孝）了。但其实不止于此，按中国古代守孝的规矩，父母去世，儿子必须守孝三年，也叫作"守制"。在这三年中儿子不得娶妻纳妾、不得娱乐，不能参加宴会应酬，夫妇不能同房，女人也不能生孩子，并且还要"戴孝"三年；当官的必须暂时卸职，向上峰告"丁忧"（也就是守孝的事假）。待到三年孝满，"除服"以后再销假复职。

自筮仕比捐馆：自从开始入仕到逝世。噬，吞，咬；仕，仕途；比，到；捐馆，是对人死去的一种委婉的说法。捐，放弃；馆，馆舍，官邸。

矩矱：规矩、准绳、尺度，法度。

按语：

碑文中"祖母张，今兵科给事中禬之祖姑"，其所说张禬，与撰文人李廷相同时、同朝，同为太监刘瑾排挤。其大致活动在明武宗朱厚照正德年间（1506—1521），弘治十五年壬戌科（1502）二甲第九十四名进士，曾任兵科左给事中、刑科都给事中、大理寺丞、监察御史等职。

文中"初获嘉君之殁也，圹中获芝草数茎，识者异之曰：王氏其有后乎"，这是讲志主获嘉县令王敬去世埋葬时发现，墓穴中有几棵灵芝草，知道的人说，这是王家旺后的瑞兆。古语云："兔窟于庐而大德隐焉，芝生于堂而大孝显焉。"孝之所至，后人受益，王家后世繁盛，人才辈出。

亡女（ 李春娇 ） 张介妇墓志并盖

解题：

盖高 37 厘米，宽 69 厘米；志高 38 厘米，宽 68 厘米。盖文 3 行，满行 3 字，篆书。志文 44 行，满行 17 字，楷书。志、盖均保存完好。李廷相梦弼撰。墓主人弘治庚申（十三年，1500）二月三日生，（正德）丁丑（十二年，1517）十一月二十有二日卒，十二月十九日庚申葬。现位于上宅文化陈列馆。

录文：

（盖文）

亡女张⌐ 介妇墓⌐ 志铭

（志文）

嗟乎！予不德使吾女至此极，予尚奚忍言哉？⌐ 予尚奚忍言哉？吾女为先妻郓城侣氏所出，⌐ 侣实大司徒独山公女孙。女生一岁而失恃，赖⌐ 吾父母保抱摩抚，底于成立。吾父母尝曰："吾⌐ 夫妇年垂六十，仅有此女子孙耳！"予每闻⌐ 而窃痛之。正德辛未，予乃生一男崇恩，姜⌐ 刘氏出也。明年，罹继祖母郑之丧，崇恩惊悸⌐ 而死。吾父母怛然伤怀，因念吾女益甚。所⌐ 为之衣食以悦其心者，方故百端。然吾女亦⌐ 自聪慧婉恋，七八岁时即能剪制缕结若⌐ 习惯者。然性尤沉默简重，不妄语笑，时发⌐ 一言，辄当人意，故凡戚党咸爱重之。戊辰之⌐ 岁，吾父左官江右，已复为人所侮而夺之产。时

⌐吾女年才九岁，从旁谕解吾父曰："第与之，⌐是奚足介意也！"吾父大喜
▢："吾有女孙若此，吾⌐何忧？吾何忧？"年六岁而许张甥文进，今巡抚
⌐山西右佥都御史汝吉第三男也。十六而笄，十七⌐而期，十八而有娠。甫
七月而孕一女，<u>不育</u>。又阅月⌐而归宁，遽病卒于家，盖丁丑十一月二十有
二⌐日也。<u>属纩</u>之时，香气满室，家人咸惊诧之，⌐比殡犹不绝云。呜呼异
哉！呜呼异哉！吾女归⌐张氏，事舅姑小心敬畏，惟恐有愆；待姒娣谦恭⌐
自将，未始少以气相。先其与文进相得殊甚，佐⌐之读书每至夜分，闻有开
益辄喜动颜色，⌐故舅姑尝称曰"是善事我"，吾甥曰"吾获良⌐助"，乃
今不复可作矣！呜呼痛哉！顾自吾大父⌐以上积累殷厚，洎吾父今巡抚畿
内，勤劳尽⌐瘁，宜足以庇吾女之身，而乃使其至此极！则⌐予不德之罪，
尚奚逭哉？或者天以<u>吾祖若</u>⌐父之德未忍罚及予身，而乃使其后至此乎？⌐
呜呼！吾女之目其将弗瞑乎？初吾女之生也，弘⌐治庚申二月三日，吾父命
名曰"春娇"；其卒也，吾⌐母哭之恸。独吾父弗获一见，呜呼痛哉！呜呼
⌐痛哉！兹将以卒之年十二月十九日庚申，葬⌐于平谷峰台原张氏祖茔之
傍。予痛悼忧⌐郁，不能自已。乃抆泪为铭，且自书之，用少泄予哀⌐焉。
铭曰：⌐<u>汝大父母</u>、父母抚汝乃不获睹汝，首之皓兮汝舅⌐汝姑怜汝乃不获
竟汝；为妇之道兮汝夫敬⌐汝乃不获偕汝而老兮，嗟嗟吾女未绝于天。⌐其
奚夭兮峰台之原！松柏苍苍是维汝之兆⌐兮，我铭之石用以慰汝抑以使后之
人有所考⌐兮。⌐
赐进士及第、翰林院侍讲学士、奉训大夫、⌐经筵讲官、同修国史、前⌐太
子右中允兼史馆修撰父濮阳李廷相梦弼撰

注释：

介妇：古代宗法制度称嫡长子之妻为冢妇，诸子之妻为介妇。《礼记·
内则》："舅没则姑老，冢妇所祭祀宾客，每事必请于姑，介妇请于冢妇。"
然志文中所言"介妇"，实即指志主之父、撰文人李廷相之长息独女，由于
是嫁给了巡抚山西右佥都御史汝吉第三子、李廷相的外甥张文进，故曰。虽
然不是"长妇"，但仍是"长息"，在于强调而已。

侣实大司徒独山公：此指明代成化时期著名朝臣侣钟，字大器，号独山，郓城（今山东郓城）人。成化二年（丙戌，1466）进士，授御史职。遭太监汪直陷害，受廷杖。后因都御史王越推荐，升大理寺丞，调右少卿。官至户部尚书。户部尚书，别称"大司徒"。

剪制缕结：此指古代"女工"活计，如剪裁、缝补、缀结、锁扣、结襻等。唐朝大文学家柳宗元所撰《河间传》："（河间妇）自未嫁，固已恶群戚之乱尨，羞与为类，独深居为剪制缕结。"讲的是河间淫妇在未嫁之前曾是一个"贤妻良母"型的女孩儿。此志文亦用以形容志主"张介妇"的贤德。

期：一周年。是指志主张介妇年6岁许配给张文进，16岁成人，同时也结婚，17岁时正好是一周年。

不育：实际是指没养成，早产了，或流产了，忌讳的说法。

属纩之时：较弥留之际更进一步，也就是说临断气时。《大戴礼记·丧大记》"俟病"，"男女改服。属纩以俟绝气"。意思就是，人病将终，男女都要换不同的寿衣，用少许棉花在病人的鼻孔前试试是否还有气息，这就叫作"属纩之时"。

奚逭：哪里逃脱得了？

吾祖若父：我的祖父或是父亲。

大父母：即祖父、祖母。

按语：

李廷相与其父李瓒，同为在朝高官，同样受到太监刘瑾的倾轧，作为大宋名相李迪的后人，他们的确有着非凡的血统，甚至连李廷相的女儿志主李春娇都是一个神童，自幼聪明，娴于女红，甚至还能为其祖父做思想工作。虽然尚有一弟，但是早夭；嫁给张家虽然不是长妇，但在娘家却是长女独息；自己虽然怀孕，但并未落下孩子，以至于才17岁就去世了。其生于"弘治庚申（十三年，1500）二月三日"，其卒于"（正德）丁丑（十二年，1517）十一月二十有二日"。出生时，祖父李瓒为其取名"李春娇"。"女生一岁而失恃（生母死），赖吾父母（李瓒夫妇）保抱摩抚。""年六岁（弘治十八年，乙丑，1505）而许（订婚）张甥文进。""十六而笄（成人礼兼成婚），十七而期（一周年），十八而有娠（怀孕）。"当年卒于娘家。"属纩之时，香气满室，家人咸惊诧之，比殡犹不绝云"，临死时，香气满室，入殓时，尚经久不散。一个不平凡的小女子的平凡的人生轨迹就是那么简单。由于志主的聪明贤惠，惹来了与之相处的亲友们的爱怜。祖父说："吾夫妇年垂六十，仅有此女子孙耳！""吾有女孙若此，吾何忧？吾何忧？"邻里们"凡戚党咸爱重之"。公公婆婆说："是善事我（会伺候我们老两口）。"丈夫张文进说："吾获良助。"父亲说："然吾女亦自聪慧婉恋。"

　　此篇墓志文系明代朝臣李廷相亲自书丹撰文的，以接近行草书的流畅笔体，以及如泣如诉的笔调写就，使人读起来不免也会赔上不少眼泪。片末铭文为递进式，似乎在"以理服人"，实际是在分析志主李春娇之父遭此不幸的原因，并且发出"问天"式的感叹。"汝大父母、父母抚汝乃不获睹汝，首之皓兮汝舅汝姑怜汝乃不获竟汝；为妇之道兮汝夫敬汝乃不获偕汝而老兮，嗟嗟吾女未绝于天。"由于是第一人称的手法，写的又是自己亲历的事情，便于将丰富感情融入其中，而且能得他人的共鸣。

明故将仕佐郎蔚州幕岳公（铭） 墓志铭

解题：

　　志、盖均长 58 厘米，宽 57 厘米，厚 8 厘米。盖文 4 行，满行 3 字，篆书。志文 23 行，满行 27 字，楷书。丁楷撰，马陟书，王镗篆。志、盖均保存完好。墓主人宣德辛亥（六年，1431）十月初九日生，正德庚午（五年，1510）十二月二十日卒，正德六年（辛未，1511）二月九日葬。1990 年 10 月马坊镇梨羊村出土，现位于上宅文化陈列馆。

录文：

（盖文）

明故将⏌ 仕佐郎⏌ 蔚州岳⏌ 公之墓

（志文）

明故将仕佐郎蔚州幕岳公墓志铭⏌

赐进士第、文林郎、湖广道监察御史皖人丁楷撰⏌

赐进士出身、奉议大夫、光禄寺少卿合肥马陟书⏌

赐进士第、文林郎、福建道监察御史平谷王镗篆⏌

三河岳生廷傅尝从余游，正德庚午生卒业成均，且夕时至余第，至则⏌ 汲汲焉讲学请益弗怠。居旬月未至，方念之。一夕衰绖及余门，涕泣告⏌ 余曰："罪积弗灭，祸延于亲。先君子以今年十二月二十日奄弃诸孤。"以⏌ 其姻旧御史王彦声甫所为状，长跪乞铭。余惊悃且哀其情眷眷也，⏌ 谢弗获，乃应之。谨按公讳铭，字克新，世为顺天府三河人，先世皆隐于⏋耕。考伯祥，始教公读书，授以礼经，公遂折节力学。久之，学行为众所推⏋服。试乡举五黜，识者以为命之弗偶也。登胄监，烨然有声，取一官为蔚⏋州幕。赞政有方，州人怀之。自以志大而用小，恒悒悒不乐。乃疏恳天官⏋卿乞归，得遂所请，激流涌退。与诸故老日以觞咏为娱，优游林下者二⏋十年，有香山洛社之风焉。公性耿介，而心多恕，故自少及老，以直道律⏋身，而于人则有恩。居家孝友，事继母周与母于孺人无间也。距其生则⏋宣德辛亥十月初九日，享年八十。配芮氏先公卒，继张氏。子三：长廷仪，⏋次即廷傅，次廷佐，皆芮出。女三：长适舍人赵鼐，次适金吾右卫指挥徐⏋昂，次适济阳卫指挥兰俊，张出也。孙男七：琦、璋、玠、玖、瑜、璟、瓛；孙女三：长，适忠义后卫指挥刘杲，次适儒士宋恩。以正德六年二月九日，葬于南张代庄祖茔之侧。呜呼！公之守德令终，植嫩诒庆，可无愧于盖棺矣！乃为之铭。铭曰：⏋维乡之彦兮，维民之奠兮，维林之下庶几其见兮。存有称殁有传兮，藏⏋而闷之终保其善兮！

注释：

蔚州：古代地名，又名萝川，即今河北蔚县。商周时期为代国，秦代置代郡，直至西晋。元代属上都路宣德府，明代属大同府，领广灵、灵丘、广昌三县。

将仕佐郎：明代较低级的文散官名。隋始置，唐为文官第二十九阶，即最低一阶，从九品下。明为正九品初授之阶，且将仕郎下尚有登仕佐郎、将仕佐郎两阶。

州幕：古代指一州之长州牧（州官、知州、太州、知府）的辅佐、参谋，即师爷。此官职为州长亲自选任，不是朝廷命官，没有品级。

成均：相传为远古尧舜时的学校名，后来用指该时期或该地域的学校，如府学、太学等。

奄弃诸孤：把孩子们抛下了，意思是为父的过世了。奄，忽然。

隐于耕：务农，做隐士，实际上是说没做官。

试乡举五黜：曾经参加了五次乡考而没过，也就是考了五次秀才都没考中。

命之弗偶：命中注定不会遇到好事。偶，偶然，俗说"祸不单行，福无双降"，故曰"弗偶"。

登胄监：考上国子监的学生。胄监，国子监。

香山洛社：晋葛洪《抱朴子·杂应》中"洛阳有道士董威辇常止白社中，了不食，陈子叙共守事之，从学道"。后称退隐者所居为洛阳社；白居易号香山，所作诗有一类属闲适安逸。由于志主有文采，不乐仕进，优游林下，故称有"香山洛社之风"。

按语：

志主"（岳）讳铭，字克新，世为顺天府三河人""取一官为蔚州幕"。"先君子以今年（正德六年，辛未，1511）十二月二十日奄弃诸孤。""距其生则宣德辛亥（六年，1431）十月初九日，享年八十。""优游林下者二十年。"综合这几个因素，岳先生活了80岁，年轻时乡试五考不中，最后"林下"20年。也就是说其头60年，一直是在打拼，其中包括读书"折节力学"、考秀才、做州幕三个时期。假设其前30年读书考试，后30年为官州幕，即1461年（天顺五年，30岁）前与后。从1461年到1491年（弘治四年，60岁），经过了明英宗的"天顺"4个年头，代宗的"景泰"8年，宪宗的"成化"23年，孝宗的"弘治"4个年头。从墓志文上得到的启示是他在做蔚州知府的师爷，这段时间他有可能为谁做师爷呢？经查，蔚州明天顺时期先后曾经有四任知府——郭瑾、萧光、王亮、王琦；景泰时有一任——史魁；成化时有两任——柴骧与时信；弘治时也有两任——姜高与宇宝。虽然讲不清楚当时到底谁是他的上司，但一定是跑不出以上列名中人的。

"孙女三：长，适忠义后卫指挥刘杲，次适儒士宋恩。"志文叙述孙女有三，但差一未述，有些不合常理。一般总会说"未嫁""尚幼""待字家中""未聘"之类的。

明故季女张（文进）介妇
（刘德庄）墓志铭

解题：

　　志、盖均长 57.5 厘米，宽 57.5 厘米。盖文 4 行，满行 3 字，篆书。志文 23 行，满行 28 字，正书。刘恺撰，俞琳书，汪举篆。盖残，志保存完好。墓主人弘治壬戌（十五年，1502）二月十日生，嘉靖元年（壬午，1522）九月二十二日卒，嘉靖元年十二月二十四日葬。1949 年后平谷区内出土，现位于上宅文化陈列馆。

录文：

（盖文）

明故季⏎ 女刘氏⏎ 张介妇⏎ 之墓

（志文）

季女张介妇墓志铭⏎

赐进士、资政大夫、礼部尚书、掌太掌寺事、侍⏎ 经筵官、前都察院右副都御史致仕保定新安刘恺撰⏎

赐进士、正议大夫、资治尹、掌通政使司事、礼部左仕郎、前兼都察院右金⏎ 都御史、奉⏎ 敕整饬保定等五府武备、侍经筵官临安俞琳书⏎

赐进士出身、嘉议大夫、太常寺卿、前通政使司左通政仁和汪举篆⏎

吾第三女名德庄，字慎卿。生而颖敏绝人，七八岁时即知事<u>女红</u>，裁剪、⏎

刺绣见即能为之，靡不精致。通《孝经》《小学》《论》《孟》及《列女传》《通鉴》诸书，过目即能记大略。阅唐人诗集，自拟其题为诗句，亦清新可观。在室言动有则，事父母尽孝爱，词气柔婉，无疾言遽色，德容蔼然，见于颜面，见者知其为贤女也。年十八，归于今巡抚山西都宪张公汝吉之子文进，时张公在山西，惟夫人胡氏家京。吾女自入门，勤敬自持，事姑克尽妇道，夙夜无顷刻违息。用是，得姑之欢心。文进夜读书，吾女自供茶汤陪其坐，弗先就寝，意恐其夫或倦怠焉。文进每加礼敬，夫妇相待如宾。居姒娌间，以谦和自牧，内外皆称其贤。盖其赋质纯粹，禀性中和，在女中可谓全德者矣。今年六月偶感疾昏眩，母李夫人往视。越三日疾稍苏，即宽母心曰："我病愈矣。"母归日，使人问讯，咸以平安报之。至九月六日，乃舆至家。入门见母即微笑意，以安母心也。迨是月二十二日，竟不起。距生弘治壬戌二月十日，年甫二十。贤而不寿，痛哉！痛哉！将以今年十二月二十四日，葬于平谷张氏之先茔，乃挥涕而为之铭。铭曰：推汝之生女德全兮，胡天之于汝啬其年兮！生寄死归诀☐天兮，吾为汝铭瞑目于泉兮。

注释：

女红：实际就是"女工""女功"。旧时指女子所做的针线、纺织、刺绣、缝纫等工作和这些工作的成品。

《孝经》《小学》《论》《孟》及《列女传》《通鉴》诸书：《孝经》，儒家"十三经"之一，传为孔子所作。实际成书于秦汉之际，全书分18章。《论》《孟》指儒家经典《论语》和《孟子》，也是"四书"中的两部。《列女传》是一部介绍中国古代妇女事迹的传记性史书，也有观点认为该书是一部妇女史，全书共七卷。作者是西汉的经学家、目录学家、文学家刘向。《资治通鉴》（亦简称《通鉴》），北宋司马光主编，系多卷本编年体史书，共294卷。该书以时间为纲，事件为目，始周威烈王二十三年（前403），终五代后周世宗显德六年（959）征淮南停笔，涵盖16朝1362年的历史。

用是：因此之意。用，由于；是，此。正由于此。

自牧：自我调养，自我修养。《周易·谦卦》："谦谦君子，卑以自牧。"孔颖达疏："恒以谦卑自养其德也。"

按语：

前有张介妇，后有张介妇，前有张文进，后亦有张文进，四个人是什么关系呢？因何都叫"张介妇"？又为什么"张介妇"都嫁"张文进"呢？试分析如下。

前条的"李春娇"生于"弘治庚申（十三年，1500）二月三日"，卒于"（正德）丁丑（十二年，1517）十一月二十有二日"。六岁订婚，年十六完婚。十八岁怀孕，后卒。

后条的"刘德庄""生弘治壬戌（十五年，1502）二月十日"，十八岁（1520）完婚，卒于嘉靖元年（1522），"年甫二十"。作为张文进的妻子，从两者的生卒年、完婚日可以看出，"李"比"刘"长两岁，早五年完婚，早五年死。"李"1517年去世，"刘"1520年完婚，说明"刘"是作为"继室"的身份出现在张文进的家庭的。但由于张文进的夫人李春娇死后刘德庄继任，又是作为第一夫人，再加上李廷相为其女李春娇写的墓志文就用了"介妇"这个名称，所以此篇刘恺为其爱女所作的墓志文也沿用了"介妇"这个称呼。

上条"今巡抚山西右佥都御史汝吉"，此一条"今巡抚山西都宪张公汝吉"，同样是张文进的父亲，同样是两个张介妇的公公的张汝吉，职务却不一样了。"右佥都御史"，作为都察院的属官，正四品衔；"都宪"则是都察院左、右都御史的别称，正二品衔。短短五年之内，升了好几级。

清资政大夫世袭一等阿达哈哈番
又一拖沙喇哈番驻防京口协领
加二级白玉祖公（光玺） 墓志铭

解题：

志长 80 厘米，宽 80 厘米，厚 15 厘米；盖长 80 厘米，宽 80 厘米，厚 13 厘米。盖文 7 行，满行 7 字，篆书。志文 40 行，满行 49 字，楷书。汪琬撰，张鹏书，张玉书篆，刘光信镌。志、盖均保存完好。墓主人天聪三年（己巳，1629）四月十一日生，康熙二十七年（戊辰，1688）四月初八日卒。1972 年春金海湖镇东马各庄村出土，现位于上宅文化陈列馆。

录文：

（盖文）

皇清资政大夫、世⌐袭一等阿达哈⌐哈番、又一拖沙⌐喇哈番、驻防京⌐口协领加二级⌐白玉祖公墓志⌐铭

（志文）

[皇]清资政大夫、世袭一等阿达哈哈番、又一拖沙喇哈番、驻防京口协领加二级白玉祖公墓志铭⌐

赐进士出身、充纂修明史官、翰林院编修年家眷弟长州汪琬顿首拜撰⌐

赐进士出身、通议大夫、吏部左侍郎年家眷弟京口张鹏顿首拜书丹 ⌐

赐进士出身、资政大夫、经筵讲官、礼部尚书年家眷弟京口张玉书顿首拜篆

额⏎

祖氏自我⏎ 太宗时知天意方眷⏎ 本朝，率先翊运。及⏎ 世祖定鼎诸旗，所称开国佐⏎ 命之臣，无虑数什伯辈，而祖氏为最。其子姓缨苢蝉联，累世相望，凡奉朝请守官次者甚伙。或以文学著，或以武功显，其人率多⏎ 雄骏磊落不群之才，非仅以世族巨室雄视海内者也，而吾府君又为最。府君官京口三十年，从容坐镇，往往风流雅素，有⏎ 汉祭遵、晋杜预之遗风，亟为士大夫所推重。然其志锐，欲以功名报国。尝见仲弟蕴玉公调援荆湘，慨然语客曰："吾祖孙父⏎ 子兄弟世荷殊宠，虽捐躯糜踵亦分所应尔。顾独不得身与行间，效汗马搴旗之力，以报其如累朝厚恩何？"每中夜旁徨，辄⏎ 泪潸潸下。左右闻之，亦无不感动太息者。然而讫不得竟其志，官止于协领，年止于下寿，抑何数奇不偶也？悲夫！府君讳光⏎ 玺，字白玉。先世有豫州刺史逊，为东晋中兴名臣。其别世居宁远。曾王父友明，有隐德未仕。王父邦武公，始隶正白旗，累功⏎ 至世袭一等阿达哈哈番、又一拖沙喇哈番、管参领事。父云龙公，亦以累功世袭拜塔喇布勒哈番、又一拖沙喇哈番、佐领⏎ 管参领事，赠至资政大夫。府君其长子也，自幼颖敏。甫就外傅，即端坐览书，能默识以诵。由丁亥贡士授阜平知县，年未弱⏎ 冠，政迹流传远近。会王父告老，以嫡孙去官袭世爵，非其好也。顺治十一年，遂以一等阿达哈哈番、又一拖、沙喇哈番补授⏎ 佐领，从征湖广。数出机宜，以裨戎政，军中咸器重之。越五年，补参领，佐大将军率禁旅驻防京口。越十一年，升协领。继又以⏎ 覃恩加资政大夫。康熙二十七年四月初八日，遘疾卒于任。距其生为天聪三年四月十一日，享年六十。配陈夫人，礼部侍郎阿⏎ 思哈尼哈番邦选公之孙，阿达哈哈番维道公之女。子男维耀，候选知县。孙男三：秉衡、秉圭、士元，皆幼。孙女二：一在室，一适候⏎ 选知县罗万象。府君才高识朗，尤长于理剧。阜平地瘠民贫，且当南北孔道，四方多故，奉命往来者日夜旁午。府君入视文⏎ 书，出治厨传，处之裕如。一切老猾宿蠹，束手不敢为奸，椎埋恶少年，亦敛迹遁去。于是姜瓖之乱甫定，余孽犹窜伏畿辅，乘⏎ 间窃发，邑人数被其害。府君闻警，立率土兵奋身迎击。尝有家丁阵殁，诸从者汹汹思退，府君径叱骑前搏贼，绝不为动。贼⏎ 由是畏府君威名，相戒勿犯。阜平合邑乃得以安。吴三桂之为逆也，府君以协领统江南所造战舰往应，荆湘军兴。是时江」湖间多盗，率皆千百啸聚，与三桂相应和。府君道次湖口，盗方肆焚，劫势张甚，官兵莫敢谁何。或劝府君少留，府君奋曰："吾」虽无征剿责，然莫非王事。向者以不得在行间为憾，今见贼不击可谓忠乎?"急麾所部卒，张帆而进。炮声大震，继以鼓噪，湖」水俱沸，贼遂骇走，众服府君胆略。当驻防之暇，留意文墨。每论古人成败事，得失如身履其时。喜结纳知名之士，间遇风日」遒美，必偕宾从往，遨江山间。击鲜醵酒，笑谈不倦，俨然一儒生也。至闻逆藩之变，数张目掀髯，义形色辞，以为常。御兵严而」有恩，诚谕悍骄，拊循老弱。三十年之中，士民几不知有兵，盖京口介江海，素称东南重地。自驻防以来，蔽遮三吴，俾海中逋」逃，不敢蹂躏内地者，固大将军之功，而府君亦与有劳焉。为人坦易不设城府，其孝友殆出天性。有同产幼弟为父所钟爱，」最后弟病将革，府君惧伤父心，晨夕吁天，愿以己子代弟。既夭，则恸哭于私室，摇手戒家人，慎勿令我父知也。蕴玉公与府」君亟时防御京口，昆弟同官一方，恩意弥切。方蕴玉公调往荆湘者八年，府君为经理鞍骑、甲仗、糗粮、日用之需馈运，绝无」虚月。平居视从子如子，视家人上下疏戚凡数千指如骨肉。雅不问生产，而喜周人之急，凡来告者，未尝藉有无为解负之，」亦未尝责报。以故交游宗党，悉以府君为归，虽倾囊倒箧弗恤。呜呼！可谓贤也已。府君之葬有日，其孤介其友宋子声求来」乞铭，余与祖氏有通门之谊，而府君又大有勋绩于吴，遂不敢用衰老辞。墓在平谷县马家庄之原。铭曰：」列圣之兴，肇基辽海；迄于」章皇，电扫氛霭。挺生元勋，在祖有人；纠纠桓桓，为国虎臣。公则似之，克绍前烈；允武且文，卓哉人杰。维乃祖乃父，鉴于」皇衷；俾尔嗣爵，以勖尔躬。曰笃不忘，翳忠若孝；牧民治军，于前有耀。来镇南徐，屹然长城；轻裘缓带，以儒将名。匪直才优，其德实」迈；善积于家，绵庆可待。命也如何？厄位与年；不有铭诗，孰悉公贤？」

宛陵刘光信镌

注释：

资政大夫：文散官名称，清代为正二品阶。

阿达哈哈番：清代爵位名称，顺治四年（1647）定名为此。乾隆元年（1736），又定其汉译为"轻车都尉"，满文如旧。

年家眷弟：是指科考时同年的关系比较近，但又没有亲戚关系的兄弟，故曰"眷弟"。也可以理解为"同学弟"。

率先翊运：首先佐助（投靠清朝），为大家首倡。翊，通"翼"，由"翼蔽"引申为"辅佐"意。

缨茆蝉联：形容后代子孙繁衍繁盛之意。缨，细绳，穗子；茆，幼小的样子；蝉联，像蝉鸣一样叫声不绝。

凡奉朝请守官次者甚伙：祖姓自归顺清朝以来，后代朝廷给予闲散官位的也很多。意思是虽然有些没有封以实职，但是都给予地位。奉朝请，给予闲散大官的优厚待遇。这个称呼和这种做法，早在汉代就有了。

汉祭遵、晋杜预之遗风：形容志主文武双全、有勇有谋，很像古代的两位先贤。祭遵（？—33），字弟孙，颍川颍阳（今河南许昌西南襄城县颍阳镇）人。祭遵少爱读书，后为县吏，投奔刘秀后，平定渔阳，讨伐陇蜀，协助刘秀建立东汉，是东汉著名人物。杜预（222—285），字元凯，京兆杜陵（今陕西西安）人，西晋著名政治家、军事家、学者，灭东吴统一中国的军事统帅之一。杜预博学多才，尤有《左传》癖，著有《春秋左氏经传集解》及《春秋释例》。

协领：清代各省驻防将军的副官，驻防八旗各旗所设职务，从三品。位在都统、副都统之下。

下寿：与"上寿""中寿"对应。先秦诸子《庄子·盗跖》篇："人上寿百岁，中寿八十，下寿六十。"志文中是指志主尚未活到"天年"。

豫州刺史逖：历史人物，就是那个励志故事"闻鸡起舞""祖逖北征（伐）"的主人公。祖逖（266—321），字士稚，范阳遒县（今河北涞水）人，东晋军事家，官至豫州刺史，曾率部北伐。

贡士：中国古代中央一级科举考试中试者之称。原指古诸侯推荐给天子的士子。明、清时，会试中试者统称贡士。清制称会试考中者为贡士，再经殿试赐出身，乃为进士，但习惯上每于会试考中后即称进士。

阿思哈尼哈番：清代爵位名称的音译叫法，另一种译法为"梅勒章京"，军事职务，即副将。

日夜旁午：旁午，即"傍午"，将近中午之意。整个意思是一天到晚。

老猾宿蠹：老奸巨猾的那些谁也治不了的社会混混儿。宿蠹，多年生的蠹虫。

姜瓖之乱：姜瓖，明末清初"农民起义军领袖"之一。顺治二年（1645）降清，继而五年（1648）复叛，次年（1649）于大同被多尔衮率领的清军包围，苦战九个月，城破被杀，其"乱"始定。

按语：

通过志文，我们可以先缕一下志主祖白玉的身世，在东晋时有豫州刺史祖逖，为其祖先；后代世居宁远（在今辽宁兴城）；曾祖祖友明，未做官；祖父祖邦武，始隶正白旗；父亲祖云龙，赠以资政大夫（正二品）衔。在太宗（爱新觉罗·皇太极）时归顺清朝，此时即应为其祖父。志主为祖云龙长子，名祖光玺，字白玉。天聪三年（己巳，1629）四月十一日出生。由丁亥年（顺治四年，1647）贡士授官阜平（在今山东）知县。袭世爵，十一年（1654）补授佐领。又五年（十六年，1659）补参领，驻守京口（今江苏镇江）。再过十一年（康熙庚戌九年，1670），升协领，加资政大夫。康熙二十七年（戊辰，1688）四月初八日，遘疾卒于任，60岁。

在他一生的经历中，遇到了两个历史人物和他们所造成的"乱"事，一个是"姜瓖之乱"，另一个是"吴三桂之乱"。这两位有一个共同的特点就是"降而复叛"，而祖白玉的祖父祖邦武则是降而不叛，故使子孙获益匪浅。

其实在宁远，同为祖逖之后同期的著名人物尚有一位，即祖大寿，在历史上更有地位。其父祖承训，号双泉；其祖父祖仁，为明代镇守宁远总兵官。所不同的是，祖大寿原籍安徽，后有军官祖庆携全家老小迁居宁远，世代繁衍，世袭明朝宁远卫军职，才成为宁远望族。所以，论起在宁远的家世，还是祖白玉更早些。两个"祖"家，除在东晋时的"根儿"，之后就越来越远了。

文末"墓在平谷县马家庄之原"，此墓志 1972 年春金海湖镇东马各庄村出土，可见村名尚未大变，墓尚在原址。

清诰授通议大夫拜他喇布勒哈番
又一拖沙喇哈番驻防京口管协领事
韫玉祖公（光璞）墓志铭

解题：

志、盖均长79厘米，宽79厘米，厚15厘米。盖文8行，满行6字，篆书。志文39行，满行50字，楷书。张玉书撰，熊赐履篆额，宋大业书丹。保存完整。墓主人崇德辛巳（六年，1641）五月二十七日生，康熙乙酉（四十四年，1705）六月十一日卒。1991年4月金海湖镇罗汉石村出土，现为平谷石刻博物馆收藏。

录文：

（盖文）
皇清诰授通议⌐ 大夫、拜他喇⌐ 布勒哈番、又⌐ 一拖沙喇哈⌐ 番、驻防京口、⌐ 管协领事韫⌐ 玉祖公墓志⌐ 铭

（志文）
皇清诰授通议大夫、拜他喇布勒哈番、又一拖沙喇哈番、驻防京口、管协领事韫玉祖公墓志铭⌐

赐进士出身、光禄大夫文华殿大学士兼户部尚书加四级年家眷弟京江张玉书顿首拜撰⌐

赐进士出身、光禄大夫、经筵讲官、东阁大学士、吏部尚书加一级今予告仍

食俸留京师备顾问年家眷弟孝感熊赐履顿首篆额⏎

赐进士出身、日讲官、起居注、翰林院侍读学士年家眷弟长洲宋大业顿首拜书舟⏎

康熙乙酉六月之十一日，通议大夫祖公卒于京口官署。其子维翼扶丧而北，卜吉将举公之丧藏焉，先期来谒予铭。夫墓中纳 以志铭，始自南朝。宋司马光谓其人果大贤，则名闻昭显，流播终古，何待碑志？诚哉是言！然有名、位在显晦之间、其人实贤者，⏎ 正宜志而铭之，用告千祀，故予于公不可以不文谢。公姓祖，名光璞，字韫玉，辽之宁远人。族贵且蕃，溯其嫡派，则通议大夫、一⏎ 等阿达哈哈番、又一拖沙喇哈番、甲喇章京邦武，公之王父。生中宪大夫、拜他喇布勒哈番、又一拖沙喇哈番、甲喇章京、兼佐⏎ 领云龙，即公父。娶林氏，封淑人，生公于崇德辛巳五月二十七日。公自少岐嶷不群，喜从经生听说范韩诸名臣大略，而通议、⏎ 中宪两公之贵也，以父子同时从⏎ 太宗文皇帝起丰沛，劳绩茂著，故其官皆世袭。通议公及身而请于⏎ 朝，以中宪公长子光玺袭己职，而中宪公职遂以俟公。奉⏎ 旨曰可。公先居林淑人丧，哀毁已若成人；继丧中宪公，勺水不入口，几至伤生。居官后宿卫京师，与伯兄极友爱。⏎ 世祖章皇帝己亥之岁，海寇郑成功焚京口，设镇海将军，副以二都统，帅八旗将领镇其地，公兄弟皆在推择中，年未二十也。辑兵⏎ 教战，大将军刘之源称之曰"能"。独不能媕阿以媚人。时鲸鲵解散，内地晏然，公亦无从建尺寸。吴三桂煽乱滇南，甲寅正月，奉⏎ 庙筭以京口一都统帅师驻安庆备援剿，而公之兄官协领当往。适先期病，公跃然起曰："为国宣力，为兄代劳，在此行也。"力请于⏎ 都统张思恭，得偕往。二月抵皖，是时皖城居民皆避兵去，公舍一缙绅家，封藉其所遗书史而识之曰："彼居停我，我宜为彼爱⏎ 护。"三月赴楚之武昌。九月军于岳州，寇深沟高垒以老我师。诸将多有置妾媵者，公独非之曰："此臣子枕戈之地，岂行乐地哉？"⏎ 乙卯改帅水师，独公脱然无他累。丙辰与贼战于洞庭湖，大小二十余战，公得头等功牌最多。曾有战捷后楼船将抵营矣，侦⏎ 者曰："某将领独被贼困未回。"公将往救，或曰："君非主帅似可已。"公曰："不然！同舟吴越尚相救，况同属王臣？"卒扬帆张炮救之出。⏎ 贼势再合，又战而败之，同事者惭公之公忠而服其英毅。己未，复岳州。公又舍舟登陆，领劲旅追贼至湘阴，安抚其县而还。庚⏎申五月，奉调入川，至于归州，复回岳州。十月，又同将军噶▢深入川，公语人曰："吾驰驱兵革，臣子之常，惟所至严禁部下不得⏎利金帛子女，觉此心差快耳。"辛酉，班师回京口。计八载内所得头等功牌不下二十，其劳勤宜蒙上赏，为部核仅存其九。又以⏎未偕云贵之役，遂不得叙。呜呼！视公出师之日，慷慨请行，救援同事，可己而不已，岂惮往探虎穴者哉？进止皆禀⏎庙谟，而前功坐此尽弃，是有命焉？不可强也。公既久与兄别，不以功之不录介意，惟以复得昆弟聚首为乐。越八年而兄卒于官，⏎公始循资平进管协领。协领统本旗之事，公所规画极为将军杨凤翔、副都统董元卿张思恭所倚重。杨以引年去任，张、董相⏎继为将军，公骎骎乎合志上升矣。而公退之暇，常恫其兄不置。先是，其兄病剧，曾私祷泰山府君：愿减已箅以益之。后兄逝而⏎午夜梦回，跣足诣影堂。哭曰："适褰吾兄衣，兄今何在？"用是，此情郁郁不以语人，而二监因之入矣。病后犹可力疾视事，公谓："吾⏎家世受⏎国恩，八载湖湘亦臣子报效万分一，且吾三子幸皆为⏎朝廷备驱策，吾其决计休矣！"告归十七载，以原疾终，距其生得年六十有五。配刘氏，封恭人，晋封淑人，通议大夫自友公女也。淑⏎人有士行，与公居相敬如宾。生三子：长维翼，骁骑校，娶朱副使麟兆女；次维翔，原任佐领，娶佟参戎淑年女；三维翰，以世职管⏎京口防御，娶佛副都统保女。女一，先公卒，适洮岷道副使石文焯。孙二：秉基、秉叔，皆幼。秉叔聘董防御象台女。维翰出。孙女五：⏎维翼出者一，维翰出者二，皆幼未字；维翔出者二，一适拜他喇布勒哈番徐宗文，一适罗。予与君家兄弟相知最久，以公军⏎中不置姜滕，此"匈奴未灭，何以家为"之意也。忘身犯难，卒救其同事以出，盖"王臣蹇蹇匪躬"之故。居官日，上交不谄，其御部下⏎严而有恩，随征卒旅衣之食之，皆不举火得宿饱。及回兵而囊箧萧然。凡此皆古名将风，假令须以岁时，秉节钺专制千里，其⏎建树当有可观。且身后而宗党朋友垂涕道之者累累，公其何以得此哉？不读书暗与古合，公不又贤者哉！卒以哭兄而病，病⏎且死。今公阡在平穀县之原，与兄松楸相望不数里，风马云车呼吸可通。呜呼！公魂其可慰也已。铭曰：官阶未极，公忠懋焉；中⏎寿未跻，名德裕焉。官不竟志，寿不以年；幽宫寂寂，永闳大贤。

注释：

通议大夫：古代文散官名称。清代正三品概授通议大夫。

中宪大夫：古代文散官名称。清代正四品初授中宪大夫。

岐嶷不群：幼小聪慧，少年老成。《诗·大雅·生民》："诞实匍匐，克岐克嶷。"朱熹《集传》："岐嶷，峻茂之状。"此后人们多以"岐嶷"形容幼年聪慧，而且大多出现在碑文墓志中。此墓志中形容志主"岐嶷不群"，是说祖公少年老成、与众（同龄人）不同之意。

经生：经学先生，讲论教授"经学"的先生。早在汉代称博士，掌经学传授。经学的"经"，由于历史原因，各朝各代有所不同，清代指的是《周易》《周礼》《尚书》《左传》等十三部儒家经典。

太宗文皇帝：清太宗爱新觉罗·皇太极（1592—1643），后金天命十一年（1626）即位，天聪十年（1636）称帝。在位期间先后共有两个年号，即天聪与崇德。病逝后，定庙号"太宗"，与谥号"应天兴国弘德彰武宽温仁圣睿孝敬敏昭定隆道显功文皇帝"，简称"太宗文皇帝"。

同舟吴越尚相救：这是一个关于互相帮助、协力同心的历史典故。《孙子·九地》："夫吴人与越人相恶也，当其同舟而济，遇风，其相救也如左右手。"春秋时期吴国和越国是交战国，两国人民亦自为仇雠。但在载有两国之人的船上，遇到暴风，大家会同心协力地克服困难。文中是说，即便是退到了仇人的地步，在遇到共同的困难时，还是会同舟共济的。

不得叙：是指因某种原因（无政绩、失误、失败）而没有得到奖励，没有得到提升。按《清会典》记，凡"议叙"之法有二：一曰纪录，二曰加级，计有十二等。此即清代规定的对官员的奖赏方法。

不录：不任用，实际就是"不得叙"的结果。如明郎瑛《七修类稿·国事八·石亨奸党》："诛其一二，以示至公，余则屏之远方，终身不录。"

泰山府君：即泰山之神。东岳大帝是泰山之神，又称东岳帝君，简称"岳帝"，亦称"泰山府君"。是道教的山神、阴间的统治神，也是汉传佛教奉祀的二十四天护法神之一。其身世众说纷纭，有金虹氏说、太昊说等。

匈奴未灭，何以家为：此句为西汉名将霍去病的豪言壮语。霍系卫青外甥，官拜大司马骠骑将军，多次被派北征，与匈奴交战。当他得胜而归，武帝拟为其建造房舍时，霍坚辞不受，并道此语。武帝颇为感动。

王臣蹇蹇匪躬：意思是为皇家效劳、忠心耿耿。语出《周易·蹇卦》，原文作"王臣蹇蹇，匪躬之故"。

按语：

此篇志文主人祖光璞，系上条主人祖光玺的弟弟，兄弟俩为同父兄弟。关系亲密，经历相似，官职相当，性格相近，但碑文亦稍有不同，而且还互相证明或解释了一些内容。上一条"祖氏自我太宗时知天意方眷本朝，率先翊运"，说得比较含糊，只交代了事情发生在太宗时，而没说祖氏是谁来"率先翊运"的，而本条"而通议、中宪两公之贵也，以父子同时从太宗文皇帝起丰沛"则解释了这件事情。志主的祖父祖邦武、父亲祖云龙一起从"丰沛"（今江苏徐州一带）起家。

志文"世祖章皇帝（爱新觉罗·福临）己亥之岁（顺治十六年，1659），海寇郑成功焚京口，设镇海将军，副以二都统，帅八旗将领镇其地，公兄弟皆在推择中，年未二十也。辑兵教战，大将军刘之源称之曰'能'"。这里无意中揭露了一个历史事件，而且是一般文献研究所不载、未议的，那就是"郑成功焚京口（镇江）"。此时正是收复台湾的前夜，不能不说发生在东南沿海的事件，为"收复"起到了一定的作用。两年后的1661年，郑成功成功收复了台湾。使沦陷了38年之久的台湾回到了祖国的怀抱，结束了荷兰东印度公司在中国台湾的统治。郑成功焚京口也不是一个偶然事件，永历十二年（1658），郑成功统率水陆军十七万与浙东张煌言会师，决定大举北伐南京。大军进入长江之前，于羊山海域遭遇飓风，损失惨重，只得暂且退回厦门。估计在退回厦门之前发生了这个事件。也就是因为发生了这个事件，朝廷才在这里特设了"镇海将军"，这个将军就是"刘之源"，刘的两个"副都统"，就是他们祖氏二兄弟祖白玉、祖韫玉。刘之源曾上疏言："京口百川汇流，江南财富自此挽运北输。近因郑成功入犯，几至横截运道。"但未提到"焚京口"事。

志文"吴三桂煽乱滇南，甲寅（康熙十三年，1674）正月，奉庙算以京口一都统帅师驻安庆（在今安徽）备援剿，而公之兄官协领当往"。此次的"代兄从军""驻安庆备援剿"就发生在另一个事件"三藩之乱"之次年。吴三桂（1612—1678），祖大寿外甥，明末辽东总兵，封平西伯。崇祯十七年（1644）降清，因败李自成获封平西王。后镇守云南，杀永历帝，晋封平西亲王。与当时福建靖南王耿精忠、广东平南王尚可喜合称"三藩（王）"。康熙十二年（1673），下令撤藩。吴三桂于昆明复叛，自称周王、总统天下水陆大元帅、兴明讨虏大将军，发布檄文天下，史称"三藩之乱"。

"夫墓中纳以志铭，始自南朝。宋司马光谓其人果大贤，则名闻昭显，流播终古，何待碑志？诚哉是言！然有名、位在显晦之间、其人实贤者，正宜志而铭之，用告千祀。"这是当时的文华殿大学士、此志的撰文人张玉书在开篇时所论数语。关于墓志起源的说法，由于石刻学的逐渐兴起，学者的研究也深入了，一般有如下几种说法：秦朝说、西汉说、东汉说、魏晋说等，但此为"南朝说"。其实，这几种说法都不算错，各有各的道理。至少，前四种说法所谓的"墓志"都不是墓志的"完型"，而墓志这种形式到了北魏还真是大火了一阵的，这才是真正意义上的墓志呢。那么，司马光的话是说真正的历史上的大名人，何必为他再写墓志呢？我想，比如孔子、孟子、老庄一类，的确没有，也没必要。在张玉书看来，正是那些够不上名人的"贤人"才值得写呢。

"今公阡在平榖县之原，与兄松楸相望不数里，风马云车呼吸可通。"此志出土于今罗汉石村，与上一志出土地东马各庄村都属于金海湖镇，但其南北相差数公里，"东"在北，"罗"在南偏东一点。这就进一步证实了志文的说法。其"平谷"用"平榖"字，似乎与"平谷"以地势得名之意相悖。

清例授承德郎议叙六品莲坡查君（ 为仁 ）
元配金安人继配刘安人墓志铭

解题：

志长 48 厘米，宽 47 厘米，厚 10 厘米。志文 32 行，满行 38 字，楷书。杭世骏撰，陆秩书丹，戴章甫篆。志完整。墓主人康熙甲戌（三十三年，1694）十一月初七日丑时生，乾隆己巳（十四年，1749）六月二十八日巳时卒，乾隆壬申（十七年，1752）八月二十日葬。1949 年后马坊镇北石渠村出土，现位于上宅文化陈列馆。

录文：

（志文）

皇清例授承德郎、议叙六品、莲坡查君元配金安人、继配刘安人墓志铭⏌

召试博学鸿词、翰林院编修仁和杭世骏撰文⏌

赐进士出身、翰林院编修、掌京畿道监察御史加二级钱唐陆秩书丹⏌

赐同进士出身、工部屯田司主事、掌河南道监察御史加二级仁和戴章甫篆盖⏌

吾友查君莲坡殁后三年，岁壬申八月二十日，将卜葬于三河县北石渠之原，两安人祔焉。其孤数⏌ 千里走书币请铭于予，辞不获，谨按状。君讳为仁，字心毂，一字莲坡。其先江西临川人，明万历间讳⏌ 秀者北迁顺天宛平。子讳忠，中万历己酉顺天乡试副榜，是为君高祖。忠生国英，国英生如鉴，如鉴⌐生日乾，是为君考，封承德郎，赠朝议大夫，即慕园先生也。慕园生三子，君为长。年十七选⌐学官弟子，辛卯举顺天乡试第一。以习贯误书被斥，系于狱。越九年，乃解。当在西□益愤励于学，口⌐诵手录，继晷焚膏，忘其身居狴户中也。时吴门谈汝龙、甘肃布政朝琦亦在系，相与精研诗学，倡予⌐和汝，作金台诗会。其外与会者，皆都下名彦，一时传诵，为之纸贵。庚子放归里，与仲弟为义、季弟礼⌐分灯课读。筑澹宜书屋，遍访江以南藏书贮其中。闻有善本，虽重赀亦不惜，丹黄甲乙，交相雠订，⌐时有三查之目。辛酉，丁慕园先生艰，毁瘠苦次，观者动容。癸亥复丁马太恭人艰，亦如之。而孺慕之⌐诚，至老愈笃。甲子，拓街南邻地，构古春小筑，为王太恭人承欢处。凡□□□戏可以娱亲者，无不备⌐及，暇则与里中耆旧作沽上五老会。先是，会稽释元弘高僧也，君被□□□□□颜其居曰花影庵，⌐称佛弟子，晚乃益逃于禅。殁之前数日，犹作小楷书高王《观世音□□心经》，受□欲作《金刚经》而未⌐逮也。不意一夕秉烛正检阅几上残帙，忽头眩体痿，执卷而逝。君享年五十六，生康熙甲戌年十一⌐月初七日丑时，卒乾隆己巳年六月二十八日巳时。以捐赈奉旨议叙授六品。元配山阴金安⌐人，甫婚一岁，先君二十九年而殁，年二十六岁。生康熙丙子年正月十七日巳时，卒康熙辛丑年二⌐月二十五日子时，遗有《芸书阁倡和草》。继配宝坻刘安人，性柔□，知书善琴，孝于姑，和于先，后抚诸⌐子无间己出，家事克勤。为多后君一年而殁，享年四十六岁，生康熙乙酉年四月初四日申时，卒乾⌐隆庚午年六月初六日戌时。子二：长善长，侧室曹氏出，天津府廪膳生，娶大兴严氏；次善和，刘安人⌐出，天津县附学生，娶海宁陈氏。女七：长曹氏出，次二侧室张氏出，次三刘安人出，次四殇刘安人出，⌐次五张氏出，次六刘安人出，次七侧室陆氏出，殇。婚嫁皆名族。孙一□□，孙女二，善和出。君性忼爽，⌐与人交不设城府，遇事无稽疑随至随应。里中以事纷争交讦者，君入座片言剖晰，众帖然服。平生⌐以友朋为性命，推襟送抱，宾至如归。急难求无不应，或怵以后患亦不计。吴县徐君兰以事并妻孥⌐安置天津，君存问赒恤略无顾忌。及殁，亲视含殓，抚其后人。兰临危与君遗书有"倘他生再托人道，⌐必投君家为子"语。尤笃于宗族，其孤贫不能婚嫁丧葬者，皆力为之经画。至于施棉衣、设火会、捐常⌐平仓谷，凡属乡党善举，曾不少吝。著有《莲坡未定稿》二十二种，已刊行，其未刊者又若干卷。铭曰：⌐一第而斥生不逢，九年励志阃土中；学淹经术罔弗穷，等身述作畴能同？地当渤海鱼盐通，骚坛树⌐帜风雅宗；闭门投辖今孟公，四方学者如云从。晚乃学佛参苦空，白莲结社伊蒲供；写经未毕掷笔⌐终，花影去来原无踪。北石之渠田盘东，卜兆更旁先人宫；松楸郁郁千岁隆，我铭贞石藏新封。

注释：

议叙：清制于考核官吏以后，对成绩优良者给以议叙，以示奖励。议叙之法有二：一加级，二纪录。又由保举而任用之官亦称为议叙，如议叙知县之类。实际上是清代对官员加官晋级的方法之一。

安人：古代命妇制度的一个封号。宋代自朝奉郎以上，其妻封安人。明清时，六品官之妻封安人。如系封与其母或祖母，则称太安人。

博学鸿词：亦即博学宏词，清代科考名目之一。清康熙、乾隆年间重设，因避乾隆讳而改为"博学鸿词科"。也称博学鸿儒。由于科举考试以八股文为主，很多有真才实学却不精通八股的人就总也考不上。康熙意识到了这一点，就开设博学鸿词，主要方式是由各地的地方官和士绅推举本地公认有学识、有名望的名士，直接参加这一考试。这个考试一方面的确发掘了很多被埋没的具有实际才干的人；另一方面，由于当时很多名士都是明朝遗老，这样做也能拉拢人心，可谓一举两得。

杭世骏：杭世骏（1695—1773），清代经学家、史学家、文学家、藏书家。字大宗，号堇浦，别号智光居士、秦亭老民、春水老人、阿骏，室名道古堂，仁和（今浙江杭州）人。

乡试副榜：科举考试中的一种附加榜示，亦名备榜。即于录取正卷外，另取若干名上榜之意。乡试副榜起于明嘉靖时。清因之，每正榜五名取中一名，名为副贡，不能与举人同赴会试，仍可应下届乡试。

朝议大夫：古代文散官名称。隋文帝始置，炀帝时罢，唐复置，为正五品下。清从四品概授朝议大夫。

继晷焚膏：通过点亮油灯来达到接续日光的目的，形容人努力读书不舍昼夜的样子。语出韩愈的《进学解》："焚膏油以继晷，恒兀兀以穷年。"意思是点上灯烛来接替日光照明，形容夜以继日地用功读书，全年都勤奋不懈。

狴户：指狱门。《新唐书·后妃传上·则天武皇后》："肆斩杀怖天下……宗姓侯王及它骨鲠臣将相骈颈就铁，血丹狴户，家不能自保。"传说龙九子之一"狴犴"，古代牢狱门户上多有其形象的装饰。

为之纸贵："洛阳纸贵"系中国古代成语，西晋都城洛阳之纸，因大家争相传抄左思的作品，一时供不应求，货缺而贵。后世用来比喻（文学、书法、绘画）作品为世所重，风行一时，流传甚广。出自《晋书·左思传》："于是豪贵之家竞相传写，洛阳为之纸贵。"

丹黄甲乙，交相雠订：中国古代古籍整理术语，此指点校书籍，评定次第。"丹黄"指两种颜料"丹砂"与"雌黄"，用来题写和涂改的；"甲乙"是指评定书籍的版本高下，如"甲本""乙本"等；"交相雠订"，形容古籍"校对"的方式，必须是两个人各持一本校勘，若仇人相对。

毁瘠苫次：毁脊，形容人憔悴的样子。苫，旧时居丧睡的草席。《仪礼·丧服》："居倚庐，寝苫枕块。"苫次，原指居亲丧的地方，也用作居亲丧的代称。

太恭人：古代命妇制度中对官员祖母封赠的一种称呼。清制，凡命妇封号，一品、二品称夫人，三品称淑人，四品称恭人，五品称宜人，六品称安人，七品以下称孺人。"太恭人"就是对四品官员祖母的封号。

天津县附学生：附学生员，科举制度中生员名目之一。通常简称附生。明正统时，府、州、县学除廪膳生员、增广生员外，始有取附学生员之制。清相沿，以尚未取得廪生、增生资格的生员为附生。此指天津县学的附生。

按语：

通过这篇墓志文，可以把志主的情况总结一下。"查君莲坡殁后三年，岁壬申（乾隆十七年，1752）八月二十日，将卜葬于三河县北石渠之原，两安人（原配与继配金氏、刘氏）祔焉。"志主下葬，两位夫人合葬。"君享年五十六，生康熙甲戌年（三十三年，1694）十一月初七日丑时，卒乾隆己巳年（十四年，1749）六月二十八日巳时。"

"（查）君讳为仁，字心毂，一字莲坡。""其先江西临川人，明万历间讳秀者北迁顺天宛平。子讳忠，中万历己酉（三十七年，1609）顺天乡试副榜，是为君高祖。忠生国英，国英生如鉴，如鉴生日乾，是为君考，封承德郎，赠朝议大夫，即慕园先生也。慕园生三子，君为长。"查秀，生子查忠，查忠生子查国英，国英生子查如鉴，查如鉴生子查日乾，查日乾生子查为仁。查秀，是志主的天祖（或叫"远祖"），查忠是志主的高祖，查国英是志主的曾祖，查如鉴是志主的祖父，查日乾是志主的父亲，也即"慕园先生"，志主查为仁是慕园先生的长子。

"元配山阴金安人，甫婚一岁，先君二十九年而殁，年二十六岁。生康熙丙子（三十五）年（1696）正月十七日巳时，卒康熙辛丑（六十）年（1721）二月二十五日子时，遗有《芸书阁倡和草》。"第一夫人金氏（1696—1721），比志主早卒29年，当时才26岁，还是个作家，有诗集传世。"继配宝坻刘安人""为多后君一年而殁，享年四十六岁，生于康熙乙酉（四十四）年（1705）四月初四日申时，卒于乾隆庚午（十五）年（1750）六月初六日戌时"；再娶夫人刘氏（1705—1750），比夫君晚一年去世。

"子二：长善长，侧室曹氏出，天津府廪膳生，娶大兴严氏；次善和，刘安人出，天津县附学生，娶海宁陈氏。女七：长曹氏出，次二侧室张氏出，次三刘安人出，次四殇刘安人出，次五张氏出，次六刘安人出，次七侧室陆氏出，殇。婚嫁皆名族。孙一□□，孙女二善和出。"志主两个儿子：长子查善长，妾曹氏生，娶了严氏；次子查善和，刘氏生，娶陈氏。志主有七个闺女：长女，曹氏生；二女，张氏生；三女，刘氏生；四女早夭，刘氏生；五女，张氏生；六女，刘氏生；七女，陆氏生，早夭。孙子一个、孙女两个，都是志主二子查善和所生。

通过以上可知，志主查为仁先后娶了四位夫人，曹氏、张氏、刘氏、陆氏；截止到其葬时止，共有子孙 12 人。

文中除历数志主种种优良品质之外，还写到志主尚"著有《莲坡未定稿》二十二种，已刊行，其未刊者又若干卷"。是的，其他比如《游盘日记》《花影庵杂记》《绝妙好词笺》《诗余纪事》《莲坡诗话》等。特别是查慎行为其《蔗塘未定稿》作序曰："犹子心縠从患难中发愤读书，所为诗多与古人相颉颃。"查慎行（1650—1727）（浙江海宁）与查为仁（1694—1749）（其先江西，后迁宛平），虽然都姓"查"，从其各自的履历上几乎看不出他们的亲属关系，称"犹子"（侄子）或许仅仅体现了同姓一个辈分关系，他俩有 22 年的交集期，称其族叔、族侄尚可。另外，"盖为仁尝学诗于初白庵主，又与厉鹗、杭世骏、万光泰、汪沆诸人游"（见《光绪顺天府志·人物志·先贤》）。查慎行晚年居初白庵，二查亦曾有过师生之谊，故其亲近可知。

"年十七 选 学官弟子，辛卯（康熙五十年，1711）举顺天乡试第一。以习贯误书被斥，系于狱。"关于志主曾经系狱一事，上引《人物志》记："为仁字心縠，年十九举康熙辛卯乡试第一。主试事者，武进赵申乔也。申乔故以革铜商事与执金吾陶和气者相水火，欲甘心焉。谓榜首固富人子，且少年名不出里闬，是奇货可居，遂钩致以兴大狱。既锻炼成，而为仁当死罪，长系请室。为仁固才士，既颠蹶无生理，乃就白云司葺板屋数间，日读书习静其中。高云上人为榜曰'花影庵'。数年而后得释，遂绝意华膴，俯首书窟。"可见志主乡试后被主考官罗织罪名，后得不死，专心读书，不再求功名了。卒时得"以捐赈奉旨议叙授六品"。此"高云上人"即志文上所说"会稽释元弘高僧也，君被 □□□□□ 颜其居曰花影庵"之"释元弘"，"高云"为其号，亦名"红姜老人"。由此亦可知"□□□□□"缺文中可补"高云上人"四字。

　　又，《人物志》谓其"年十九举康熙乡试第一"，志文谓"辛卯举顺天乡试第一"，如按志文对志主生卒年推算，"辛卯"正是志主十七岁时。故可改《顺天府志》之文了。

清诰授通议大夫前大理寺少卿
梅舫查君（淳） 墓志铭

解题：

　　志长 70 厘米，盖长、宽 69 厘米。盖文 5 行，满行 5 字，篆书。志文残存 27 行，满行 30 字，楷书。吴之勷篆，孔广闲撰，丁善庆书丹。志左半部残缺。1949 年后平谷区内出土，现为平谷石刻博物馆收藏。

录文：

（盖篆）

皇清诰授通」议大夫、六品」衔、致仕大理」寺少卿梅舫」查君墓志铭

（志文）

皇清诰授通议大夫、前大理寺少卿梅舫查君墓志铭」

诰授中宪大夫、前湖北安襄郧荆兵备道海丰吴之勷篆盖」

至圣庙四品执事官曲阜孔广闲撰文」

顺天府学生丁善庆书丹」

同曾祖女兄，以乾隆丙子适宛平查氏。而广闲生于乾隆丙戌，未克一识面。嘉」庆癸亥，姊大梅舫督漕道曲阜，属广闲有江右之役，两相左。丁丑春，送焜儿计」偕北上，始识梅舫于京邸，图史萧然，囊无长物。虽力贫支惫，无几微郁，伊见颜」面教子弟恂恂孝朴，罔敢失矩度。不知者谓梅舫未尝有官，而梅舫服官中外」五十年所矣。君氏查，名淳，字厚之，梅舫别其号。

系出于**鲁公伯禽**，故吾邑公族⌐ 明万历间有聿秀公者，自临川迁宛平，五传至俭堂公。讳礼，官湖南巡抚，赠前⌐ 世如公官。梅舫则俭堂公之长男也，以豫工急公授四川南江令。历官南部宜⌐ 宾令、云南赵州武定牧，所至有**循声**。于其去也，或肖像以祀。嗣以忧去官，服阕⌐ 铨授福建龙岩牧，未之任，擢广西平乐守，迁桂林守，转江苏常镇通海道、湖⌐ 南督粮道，再转贵州**按察使**、江西按察使。浚河渠、兴学校，士民至今歌思之弗⌐ 稍置。而**奸厘弊剔**，**墨吏猾胥**悉屏息不敢出一语。入为大理寺少卿，以□罢职。⌐ 旋因年老赐六品衔**致仕**。里居十年多，与幽人野衲结□□□□□。道光壬⌐ 午六月一日▱李夫人、继姚李夫⌐ ▱士讳继溥公女，继配▱南永善县知县前卒⌐ ▱出女三，皆字为士⌐ ▱之夕，聚子姓曰：必以⌐ ▱颧辅须廪顾然▣岸而⌐ ▱之际达即超尚犹若是乎！⌐ ▱歌□壶或手书梵⌐ ▱此。是年孟冬，甥林葬君三河⌐ ▱合葬焉，而以张安人祔之。特遗⌐ ▱⌐ ▱扬灵芬，异嘉祥兮裕后昆。

注释：

诰授：古代朝廷以诰命授予大臣或大臣妻子、父母、祖父母封号。实际上它就是一部授予封号的文书。

大理寺少卿：大理寺，古代官署名，相当于现代的最高人民法院，掌刑狱案件审理，长官名为大理寺卿，位九卿之列。秦汉为廷尉，北齐为大理寺，历代因之，明清时期与刑部、都察院并称为"三法司"或"三大法司"。清代大理寺设主官大理寺卿一人，从三品衔；大理寺少卿二人，正四品衔，为副官。

中宪大夫：文散官名称。清代中宪大夫为正四品升授之阶。

兵备道：全称"整饬兵备道"，明朝时在边疆及各省要冲地区设置的整饬兵备的按察司分道。兵备道道官通常由按察司的副使或佥事充任，主要负责分理辖区军务，监督地方军队，管理地方兵马、钱粮和屯田，维持地方治

389

安等。清朝沿置，康熙时多有撤销，但之后又逐渐复置。乾隆时定为正四品，多由守、巡二道兼任。兵备道集军事、监察大权于一体，成为明清时期一项重要的地方管理制度。

姊大梅舫："姊大"系指姐夫。"姊大梅舫"在文中讲的是志主"查梅舫"与撰文人"孔广闲"的关系。查夫人与孔为"同曾祖女兄（姐、姊）"，故"查"为"孔"之姐夫（姊丈、姊大）。

计偕：明清时期特指外地举人赴京会试。

无几微郁：应为"无几微郁怨诧寂之词"之简，就是没有由于太过平淡清苦而发的埋怨之语。无几微，没有一点儿；郁怨，忧郁埋怨；诧寂，平淡清苦。

鲁公伯禽：伯禽（？—约前998年），姬姓，名禽，伯是其排行，尊称禽父，周文王姬昌之孙，周公旦长子，周武王姬发之侄，周朝诸侯国鲁国（都城在山东曲阜）第一任国君。鲁国在他的统治下成为著名的"礼仪之邦"，疆域北至泰山、南达徐州、东至黄海、西抵阳谷一带，成为与齐国抗衡的大国。

有循声：为官有循良之声。指志主生前为官，所到之处都得到了赞扬的呼声。

按察使：古代职官名称。宋仿唐初刺史制设立，主要任务是赴各道巡察，考核吏治，主管一个省范围的刑法之事，相当于现代的省级公、检、法机关。由宋代提点刑狱演变而来。明中叶后开始成为巡抚的属官。清代亦设按察使（通称臬台），隶属于各省总督、巡抚，为正三品官。

奸厘弊剔：意思是社会风气由原来的歪门邪道转变过来了。奸，代指那些作奸犯科的事情；厘，治理、整治；弊，指那些社会弊端、不良之风；剔，剔除、清理掉。

墨吏猾胥：指那些贪官污吏。墨吏，由于墨是黑色的，人们说那些贪官污吏的心肠必然是黑色，亦即墨色的，所以用"墨吏"来比喻那些贪腐官员。猾胥，刁滑的小吏，胥吏即小吏。有品为官，无品为吏。

致仕：交还官职，即退休。致，还送，还交；仕，官任。

按语：

"君氏查，名淳，字厚之，梅舫别其号。系出于鲁公伯禽，故吾邑公族明万历间有聿秀公者，自临川迁宛平，五传至俭堂公。讳礼，官湖南巡抚，赠前世如公官。梅舫则俭堂公之长男也。"志主的身世志文写得明白，姓"查"，名"淳"，字"厚之"，别号"梅舫"。周初封为鲁侯的国君"鲁公伯禽"之后人，这在其上方"查为仁"的墓志文中没有说到，可能与本志撰文人"孔广闲"的特殊身份有关，孔系孔子后人，孔子当年为鲁国大夫。上篇"明万历间讳秀者北迁顺天宛平"，与此文"故吾邑公族明万历间有聿秀公者"，以及下一篇查筠志"始迁祖讳秀，徙北平"三句虽叙一事，但又有不同。同样是说虽然万历间的"查"公，但一个名"秀"，一个名"聿秀"。虽然在古汉语中"聿"也有助词用法，但只是出现在词头句首，所以，查为仁的天祖（远祖，第六代祖）、查淳的烈祖（第七代祖）、查筠的始祖（第十代祖），按此说应名"查聿秀"而非"查秀"。

上篇"查为仁"志记"仲弟为义、季弟礼"，联系本志可知查淳系查为仁三弟查礼之长子。其父号"俭堂"。由于查礼"官湖南巡抚，赠前世如公官"，这说明，所知的查家的几位，包括志主的祖父查日乾、大伯查为仁、二伯查为义，志主查淳，做官的级别都没有超过他的父亲查礼。一个是"议叙六品"，一个是"诰授六品衔"。而查礼的"湖南巡抚"则应该是从二品。所以父母前世荫封的官衔是因查礼而得的。查礼主要是因在大小金川战役上立了功，在乾隆四十七年（1782）时提升为湖南巡抚。

由于志底左半上部残缺，丢掉了许多信息，故其生卒年月不是很清晰，只有"道光壬午（二年，1822）六月一日"，怀疑为其卒年，其生年与在世的年龄则阙如也。文中尚有"同曾祖女兄，以乾隆丙子（二十一年，1756）适宛平查氏""梅舫服官中外五十年所""致仕，里居十年多"等语，据此大致推断，查淳有50年的官场生涯，十多年的退休生活，以及惯常的弱冠（20岁）成人、科举、结婚，享年80多岁，也就是说他应该出生在1736年（乾隆丙辰，元年）之后。

查淳曾任广西平乐府知府，为了了却其父查礼任桂林知府时的遗愿，在"飞来石"侧摩崖刻"灵渠"二大字，复于铧嘴上刻"湘漓分派"四大字。又据《蒲褐山房诗话》记："（查礼）尤嗜古印章、金玉铜瓷，自吾子行、王厚之而下，名人镌刻者，无所不备，藏弄至有千余。"《畿辅诗传》记："（查淳）善篆刻，故别字篆仙。"在此意义上说，此父子二查，还是对"石刻事业"有贡献之人呢。

此篇志文系由"至圣庙四品执事官曲阜孔广闲撰文"，孔系至圣先师孔子的第70代传人，与当时孔子嫡孙"皇清诰授光禄大夫七十代衍圣公"孔广棨同辈，是曲阜五马祠街"四府"的创建人，也是查淳夫人孔氏的当家兄弟。那么"丁丑（嘉庆二十二年，1817）春，送焜儿计偕北上"，就应该是发生在志主死前五年时的事，孔广闲送他的儿子孔昭焜进京赶考。

清诰封通奉大夫盐运使衔候补知府东河捕河通判查（筼） 声庭墓志铭

解题：

　　盖、志均长 115 厘米，宽 35 厘米，厚 13 厘米。第一方右侧为盖文，4 行，满行 7 字，篆书。其余为志文，共 119 行，满行 25 字，楷书。第二方左下角略有残缺。李毓琛撰，罗锦文书丹，何枢篆。墓主人道光壬辰年（十二年，1832）八月十三日酉时生，光绪戊戌年（二十四年，1898）正月初四日巳时卒，葬。1984 年 8 月马坊镇洼里村出土，现为平谷石刻博物馆收藏。

录文：

（盖篆）

诰封通奉大夫、盐┙ 运使衔、候补知府┙ 东河捕河通判查┙ 声庭先生墓志铭

（志文）

皇清诰封通奉大夫、盐运使衔、候补知府东河捕河通判查声庭┙ 先生墓志铭┙

济宁布衣姻如弟李毓琛顿首拜撰文┙

赐进士出身、山东通省运河兵备道年愚弟罗锦文顿首拜书丹┙

赐进士出身、获理山西巡抚、山西布政使司布政使姻愚弟何枢┙ 顿首拜篆盖┙

光绪二十有四年春正月，权泉河别驾、太守声庭查先生卒于官。┙ 其孤庆

绥、景绥等具事状驰书三千里述先公遗命来征铭，毓琛⏎时客陕西学使幕，方襄校试牍。闻讣惊泣，至笔落于手。犹忆丙申⏎夏五，余携家入都，先生率诸公子囊金助装，话别于丛残书堆间，⏎缠绵竟夕。达三年矣，思之如昨日事，岂意此诀遂成千古？庆绥前⏎妻吾兄子，景绥暨弟介绥、鼎绥又从余受业。徇诸公子之意，重原⏎先生之惠，好谊不得以不文辞，谨按状而书之。先生讳筠，原讳以□奎，字籍青，一字声庭，顺天宛平县人。先世籍隶<u>江右</u>，始迁祖讳秀，⏎徙北平，殁遂葬焉。七传至上舍公讳溶，以让产闻，子孙遂以孝友⏎世其家。祖讳彬，乾隆癸卯举人、甲辰进士，出知河南信阳。州多惠⏎政，殁祀州<u>名宦祠</u>。著述最富，已梓行者《经史□□》《参采芳随笔》若干⏎种。考讳璨，国学生，著作亦传于世。以先生本官□阶赠通奉大⏎夫，妣氏吴、氏吕，俱赠夫人。先生为赠公长子。次讳以新，咸丰戊午⏎举人，先卒。先生幼警敏，读书涉目无遗忘。长益博通，以赠公方应⏎豫抚瑛公聘，而诸父诸兄又宦游四方，遂独肩家政，废举业。咸丰⏎（中空一行）初，援筹饷例得通判分发东河。七年秋，到工。九年，因防河出力，大⏎吏奏归，先尽班前补用。同治元年，以父忧去官。营葬毕，奉太夫人⏎就养从兄临颍公任所。服除回工。四年以前，佐临颍修守完城功，⏎受知豫抚<u>张文达</u>公，奏俟补缺。后□同知直隶州用。七年秋河决，⏎荥泽总河苏公委督办西坝料厂事，河塞叙功，奏加知府衔。旋委⏎署山东捕河通判。九年，题署河南卫□通判。十年，以母忧去任。服⏎除，回工。自是子道既终，得毕臣力，遂以贤能历受诸大吏知。十三⏎年九月，题补捕河通判。光绪元年，□仕十年，调署河南中河通判。⏎其明年，以三汛安澜，奏俟补同知。后以知府在任候补十二年，调⏎署山东泇河同知。其明年秋河决，郑州总河觉罗公素知先生名，⏎急调赴工委勘验口闸。旋委督办西坝料厂，兼掌坝头事。先生虑⏎工险难兼顾辞坝差。逾年，调署河南上南同知，仍兼料厂事。河塞⏎叙功，赏戴花翎。十五年，橄田捕河本任。其冬，<u>大计膺卓荐</u>。十七⏎年四月，循例赴部引见，奉旨卓毕，加一级回任候升。其秋又⏎以漕运□力，奏加盐运使衔。二十二年，委兼理上河通判。其明年，

⏋陈疾乞退，书再上。大吏方倚重之，不之许。改署泉河，犹自力从。公⏋甚病加劳，遂以不起。先生官<u>通守</u>廿余年，两迁司马，皆为大力者⏋所夺，故官止于此。居尝抱用世怀仕无守土责，遇地方兴革事宜，⏋例所得为无不悉力匡赞。至于河防水利，阅历尤深。每临要工，当⏋剧任辄熟筹全局，诣长官面陈方略，不以分营自域。虽所言讫不⏋得用，而事机后效，识者皆追相惜之。其御如侍养临颍也，睹县城⏋敝陋，不足以息板，舆有忧色。会临颍公以皖匪方炽，谋先期为备，⏋修城浚池，克期而事集。寇数犯围，卒以城固不能克，先生之力居⏋多。所以全墟邑，即所以安太夫人也。其初<u>权捕河篆</u>也，直黄河东⏋徙捕境决口数十处，寿张抵东平间六十里湖河相连，弥望无际。⏋先生履勘得实，节估工费，胪宣防机要，慷慨启总河卒，以款绌议⏋格不行。其补授实任也，念黄河冲运，正当属汛漕艘抵界辄异常⏋梗阻，先生周咨博考，得导卫济运。敌黄之术，略<u>与靳文襄公借淮</u>⏋御黄之指同。而变通之法，拟近卫河下游深挑，引河导水使东就⏋故河南向建竹络坝，就卫岸东向立导卫闸闭闸启坝，则卫水循⏋旧河而北，足运豫粮。塞坝启闸，则卫水东注，足运南粮。卫由南乐⏋入东境，流百五十余里至寿张。云张秋镇镇南萧公涵洞为西南⏋坡水入运之道，道踞大堤以北，地高势足，敌黄于此立济运闸。其⏋荆门上闸藉储卫水为蓄卫闸，卫弱必蓄使水高于黄方，相势启⏋闸南漕船至卫堤<u>直达河曲</u>，先乘汶而出，南运次口□黄而入北⏋运□再借引来卫水西北达于临清，黄水别由两运口之间入大⏋清河。汶、卫分流，一黄中贯。建闸筑坝，时其启闭，使黄运相接而不⏋相淆。纵或黄水逆灌，偶尔淤垫，即可以汶卫之清水刷之。此一劳⏋永逸计也。具状启总河，复以费巨议格不行。其移权中河也，中牟⏋汛九堡即昔年牟工合龙处，溜势湍悍，盛涨时官堤蛰陷频仍。先⏋生请修三大石坝，以固堤本。监司又以库储支绌辞。先生虑事缓⏋将贻误，请先筹借垫办，议虽行而款不归。署任三载，负责而去。其⏋□料郑工兼权上难也，工需至巨而工款至艰，先生不避劳怨，力⏋节浮费，料贱而用足。自春且秋，险工林立，皆身先兵役。犯风雨且⏋尽夜抢守，惊涛震耳，从弁或面无人色，而先生露立危堤，撼□□⏋不少动。抛镶既固，犹相度再四始退。一时有水立王尊之誉。□□┘二载，心力交瘁，而先生亦自此衰矣。先生论治河主利导，得古圣┘贤遗意。尝请改八里庙运口以顺水势，因五空桥作减水闸以备┘□□，浚金线河以待水归。谏修干河口石闸以适水性。名言凿凿，┘悉关国计民生，以语多不备载。性严而峻，忠直而多疏，人疾异趣，┘则□间者多。故陈言大府什九嘉与，略一二见诸施行。若牟汛郑┘工，其仅见。已家居，敦孝友本，躬行为教。教其□弟赠公遗文，以困┘踬名场，晚年愤自焚毁，先生跪求手泽，留示儿孙，甫得烬余数册，┘今所传《骈体字义补》《粗山试帖诗》是也。议刊《信阳公小息舫诗┘会□□》，乃以属其仲子景绥。景绥之兄庆绥方远官楚南，故不与。先┘生两遭大故，痛莅官迟，未及迎养，终身宦情淡泊，不求膴仕。识┘者□之。四治兄弟之丧，廉俸为竭。母弟以新继配韩宜人以殉夫死，┘先生择所爱己子介绥嗣之。从兄弟子虽前失怙，咸能从容自致，┘孝养其母。三党之贫者，咸能从容毕婚嫁。子姓无少长就学，咸能┘从容卒业，多名成登仕版，皆赖先生节己源源以济用得不乏。识┘者以是加钦之。生平嗜学，尤望人笃学。捕属张秋镇旧有安平书┘院，为近治一州五县生童肄业之所。兵燹以来圮废已久，先生钩┘征□□□□资充膏火费，又自捐俸入葺屋延师，创立讲课规，文┘风为之丕变。奉调去任，继事者谓非河官专责，不以关意积渐。又┘□先生再至，再复益出俸加官课，作文纪事，勒石以永之。总所修┘□□□，此其荦荦大者。其它如考东阿古井，求真济水，制胶医人，┘□□□□□遗后任，俾公私无漂摇患。创济宁粥厂，冬赈饥民，岁┘一举为成例。仁施善政，美不胜书。故归榇之日，揭新旧万民，旗伞┘辉煌，□□观者嗟叹。先生习青鸟家言，手著评录十余种，多心得。┘□□□□□□山水兰竹，各极其妙。光绪初，承绘《黄运两河全图》，总┘河李公□年上之，得旨留览，迄今与古图籍共存 秘府。呜呼！┘□□□□□未甚显，而戚族子弟功名多所成就。其尤著者，有从□□□□卒，□一子一女，先生抚育之，为延师课其子，补邑弟子□□□□□县佐，即武陟贰尹张君荫培也。女及笄，为择佳胥。□□□□□□生佑旋举于乡，闻捷先生喜曰：吾今始有以慰吾□□□。性友爱，类如此。临殁，诸公子环泣受遗命。先生曰：吾无□□□□□读书相保聚，守吾清白家政足矣！呜呼！<u>孟庄子之孝，</u>□□□□父之政，其父贤也。《书》云<u>孝乎惟孝，友于兄弟，施于有政。</u>□□□□于有于为政，教诸公子师其政，俾象其贤，其可谓治命□□。先生生于道光壬辰年八月十三日酉时，卒于光绪戊戌年正□月初四日巳时，得年六十有七。闻先生初疾，但劳嗽耳。殁之辰，直□□□□□□感而病增剧。人以为死于孝云。配沈氏，河南祥符□□□，封夫人；侧室李氏，河南信阳州人，赠太宜人，俱前卒。王氏，□河南卫辉府人，封太孺人，俱以贤孝懿恭称，亦足明先生型于之□。先生生丈夫子五，庆绥监贡生，补用直隶州湖南候补知县，前□□长沙县事。初娶吾伯兄长女，生女而夭，遂早卒。继两娶河间□氏□□□□事。景绥国子监肄业生，分省试用通判，娶上元吴□氏。兆绥河南候补府经历，娶宛平顾氏。介绥出嗣，娶历城高氏。鼎□绥候□□□，娶济宁孙氏。皆名族。沈夫人无出。庆绥、景绥、介绥，李□太宜人出；兆绥、鼎绥，王太孺人出。太孺人出女子二：长适山东曲□阜□□，次适直隶高阳宦裔。孙三：尔康、尔芬，兆绥出；尔炽，鼎绥□出。女孙四，庆绥出一，景绥出一，介绥出二，俱幼。庆绥等筮吉，归殡□□□三河城阳祖茔之侧，更卜新阡，奉沈夫人合葬。而李太宜人□□□□天□庄不复迁，皆先生意也。庄在三河城北，达查氏先茔□五里。

铭曰：□□□松柏独也正，在冬夏青青；金之精干莫跃而鸣，在铁中铮□□□□□尚有能，勿□钩曲宜□，轮方不行。仕奚为耶急？束下而

┛ □□□□就所营。虽贡其诚，□谁汝听？吁嗟乎先生！

注释：

东河：古代河流名称，在今河南一带。清代东河亦称上河，是一条运河，最早开凿于南唐，宋名菜市河，明称东运河。该河与京杭大运河合流，为古代杭城必不可少的水上交通干线，全长4000余米，跨桥十五座。

江右：是人们生活中常会使用的一个地理方位名词，为一个地理泛称，主要包括江西大部、湖南东北、湖北东南部、安徽西南部、福建西北部等地，即赣语分布之地。

名宦祠：儒学和孔庙相结合，称为庙学。一般两组建筑并列而建，"左庙右学"。庙学时代的学校是由教学与祭祀两个空间构成的。明清时期，庙学又增建了乡贤祠、名宦祠、启圣祠、忠义孝悌祠等。名宦祠内设立了本乡、本州、本府历史上的名宦，即有名望的当官的人。

张文达：即张之万（1811—1897），字子青，号銮坡，直隶南皮人，晚清大臣，著名书画家。太子太保张之洞堂兄。道光二十七年（1847）进士。同治间，署河南巡抚，移督漕运，协办大学士、体仁阁大学士、东阁大学士。光绪二十三年（1897）卒，年八十七岁，赠太保，谥文达，入祀贤良祠。文中"受知豫抚张文达公"，正是同治四年（1865）的事，张之万正好在任。

大计膺卓荐：明清两代考核外官的制度叫大计，每三年举行一次。文中是说志主在三年大考时获得了极高的奖赏并得到推荐高任的机会。

官通守：意思是作"通判""太守"一类的官。

权捕河篆：就是执掌"捕河"（捕河通判）的官职。"权"，任职；"篆"，篆刻、印章，此代官印。捕河通判，官员名称，在州府长官下掌管粮运、家田、水利和诉讼等事项，同时对州府长官负有监察之责。

靳文襄公：即靳辅（1633—1692），字紫垣，辽阳（今属辽宁）人，隶汉军镶黄旗。清顺治时为内阁中书，康熙初自郎中迁内阁学士，康熙十年（1671）授安徽巡抚，康熙十六年（1677）调任河道总督。清康熙时治河名臣，曾参与平定三藩。靳辅治河继承明朝潘季驯方法，对黄河水患进行了全面勘察，提出了对三大河流进行综合整治的详细方案，并积极组织实施，终使堤坝坚固，漕运无阻。康熙二十七年（1688）御史郭琇诬告靳辅治河九年无功，被免职。

骈体：指骈体文用字用词。骈文又称骈体文、骈俪文或骈偶文，起源于汉末，形成并盛行于南北朝。因其常用四字句、六字句，故也称"四六文"或"骈四俪六"。全篇以双句（俪句、偶句）为主，讲究对仗的工整和声律的铿锵。与散文相对称。

试帖诗：中国科举时代用于科举考试的一种诗体，又名"赋得体"，因题前常冠以"赋得"二字得名。起源于唐代，多为五言六韵或八韵排律，由"帖经""试帖"影响而产生。题目范围与用韵，原均较宽，唐玄宗开元时始规定韵脚。明清时期乡、会试用五言八韵，童试用五言六韵。限用官韵，用的全是仄起格。除首联和末联不用对偶外，其余各联均要求"铢两悉称"的对偶。在用韵方面，要严格遵守"八戒"，即出韵、倒韵、重韵、凑韵、僻韵、哑韵、同义韵和异义韵均不能用。试帖诗所以采用八韵排律的形式，就是为了符合当时八股文的结构。

生童：在中国科举时代它有一个特定的含义，就是指"生员"和"童生"，也即秀才和考秀才的人。旧时也用来泛指学童，比如私塾里的学生等。

青乌家言：古代道家丧葬风水一派学说的代称。青乌子，又称青乌公、青乌先生，据说活动于秦汉之际，曾著《葬经》一书，被后世风水先生尊为鼻祖。

孟庄子之孝：这是撰文人以一对古代的父子的贤能来比喻志主的孝顺，原文出自《论语》。"曾子曰：吾闻诸夫子，孟庄子之孝也，其他可能也，其不改父之臣与父之政，是难能也。"孟庄子，春秋时期鲁国大夫孟孙速，其父亲孟孙蔑。此句的意思就是，听说孟庄子是一个孝顺的人。常人能做到的不说，就说他代替父亲做大夫之后，既不调换老臣，又不改变政策。

"《书》云"句：此句亦见于《论语》。"或谓孔子曰：'子奚不为政？'子曰：《书》云'孝乎惟孝，友于兄弟'。施于有政，是亦为政，奚其为为政？"大意是，有人问孔子："您怎么不做官呀？"孔子说："《尚书》中说

'孝之为孝，首先要做到兄弟和睦'。将其与政治结合，那就是政治了，还又怎么去为政呢？"志文意在表扬志主既从政又不失亲情。

按语：

这是一方横长帖形的志石，最前书刻盖篆，大字四行，其间每两行为一列，之间空半行。其后则为小字楷书正文，每七行为一列，中空一行。并以此类推下去。

"先生讳笃，原讳以奎，字箨青，一字声庭，顺天宛平县人。先世籍隶江右，始迁祖讳秀，徙北平，殁遂葬焉。七传至上舍公讳溶。""祖讳彬，乾隆癸卯举人、甲辰进士，出知河南信阳。""考讳璨，国学生"，"以先生本官□阶赠通奉大夫"，"先生为赠公长子"。由此可知，志主查笃，原名查以奎，字箨青，一字声庭。宛平人，祖先籍江右（以上二志，谓出"江西"，古属"江右"），传七代为查溶，祖父查彬，父亲查璨。根据墓志可知，第一代查秀、第二代查忠、第三代查国英、第四代查如鉴、第五代查日乾、第六代查为仁（查为义、查礼），查为仁生查善长、查善和，查礼生查淳（第七代）。又据纪昀《查公墓志铭》记，（查为义）年六十三卒。子三：长溶、次田、次杰。这就是本志所叙传七代的"上舍公"了。再按《畿辅诗传》，"（查为义）孙彬，字憩亭"，查彬就是第八代，查璨是第九代，志主查笃则是第十代了。综合以上三方查氏墓志，第五代查日乾之后，到第六代分为兄弟三支：查为仁、查为义、查礼（一说查学礼）。第一方查为仁是第一支本人，第二方查淳是第三支之子，第三方是第二支第五代孙。

其实查氏先代的情况，还可以从《查氏家谱》《宛平查氏支谱》中查到一些，查姓自春秋时查延受姓肇始，至今有二千六七百年历史。一个如此古老姓氏的族人经历了许多风雨沧桑，由于种种不同的原因，他们的子孙后代现已散居全国甚至世界各地。清朝康熙年间，查氏家族人丁超过300人，进入全盛时期。十余人考取进士，5人进入翰林院，其中查慎行（原名查嗣琏）、查嗣瑮、查嗣庭更是亲兄弟三人同为翰林院编修。查家因此有了"一门十进士，兄弟五翰林"之誉。查昪（音同"鱼"）陪皇帝在南书房念书，成为康熙近侍，康熙亲笔题写了"澹远堂"的匾额赐予他，并赐予一副楹联"唐宋以来巨族，江南有数人家"。清初，查日乾之父"困守乡僻，发愤读书，希振先业，再图修葺，仍仅薄宦维扬，未展怀抱"，后卒于任所；时查日乾三岁。此后，随母亲"北上寄宿，无以为家"。查日乾"年及弱冠，又奔走风尘为将母计"。投在津门大盐商张霖门下，贩卖私盐，因而发家。康熙四十四年（1705）查日乾"因帑案波及就系"，一压四年，到1709年，查日乾之母"刘太君"于夏天"冒暑历险，匍匐热河，三叩九重至钓鱼沟。值驾临幸，太君口奏乞赐矜全孤子留养，圣主悯然曰：'母老矣，且归，尔子不得死也。'"后来又遇皇后，将只有查日乾一子相告。到当年九月，"法司以大辟（即'秋决'）仪奏"，康熙御批："查日乾追银已完，念其母年老，待养无人，从宽免罪。"查日乾方幸免于难。刘太君临死前，特意告诫查日乾："汝之气质大宜痛改，我无他嘱，惟此而已。"刘太君是影响查氏弃商从文的重要人物。自查日乾之后，宛平查氏重新在文化上振兴，才有后代的繁盛。

《文津学志》第十辑刊登了叶修成的文章《天津水西庄查氏后裔墓志铭四方》，以"查礼""查容端""查淳""查筼"的墓志铭，增补了《清代碑传全集》之未录。又2004年1月的《济宁师范专科学校学报》载文高建军、高飞的《棋布于运河之滨的济宁私家园林》，部分篇章介绍了"怡怡园"，素有"运河之都"美称的济宁，到了清代，私家园林增多，往往富有人工雕琢的山林之趣，却少了一些活力，但其生活功能加强了，几乎成了类似于今天的多功能活动中心。比如城内西南隅的"怡怡园"系清初天津知府李钟淳、李钟淑兄弟建造的两座宅第园林，东西两府第建筑格局相似，且相互毗邻。光绪年间（1875—1908）西府归回族马姓者所有，东府即由此志主查筼购得，后来他还扩建了后花园，是城区著名的大型宅第，有三路五进院落，可见私家园林规模之庞大。

本志文中还记，"先生官通守廿余年，两迁司马，皆为大力者所夺，故官止于此"。"至于河防水利，阅历尤深""每临要工，当剧任辄熟筹全局，诣长官面陈方略，不以分营自域。虽所言讫不得用，而事机后效，识者皆追相惜之"。正是由于查筼的官做得不大，而且治河有经验，才能有志于山水之间吧。

第三部分　塔幢铭

常兴院经幢

解题：

八面直楞幢。汉白玉石质。仅残存幢身，高 100 厘米，上径 29 厘米，底径 30 厘米。三面题记，记述常兴院中庙产数，其余镌刻经咒，如《破地狱真言》等。经咒除标题外，其余均为汉字音译文。原位于大兴庄镇西柏店中学（原常兴院遗址），现存于大兴庄镇西柏店村委会。

录文：（略）

注释：（略）

按语：（略）

陀罗尼经幢

解题：

　　八面直楞幢。汉白玉石质。残幢身高约 70 厘米。三面题记，其余五面镌刻经文。年款"金泰和八年（戊辰，1208）四月"。1984 年出土于平谷区黄松峪乡黑豆峪村，现位于上宅文化陈列馆。

录文：

／福禅院僧□年二十五□□出家⏌
岁修习□闲经卷无不通解泰和八年四月日建石塔一座⏌
僧道义徒弟兴严妈寺□□⏌

注释：（略）

按语：（略）

天垢净光陀罗尼经幢

解题：

辽金时期（916—1234）。八面直棱状。青石质。残幢身高 120 厘米，直径 42 厘米。幢身字迹漫漶不清。现位于上宅文化陈列馆。

录文：

▨⌐
▨重于□而驰念于亡大原▨⌐ ▨皆喜王氏家□余□□常思▨⌐ ▨
而无□□垂二▨⌐ ▨女耶氏之▨⌐ ▨曰三圣女▨⌐ ▨有前日内助之
为生▨⌐ ▨佛顶尊□□罗尼书于其上▨⌐ ▨第张▨书▨⌐ ▨十二
月十二日寅时建⌐ 匠人孙▨

注释：（略）

按语：（略）

王婆婆墓幢

解题：

金泰和元年（1201）四月。八面直楞幢，汉白玉石质，幢身高46厘米。现幢已佚，仅存拓片。文字模糊不清，竖刻24行，满行22字，楷书。

录文：

大金中都大兴府蓟州平谷县故王婆婆墓幢记┙

□□□者妻姓刘氏，广阳县□□人也。□长适大金┙ （以上第一面）

□□王公如，生五子，女子四人。长女为尼，法名善恩，住┙镇尼香林寺；次女□哥，适郭南梁氏子名兴；次三女定┙哥，孙氏子名甫；次四圆定为尼，亦住香林寺。男一□秉，┙ （以上第二面） □□举妻张氏，生女引□妈□裹□男校尉颜伯王；次┙□汝舟，其婆之夫，后因□然出为刘氏□居贞□□□┙□□□□人建。大定十四年八月二十七日，乃于□□┙ （以上第三面） □八十二。至泰和元年四月初六日，男革泪、女圆定葬于┙县西南隅宜平原野，招父之魂设像同母合祔而葬焉。及┙□□灵灌顶真言于其上，以集其福，故粗记其年月尔。┙ （以上第四面）

若赦一切亡灵者，应诵不空羂索毗卢遮那佛大灌顶 光 ┙真言，谓若有众生，具造十恶王逆四重诸罪，数如微尘，满┙□世界，身坏命终，坠诸恶趣。□此真言加持土砂一百八┙（以上第五面）遍，散亡者尸上骨上，或至冢上。□所□□□□□□□□┙□生修罗寺中，以比丘□□通威力加持也。□□□□□┙（以上第六面）□□光明□身除诸罪报舍之苦，身往□西方□乐国也。┙□□□花□□更不坠□□□□□□□□□□□□□□□□┙（以上第七面）□□□□□□□左□摩贺□□□□□□□□□□□□□□┙惟□□□□年廿┙大金奉□□□□辛酉四月癸巳日六日记□□□辛时葬┙男乡□□┙□平谷县香林寺住持尼圆定□建。┙□人石匠孙□祥刊。（以上第八面）

注释：（略）

按语：

经幢类石刻，根据其不同的内容、形式、功能、时代、雕刻等，也还是有种种区别的。比如有的经幢，不仅有经咒，还有记文；经咒有以汉文音译的，也有直接镌刻梵文的，多为悉昙体。大多为八面幢，亦有六棱者；大多为带有往上收分的，也有直楞者；八棱既有八面均宽者，也有分大小边者。带有经咒幢形的石刻大多为佛家所作，如只刻佛教经咒的纪年幢，有为高僧大德所立的塔幢；但是也有为社会其他阶层的人竖立的坟幢、墓幢，如此"王婆婆墓幢"与房山"马太监幢"。经幢类石刻，多为多层堆砌而成，即便是单层，也应该有顶有座，今天我们所能见到的，往往仅是幢身一段，甚至我们有时见过的一段是镌刻经咒文的，也有的上面是雕刻佛、菩萨造像的，还有文（经、咒）像并存的。其实一座完整的经幢，应该像佛塔似的有很多层，一般是单数的，三层以上。所以，仅见残幢一段，不一定可以搞清其本来面目。

第四部分　摩崖刻石

桃棚岩画

解题：

　　位于山东庄镇桃棚村西山上，俗称"神仙洞"。洞口朝东南方向，由三个小洞组成。洞高 3 米，宽 14 米，深 15 米。岩画位于中间洞口岩石上，采用抽象方法，用红、白、绿三种颜色绘画而成。中间上方为一矩形，似匾额，但无铭文。下端为一佛像，五观不清。左、右两侧绘有鸟、兽、塔、云等。明代作品。

录文：（略）

注释：（略）

按语：

　　桃棚村，南接鱼子山，北与熊耳寨一山相隔，紧临大峡谷，自然环境优美。村内植被覆盖率高，果林茂盛，村域面积达 5 平方公里。今天的桃棚村包括四个自然村，分别为桃棚口、桃棚里、片石、鸦鹊。四村分布比较分散，村与村之间相隔三四千米，交通也不很方便。但其纯朴自然的乡村特征却成了它的特色，它保留着比较原始的村落建筑形态和风貌，原始的村落环境与古朴的民风。辖区内的"九泉山"为 9 个山峰，各峰之间有 9 眼清泉，今天已有部分泉眼枯竭，但其中一泉遇大旱之年仍长流不断。九泉山的半山腰处有一石洞，称"神仙洞"。可想而知，在遥远的古代，交通不便，居民不多，被九峰、九泉所围绕的洞穴，不叫"神仙洞"都不可以！从洞口上方及下方的抽象画与具象佛像来分析，此洞一定是个古老的山洞，留下了古老的岩画。此洞也曾被佛教徒使用过，作为修炼之所。但也正是由于时间久远及自然环境的影响，石额上的字迹已经分辨不清了。

水峪寺匾额

解题：

匾额残宽 85.5 厘米，高 46 厘米，厚 16 厘米。青石质。右段残缺，缺字不明，下款"大明嘉靖庚寅（九年，1530）大贤篆"。正文仅存"舞仙"两字。原为兴善寺存匾额。现位于上宅文化陈列馆。

录文：

☐ 舞 仙 ⌐

大明嘉靖庚寅大贤篆

注释：（略）

按语：

水峪寺，为平谷著名古迹之一，有许多碑刻与水峪寺有不解之缘。如明代杨兆的同中台登水峪寺诗文碑、徐学古的随中丞杨晴川登水峪寺诗文碑，清康熙二十五年（1686）王升撰文的重建府君庙碑。嘉庆二十年（1815）方廷瑚撰文的《兴复水峪寺碑记》载："渔阳在京城东北百五十里，山回溪抱，秀甲诸邑，拟诸江以南名胜之区。其雄临安、括苍、天台间，足以仿佛之，余则未之及也。邑迤东皆山，空翠蜿蜒，境极深邃。其中琳宫梵宇，历唐、宋、辽、元、明诸代而岿然独存者，唯峨嵋山下之水峪寺为尤胜。考之志乘，寺创于赵宋中叶，至明初复鼎新之。今寺中丰碑屹峙，皆系有明尚书吴公澯手书。而古碑已不可多得。寺依山构屋，凡为殿庑亭榭之属百有余所，焚修栖止者可容五百众。钟鼓法器，以及宏文内典，靡不美备。佛阁耸峙，五六十尺。色相庄严，历劫不坏。远近来观者，咸膜拜顶礼赞叹不能去。阁前广厦三楹，向庋明初校刊藏经八千余卷，尤为寺中巨宝云。寺面临深溪，绕门佳木林立，尤多来禽。青李诸珍品，繁花灿云，接叶巢凤。一水如带，往复来注。形胜之妙，莫能殚述。"

匾额的榜书虽然只剩下后面两个字，却非常灵动、飘逸、动感十足。这里既有原始篆书的构架成分，又有道教的仙机，还有软笔书法的韵味，恐怕这就是道教的"云篆""神灵篆"之类的吧！石额有类今天的油画框，外饰阴线一道，中间起鼓，内饰阳线一道。但此匾未必是水峪寺山门的匾额，或许是哪座偏殿及祭祀场所的东西。道教舞蹈大多与祭祀、法事、道场、斋醮、健身有关，包括其仙风道骨的榜书题刻，都会给人以美的享受，甚或飘飘欲仙的感觉，相信这就是它的作用。道家的舞蹈，往往以舞者身体塑造的动态形象展示道门人士及信徒的神仙信仰，但呈现的却是一种艺术的形式，包括此残存的两个字"舞仙"，引起观者无限的畅想。

府君庙匾额

解题：

匾额高 34 厘米，宽 90 厘米，厚 12 厘米。青石质。剔地出框，匾心镌刻榜书及上下小字款；"府君庙"三字双钩大字楷书；上款"嘉靖十六年（1537）岁次丁酉四月吉日建"，下款"时本庙住持茅太泽功德助缘修建玉龙朝阳观护印郭大祥"。保存完好。

录文：

嘉靖十六年岁次丁酉四月吉日建⌐

府君庙（大字）⌐

时本庙住持茅太泽、功德助缘修建玉龙朝阳观护印郭大祥

注释：（略）

按语：

康熙二十五年（1686）王升撰文的《重修府君庙记》载："想府君其来也，此处全为吉地。而北有崇山峻岭之翠峰，而南有沟水波光之美景。尊居此大护一方，民安物阜，至灵至圣，乡人莫感其德而景仰也。建庙已久，水

旱疾疫，有祷即应，此皆前人之垂余耳。表神之初也，在隋唐为良吏，既□□虎于大山终□□熊威灵表，表百代荣昌不测。"另有一通字迹模糊的碑，碑文依稀可辨为《敕建府君神祠记》，落款为"嘉靖二十二年（1543）岁次癸卯六月六日"。可见该祠庙至少建于1537年以前，虽然1543年碑较之晚了5年，但毕竟这是"敕建"，大概是上报需要时间。但我们细读碑文又发现了新情况。从"敕建碑"的残迹中仍可辨识的"正德癸酉（1513）、嘉靖癸未（1523）╱未久又复倾圮"来看，又读出点问题。似乎府君祠（庙）其前尚有祠庙，在1513年、1523年曾有过建修活动，不久之后就"倾圮"了。那么，1523年比1543年又早了20年。既然是"敕建"，说明"府君神祠"是明世宗（朱厚熜）嘉靖皇帝为这座祠庙改的名称，至于之前的名字就不得而知了，但其实体是存在的。明朝皇帝信奉道教的比较多，如明太祖朱元璋、成祖朱棣、仁宗朱高炽、宣宗朱瞻基、英宗朱祁镇、代宗朱祁钰、宪宗朱见深、孝宗朱佑樘、武宗朱厚照、世宗朱厚熜，明代十六位皇帝中就有十位，占了一半以上。剩下的几位有的是在位时间太短还来不及有信仰，有的是由于太后信佛也只能信佛，有的是忙于做木匠活没空，还有的是在拯救摇摇欲坠的明朝，等等。说起明世宗朱厚熜，他与明代其他信奉道教的皇帝不同，幼时修儒，即位后迷信方士，尊崇道教，在减轻百姓税负的问题上也做过贡献。他为父母与大臣们争辩，制造了历史上的"大礼仪"冲突，后半生则养生修道，设醮炼丹，二十余年不回大内理政。有那么执着的追求，相信嘉靖皇帝一定是比另几位信道皇帝更有"道行"的皇帝。

据《平谷文物志》，崔府君庙，位于山东庄镇桥头营村东。民国二十三年（1934）《平谷县志》载："崔府君庙，在县城东北桥头营。"庙建于明嘉靖十六年（1537），后历次重修。崔府君，是阴间四大判官中的首席判官，掌管生死簿。其祖庙位于山西陵川县礼义镇。崔府君名珏，字元靖，乐平（山西昔阳）人，唐贞观年间进士，做过山西长子县令，有功德于百姓，所以百姓建了崔府君庙祭祀他。该庙已毁。原建有大殿、山门等建筑。1976年地震后，尚存有山门、清乾隆碑刻。今仅存此"府君庙"匾额及碑刻两通，移存平谷石刻艺术馆。此外尚有几株古柏。

敕赐护国天仙宫匾额

解题：

刻石宽 150 厘米，高 38 厘米，厚 16 厘米，匾额起凸刻其间。青石质。匾额上残存少量朱砂、石绿矿物颜料。额心起阳刻"敕赐护国天仙宫"，楷书。现已断为两截。2004 年征集。原镶嵌于过街钟楼门楣上。现位于丫髻山紫霄宫。

录文：

敕赐护国天仙宫

注释：（略）

按语：

此石额为横长形白石板，左右及上下留出空当，以浮雕手法刻出莲瓣纹，内外再起阳线。内框之内阳刻榜书。在北京发现的此类石额，一般可以初步认定为明代遗物。但根据丫髻山今仍存的寅洞里丫髻山护国天仙宫地基碑，又似乎可以推翻这个结论，同时它还透露给我们此石额原来的位置。碑文记"丫髻山敕赐护国天仙宫地基四至：东至瓦堂寺，西至唐家峪，北至黄花顶，南至石门，四至分明。于康熙二十八年岁次己巳季春望日重修山门毕，本山十三代焚修住持李居祥等，恐久传无凭，故笔之于书以示后，弟使之闻之。至乾隆二十九年孟夏朔十日，十五代傅显扬等，恐其久而有差，故复勒碑刻铭，以传后世，庶几永垂不朽矣"。读碑文可知：一、此件"敕赐护国天仙宫"石额，肯定是丫髻山上的东西。二、由其正文第一句话"丫髻山敕赐护国天仙宫地基四至"可知丫髻山此"宫"与本"宫"同名，亦必同实。三、由其"康熙二十八年（1689）岁次己巳季春望日重修山门毕"可知，有山门即有匾，有重修匾必新。四、此碑落款"乾隆甲申（1764）"而又提康熙时事，而同时保留名号不变，说明"敕赐"之事只能是在清代而非明代，但不知是康熙还是乾隆。

敕建灵应宫匾额

解题：

匾额宽 128 厘米，高 39 厘米。汉白玉质。边框三层，直线框中间夹莲瓣纹。额心阳刻楷书"敕建灵应宫"。经专家初步鉴定，为明代遗物。2004 年征集，现镶嵌在三皇殿前的山门上。

录文：

敕建灵应宫

注释：（略）

按语：

三皇殿供的是三皇，"三皇"谓天皇、地皇与人皇，分别是伏羲、神农和轩辕氏。伏羲"仰观于天，俯察于地""通阴阳而兼三才"，始作八卦；神农亲尝百草；轩辕氏，即黄帝，传说为中原各族的共同祖先。丫髻山为道教神山，有双顶，供碧霞元君，也缺不了"三皇"。

兴善寺匾额

解题:

匾额残宽 132 厘米,高 51 厘米,厚 14 厘米。青石质。四框雕巴达马连珠纹。框高 11 厘米,中心宽 32 厘米。额心剔地阳刻楷书"敕赐兴善□"。现存于南独乐河镇峨嵋山村农家院内。

录文:

敕赐兴善□

注释:(略)

按语:

兴善寺遗址位于北京南独乐河镇峨嵋山村东 1 公里处。寺东有灵泉涌出,又名灵泉寺,俗称水峪寺。兴善寺始建于唐咸通三年(862),初名兴隆观。明正统十二年(1447)重修,清代又修。

虽然知道兴善寺即水峪寺,但由现存水峪寺的碑刻来看,却没有提及"兴善寺"的字眼。再加上那件"舞仙"匾,此地此庙,兴隆观、兴善寺、水峪寺、舞仙、灵泉寺，彼此之间到底谁先谁后，孰早孰晚，真正需要研究。

明代杨兆同中台登水峪寺诗文碑、徐学古随中丞杨晴川登水峪寺诗文碑、清康熙二十五年（1686）王升撰文的重建府君庙碑三通碑刻都提到了"水峪寺"，嘉庆二十年（1815）方廷瑚撰文的兴复水峪寺碑记碑直接首题就有"水峪寺"字。至少说明"水峪寺"在明代时即已名此。

北边雄镇匾额

解题：

匾额高 76 厘米，残宽 156 厘米，厚 16 厘米。青石质。剔地出四框，双钩刻"北边雄镇"大字，行楷，仅余上款"墙路士兵修建"。经专家初步鉴定，为明代遗物。左下角残。原为镇罗营镇下营西门匾额，现位于上宅文化陈列馆。

录文：

墙路士兵修建⏎
北边雄镇（大字）

注释：（略）

按语：

镇罗营在京城东北，是万里长城北京段上的一个关口，故其西门额可名"北边雄镇"，距其不远处的墙子营关城北门额曰"墙子雄关"，落款为"万历四十五年（1617）"。

镇罗营，本名"镇虏营"，又名"镇鲁营"，位于镇罗营镇，与密云区接壤。由于是军事设施，打仗就有输赢，就会有战俘。"关"名又要取得吉利，足以震慑对方，故名"镇虏"。时间久远，没有战事，"鲁"为同音误字，"罗"则为谐音雅字。《四镇三关志》："原为猪圈头营，永乐年建。"《畿辅通志》："镇罗关在密云县东六十里，有二城，东为新城，西为旧城。北去墙子岭三十里，有把总戍守。"镇虏营又分为上、下二营，东为上营，西为下营。上营，东西长 500 米，南北长 300 米，有东、西、北三门，北门上镶嵌"镇虏营"石额（见后）。营墙为砖石结构，高 250 厘米，厚 400 厘米。墙基为大块条石垒砌，以上部分为砖筑，只有东墙部分地段为山石垒砌。南墙处原有一座敌楼，抗战时期日军曾在此驻守，今已毁。南墙外山顶处有一烽燧，保存完好。下营位于"上营"西侧，上、下两营之间东西城门贯通，中间相隔以近百米的马道。东西长 200 米，南北长 250 米，由东向西逐渐变窄。有东西二门，西门上镶嵌此石额"北边雄镇"。西门外尚有 30 亩衙门地、校军场等。现仅残存西墙长 20 米，北墙长 16 米。

峨嵋山营匾额

解题：

匾额高 64 厘米，宽 160 厘米，厚 20 厘米。青石质。无框。正中"峨嵋山营"四字双钩楷书大字，上下款小字。经专家初步鉴定，为明代遗物。右上角残。1984 年发现于独乐河镇峨嵋山村北峨嵋山营遗址。现位于上宅文化陈列馆。

录文：

镇守右监丞龚荣、⌐ 守备内官阮存、⌐ 巡按监察御史张敩、⌐ 镇守总兵官马荣、⌐ 镇守右参将刘辅⌐

峨嵋山营⌐ （大字）

提调把总总镇运□□、⌐ 坐营指挥姚端、⌐ □□□□□□，⌐ 天顺七年二月七日□

注释：（略）

按语：

同样是石质门额，同样为长城防御设施，都具有战略意义，但唯独此匾上下款有那么多字，可见其位置的重要。峨嵋山营位于南独乐河镇峨嵋山村北。《四镇三关志》载："永乐年建。"明天顺七年（1463）于村北以石筑城，屯兵镇守北寨长城口，其分为上、中、下三营，北侧上营有石墙，中营和下营无石墙，下营西南有校场。营城设东、南、西三个城门，南门镶有石刻匾额"峨嵋山营"。峨嵋山营古建筑毁于抗战时期，今仅存北部残墙，长120米，厚5米，高5米。中营、下营没有营墙，但下营西南原有校军场一处，今无。

峨嵋山营村，因有"峨嵋山寨"而名，当地仍保留"峨嵋山北寨"之名，其北距长城关口150米。《四镇三关志》记："永乐年建，缓。"说明当时地势还很平缓，宜于居住，其北上有兵营，即"峨嵋山营"。《畿辅通志》载："峨嵋山寨，在县东北一百一十里。其东曰黄松谷、将军石。自将军石而北，十三里曰夹城岭。又北一里曰私盐岭，又北十六里曰斗子谷。自古北口而东接峨嵋山寨，凡二十四关口。自峨嵋山东至蓟州之黄崖谷关，凡五口。"此寨规模较小，东西长约60米，南北长100米。西侧依山，其东、南、北三面，皆为石块垒砌的高近2米的寨墙，设有南门。今仅存北墙残迹。

威远门匾额

解题：

匾额高 68 厘米，宽 170 厘米，厚 10 厘米。青石质。"威远门"，双钩大字楷书，无上下款。经专家初步鉴定，为明代遗物。保存完整。原为平谷旧城北门楼匾，现位于上宅文化陈列馆。

录文：

威远门

注释：（略）

按语：

相对于其他几个城门匾（峨嵋山营、北边雄镇、镇虏营）来讲，"威远门"三字稍微板滞一些，至少可知并非一人所题写。

镇虏营匾额

解题：

匾额高 68 厘米，残宽 145 厘米，厚 20 厘米。青石质。边框外凸。"镇虏营"三字双钩楷书。经专家初步鉴定，为明代遗物。匾额残损，仅余"镇"字。原为镇罗营镇上营北门上匾额，现位于上宅文化陈列馆。

录文：（略）

注释：（略）

按语：

参照"北边雄镇"条。今地名曰"镇罗营"，乃是谐音雅化所致。明代设关，镇"虏"为目的，镇"罗"无实际意义。后代文人雅士好事者，以"虏"字不雅，且有恶贬之意，遂改今名。

崇圣寺匾额

解题：

匾额高 29 厘米，宽 61 厘米，厚 11 厘米。青石质。"崇圣寺"，双钩楷书大字。年款"乾隆六年（辛酉，1741）五月"。保存完整。原为金海湖镇洙水崇圣寺匾额，现位于上宅文化陈列馆。

录文：

崇圣寺┘ （大字）

乾隆六年五月□□□□□┘

万历贰拾伍年甲辰月僧人修▱

注释：（略）

按语：

洙水崇圣寺，到底"崇"的是何方神圣，为什么也有"洙水"？与山东曲阜一样，是否其原址洙水村原来也曾有过孔庙，需要进一步研究。有一点要提的是，洙水村旁边就是鱼子山，以产鱼子石闻名，巧的是山东盛产鱼子石，嘉祥的汉墓画像石就是鱼子石雕刻的。

普济寺匾额

解题：

匾额高 33 厘米，宽 90 厘米，厚 10 厘米。青石质。"普济寺"阴刻行楷大字。年款"大清咸丰七年（丁巳，1857）八月穀旦"。陈景伊书。原为夏各庄镇安固村普济寺匾额，现位于上宅文化陈列馆。

录文：

大清咸丰七年⌐ 八月穀旦⌐
普济寺（大字）⌐
岁贡生陈景伊书⌐
住持戒衲灵文立

注释：（略）

按语：

仅从寺名"普济寺"上来判断，也许其祭祀的是药王之类的，但它又应该是道教庙宇，因其落款为"戒衲（僧）"。清末民国之际佛道往往在某寺庙轮流"执政"，或同时存在。

普济寺占地约 1000 平方米。其始建年代不详，民国二十三年（1934）

《平谷县志》有《清代重修普济寺记》。该寺原有山门，前、后大殿，东、西配殿等建筑。山门外复有照壁，壁西有槐抱榆一棵，主干直径达 150 厘米。院内尚存石殿基，碑刻一通，"普济寺"石额（移存平谷石刻艺术馆），及古柏三株。

水峪寺摩崖石刻

解题：

　　位于南独乐河镇峨嵋山村水峪寺遗址西侧山坡上。据记水峪寺建于唐咸通三年（862），明正统十二年（1447）重修，英宗赐额"兴善寺"。1942年，该寺被侵华日军烧毁。摩崖石刻两处，分别是竖刻的"三生石"与横书的"今古云峰"。皆为阴刻榜书，无边框，分别高100厘米，宽40厘米与高35厘米，宽110厘米。明代镌刻。

录文：（略）

注释：（略）

按语：

　　从字面上讲，"今古云峰"容易理解，无非就是历史悠久、有山有云而已。"三生石"可就有说头了。首先，"三生石"在全国有好几处。杭州西湖之畔与飞来峰相连接的莲花峰东麓的"三生石"，是西湖十六大遗迹之一；山东曲阜的九仙山上也有一块巨大的"三生石"；世界自然遗产江西三清山日上山庄西侧边一巨石斜覆若洞，据说这叫作"三生情缘石"。第一个"三生石"有极深的佛教渊源，并有唐圆泽和尚三生石迹碑文；第二个与民俗活动有关；第三个在道教仙山上，"三生石"的背后是个动听的爱情故事。此处的"三生石"到底属于哪一类，尚需深入研究。其实"三生"暗含着佛教因果轮回的道理，传说黄泉道半，奈何桥边，"三生石"上，可见自己的前世来生，再加当世，即所谓的"三生"。

"倒影潭" 摩崖

解题：

　　清乾隆（1736—1795）。在南独乐河镇新房子村村西，据学者考证，此为乾隆时李锴所题。

录文：（略）

注释：（略）

按语：

　　"倒影潭" 三字字大如斗，高过人顶，三字分两行排列，单字约高 60 厘米，宽 50 厘米。双钩刻于一处巨石的上部，最高距地约 4 米。字体浑厚，个性十足，显系文人所为。左侧小字，辨识为 "李锴" 落款。李锴（1686—1755），字铁君，号眉山，又号豸青山人，晚号焦明子、后霱生，汉军正黄旗人，康熙时刑部右侍郎李辉祖之子，内阁大臣索额图之婿，史称 "辽东三老"（另二老系戴亨、陈景元，三位均为清初辽东的诗人）之首。该摩崖位于村西的一段溪水之滨，南北向曲折蜿蜒之水，于中忽为二巨石所 "胁迫"，形成一处池浅湫潭。两石稍俯略呈弧形相拥于潭，周围景致、夕月晨星，皆可于潭内呈现，形成"倒影"。此情此景引来不少文人驻足兴怀，想当年李锴流连于此，挥毫写下"倒影潭"三大字。

第五部分 石雕构件

北张岱石墓门

墓门由门楣、门框、门板、门槛四部分组成。现仅存门楣 1 件，门框 2 件，门板 1 件，门槛 1 件。

1983 年第二次文物普查时发现，出土于东高村镇北张岱汉墓中，现位于上宅文化陈列馆。

门楣长 194 厘米，宽 59 厘米，高 27 厘米。素面小斧剁痕。

门框高 150 厘米，宽 40 厘米，厚 25 厘米。阳刻。上为持彐门吏，头戴网帻，身着宽袍，空白处饰菱形图案。整个形象简洁洗练，古拙粗犷，带有明显的时代特征。

门板高 150 厘米，宽 50 厘米，厚 10 厘米。两面刻，一面起凸刻门扇之形，门扇之上、中、下部再以阴刻法镌菱形图案装饰；另一面镌朱雀，兽口衔环。

门槛长 168 厘米，宽 67 厘米，高 16 厘米。素面斧剁痕。

此墓门为目前北京地区发现较为重要的汉画像石墓门之一。中国汉代画像石主要集中于南阳、徐州等地，在中国古代早期石刻史上占有重要位置。此汉画像石可与南阳、徐州汉画像石相媲美，具有重要的艺术价值和历史价值。整个北京地区发现的汉墓不少，但是能有画像石类石刻的不多，我们所知有石景山地区老山汉墓的汉阙构件与石表柱、丰台区三台出土汉墓的石门等。全国出土的汉墓石门的门饰雕刻基本上多为守门吏、朱雀、铺首、伏羲、女娲等。

石佛寺造像

释迦牟尼佛、文殊菩萨、普贤菩萨、阿难陀、摩诃迦叶 5 尊石造像，典型的"标配"——一佛二菩萨二罗汉。雕刻精湛，线条流畅，形象生动。原有彩绘，脱落严重。

造像经专家鉴定，为唐代造像。

原供奉于马坊镇石佛寺村石佛寺内，于 1952 年埋入地下，1986 年 11 月再次请出，今于平谷区博物馆陈列。

释迦牟尼像：通高 151 厘米，底座宽 93 厘米。佛结跏趺坐于莲花座上，座残缺束腰及下枭部分。左手施禅定印，右前臂上举但已损坏，应该是施无畏印。释迦牟尼为佛教创始者，本是古印度一个小国国王净饭王的儿子，29 岁时出家，35 岁悟道成佛。其弟子将其的教法记录整理结集，成为经、律、论"三藏"。

文殊菩萨像：残高 71 厘米，石狮高 75 厘米，长 105 厘米。文殊半跏趺坐于仰莲座上，胸饰、肩饰阳刻，璎珞绕颈至胸前打结，再分三股垂于腿及裙下。腰间裙褶丰富，带有装饰性。左手掌心向上置于右脚上，右掌竖于胸部，五指断残。右腿屈膝，覆于裙下，露出裸足；左腿自然下垂，足蹬祥云。座下狮子，狮头左偏，狮头通断。狮身左侧雕刻一侧弓拉缰童子。文殊菩萨，一般在寺庙里通常作为佛祖的左胁侍，专管智慧，表"大智"，与管理德、表"大行"的右胁侍普贤，并列在佛的两旁。其坐骑青狮，表智慧威猛。

普贤菩萨像：残高 50 厘米，石象高 77 厘米，长 120 厘米。普贤亦半跏趺坐于仰莲座上，左手掌心向上置于左脚上，右掌竖于胸部。左腿屈膝覆于裙下，露出左足，已残；右腿自然下垂及莲，右足莲座残断。头部及上身大部残断缺。虽胸部以上不存，但璎珞之饰犹历历分明。莲花座下为六牙白象。象身右侧雕刻一侧弓拉缰童子。普贤菩萨在寺庙里通常作为佛祖的右胁侍，与文殊并列佛的两旁。其坐骑白象，表威灵，象征"愿行广大，功德圆满"。

阿难陀像：通高 187 厘米。该像直立于椭圆形莲花石座上，呈双手合十状，已断为三截，腿部、颈部断裂处中心均有圆孔，用以嵌楔相连。阿难是释迦牟尼的亲叔伯兄弟。中国禅宗说其是传承佛法的第二代祖师。

摩诃迦叶像：残高 152 厘米。该像直立于椭圆形莲花石座上，双手抱拳。中国禅宗传说他是传承佛法的第一代祖师。

按常理说，此主尊应为"观世音菩萨"，因为三尊菩萨是一套，很可能是佛像观音。寺庙原名"石佛寺"，实只是个泛名而已，老百姓把有石雕佛教造像的寺庙习惯称"石佛寺"，当然也有可能属于"一佛二菩萨二僧"的套路。

安国寺造像

唐代（618—907）。汉白玉石质，其中一尊为无头妇女站像，残高80厘米。身着右掩襟大衣，双手掩于袍袖，做拱手作揖状。脚踩莲花，鞋头亦饰莲花。衣纹皱褶复杂多层。从身形轮廓、服饰、仪态上看，颇似女性，或许为供养人等。

另一尊为广目天王立像，残高105厘米。天王斜耸右肩，左俯视前；右手叉腰，左手前指。双腿呈丁字步，左脚在前。身体呈大C字形曲线站立，双目圆瞪，气势汹汹，咄咄逼人。身着铠甲，外罩战袍，腰缠玉带，丝绦祥甲，虎头吞兽，护腕战靴，一应俱全。左肩有青龙缠绕，雄伟威猛。有的专家认定其为明代造像。

据传造像原供奉于夏各庄镇安固村安国寺（东大寺）内，寺庙于抗战时期拆毁，造像遗失。2002年10月，在安固村修路施工中发现。现存于平谷区博物馆。

毛官营人物幢

辽金时期（9世纪末到13世纪初）。该幢为八面直棱式等边幢，仅为残件。汉白玉石质。其中一节幢身，高30厘米，每面宽26厘米，起凸开光内剔地分别雕刻驯兽、牵马等古代杂技场景。另一节幢身，高33厘米，每面宽26厘米。龛形开光，龛高26厘米，宽20厘米，龛内各雕刻台面上之伎乐人等，或弹，或吹，或舞。局部有残损。现位于马昌营镇毛官营村委会。由于仅余部分，亦无镌刻文字，故不知到底为何物。如经幢、塔幢、造像幢等。

大王镇罗汉院舍利石函

　　辽金时期（9 世纪末到 13 世纪初）。石函长 62 厘米，宽 42 厘米，高 23 厘米。汉白玉石质。子母口，盖佚。函身三面线刻 8 位僧人像，身着袈裟，手持经卷、法器等，正面、背面，或侧面立。另一长面线刻两尊菩萨像，脚踏莲花，中间祥云托起浮屠一座。人物神态各异，祥云贯穿整个画面，栩栩如生。今于平谷区博物馆内陈列。

烈虎桥

　　明代（1368—1644）。位于峪口镇东樊各庄村西北 1.5 公里处。花岗岩石质。为两墩三孔石桥。桥面长 10 米，宽 4 米。桥栏两侧各由 6 根方形望柱夹 5 块栏板组成。桥头两端各守一石虎，做蹲踞状，作为桥头抱鼓。桥墩由条石垒砌，东侧有分水尖，用以斩劈洪水，减弱激流的冲击。下游房的墩台则被砌造成船尾的样子。由此可知，原有小河自东而下，东来之水为上游，西去之水为下游。

　　该桥始建于明代，为平谷区境内唯一保存完好的古桥，1994 年被县政府公布为县级文物保护单位。

倪光荐墓前文官石像

明代（1368—1644）。石像通高 200 厘米，宽 58 厘米，厚 32 厘米。青石质。文官整身石像，头顶高冠，圆领削肩，双手执笏于胸前，宽大的袍袖下垂近地。五官清晰，髭须毕见，双目低垂，面色凝重。经考证，该造像为明代工部尚书倪光荐墓前遗物。保存完整。1998 年 5 月 20 日发现于平谷镇平安街东田边。现位于上宅文化陈列馆。

倪光荐（？—1856），字达甫，号东州，平谷县人。明嘉靖丙辰（三十五年，1556）进士，曾任直隶华亭县知县、通政使司左参议、通政使，至工部尚书，卒于官。生前历事三朝（世宗朱厚熜、穆宗朱载垕、神宗朱翊钧）。

上马石

　　明代（1368—1644）。位于马坊镇英城村东南。青石质。上马石残长 82 厘米，宽 49 厘米，高 45 厘米；下马石长 105 厘米，宽 50 厘米，高 48 厘米。上、下马石两侧均浮雕双马及云纹图案，立面一侧浮雕有荷花纹饰，底部有人工錾刻痕迹。经专家初步鉴定，为清代遗物。

　　上、下马石为大户人家或王公贵族出行时上马、下马的登踏工具。旧时北京的府第和大四合院、大会馆的门前左右都有上、下马石。门前的上、下马石，一块是供主人出行时登高上马用的，另一块是供主人归来时下马用的，但一般不叫下马石，因为旧时"下马"是不受听的。住宅门前有没有上、下马石也是宅第等级的一个划分标准。

　　该石刻为研究平谷区明代时期民居、民俗提供了翔实的实物资料，具有较高的历史研究价值。

石马

　　明代（1368—1644）。青白石质。通高 150 厘米，马高 123 厘米，底座高 27 厘米，马头至臀身长 195 厘米，马鞍处马背宽 56 厘米，底座长 172 厘米，前后腿间距 97 厘米。马浑圆雕成，仅具轮廓，周身有斧剁痕。

　　该石马于 2008 年 4 月南独乐河镇南山村石马子小流域治理工程中出土，现位于南独乐河镇人民政府。

石狮

　　清代（1644—1911）。汉白玉石狮一对。石狮由两部分组成，上部为连座蹲坐状石狮，下部为狮床。狮床长 117 厘米，宽 71 厘米，高 38 厘米。连体座前部雕福山寿海和海马，狮床底部两侧饰圭角云纹，肩部四周饰二方连续式如意头云纹，浮雕幢腿。石狮蹲坐于连体座上，顶结螺发，胸饰绶带，脊背披金钱结，尾部饰涡纹。颈部镌字"献桃老会"。雄狮前足蹬绣球，雌狮前足抚幼狮。座一侧刻 26 列信女姓氏，另一侧刻 23 列信士姓名。两狮前腿均残，现已修复。根据石狮的造型特点，应为清代早期的作品。今位于丫髻山四十八盘入口两侧，与原有如意头狮床非常配套，怀疑就是原配原址之物。

螭头

清代（1644—1911）。白色大理石质。残长44厘米，宽15厘米，高14厘米。龙头前伸，吻部稍昂。上唇明显长于下唇，闭合其口，两侧獠牙外露。"虾眼"圆睁，眉头紧锁，眉骨突出。发饰卷曲，鳍饰剑挺。原为南独乐河镇南山村龙泉寺石构件，怀疑为当时大殿月台附属之排水螭头之一。现存平谷区文物管理所。